KB046738

UNDERGROUND ECONOMY

언더그라운드 이코노미 :부패의 메커니즘

최성진 지음

박영사

추천사

이승현 교수
_Naveen Jindal School of Management,
The University of Texas at Dallas

뇌물을 주고 운전면허증을 획득하는 것이 운전면허 시험을 치르고 운전면허증을 획득하는 것보다 쉬운 나라에서는 사람들이 어떻게 살까? 독재국가와 권력이 분권화 된 나라 중 어떤 나라에서 사람들이 더 부패할까? 부패한 나라 사람들은 원래 부패한 것일까? 그런 나라들도 제도를 잘 정비하면 사람들이 더 이상 부패한 행동을 하지 않을까? 이런 질문들이 궁금한 사람들에게 소개할 책이 있냐고 묻는다면 나는 최성진 교수의 〈언더그라운드 이코노미〉를 추천하고 싶다. 지구상의 어떤 나라도 뇌물을 죄로 인정하지 않는 나라는 없다. 그럼에도 불구하고 부패는 우리 주위를 떠난 적이 없다. 이미 3,400년 전에도 아시리아 무덤에서 발견된 기록에 뇌물을 받은 공무원들 명단이 있다. 오늘도 어디선가는 검은 돈들이 오가고 있을 것이다. 한국에서 부패 연구를 하는 대표적인 학자인 최성진 교수가 쓴 이 책은 처음부터 궁금증을 일으키는 제목으로 시작한다 – 부패도 과학이다. 자칫하면 지루할 수 있는 학문적 내용들을 쉽게 설명한 이 책은 누구나 쉽게 접근할 수 있게 잘 설명이 되어있다. 전 세계 부패 연구를 체계적으로 잘 설명한 동시에 한국의 현실에 대한 설명 등 이 책은 우리가 모르고 있던 언더그라운드의 어두컴컴한 면들을 잘 비추고 있다.

머리말

경영학자로서 기업의 부패를 연구하는 것은 상당한 용기가 필요했다. 박사과정에 진학한 후 얼마 되지 않아 나의 지도교수는 세계은행의 설문지를 건네주면서 적합한 연구 주제를 생각해 보라고 했다. 그 설문지에는 특이하게도 기업과 정부의 관계에 대한 문항이 다수 존재했다. 이를 계기로 해서 나는 기업의 대관(Business－government relationship) 전략과 부패 연구를 시작하게 되었다. 특히 중국처럼 정부가 기업에 큰 영향력을 행사하는 국가에서는 기업의 정치 행위가 상당한 현실 설명력을 가진다. 점차 나는 이 주제에 특별한 흥미를 가지게 되었다. 그러나 나의 연구에 대해 세상의 평은 그다지 호의적이지 않았다. 한국에서 교수직 인터뷰를 할 때에 그런 "불온한" 학문을 왜 하게 되었는지 물어보는 사람도 있었고, 만약 부패한 기업들의 성과가 높다면 도대체 우리 사회에 무슨 교훈이 되냐며 실용성에 의구심을 제기하는 사람들도 있었다. 그 후 대학에서 일하면서 기업들도 기술 혁신, ESG, 기업가정신 등에는 큰 관심을 보이지만 이런 "어두운" 주제는 불편해 한다는 것도 알게 되었다. 그럼에도 불구하고 내가 이 분야를 계속 연구하는 것은 역설적으로 "불온하고" 또 "어두운" 주제이기 때문이다. 이런 특징 때문에 이 분야에서 활동하는 학자들의 수는 많지 않다. 그래서인지 몰라도 나는 이 주제를 공부하는 것이 꽤 그럴 듯하다고 생각하고 있다.

현실적으로 기업 부패는 어느 정도 중요할까? 비즈니스 세계의 부패는 의

외로 넓은 범위를 포함한다. 정치인과의 단순 미팅처럼 합법적인 대관 업무에서부터 뇌물과 로비, 그리고 정치 캠페인의 참여까지 포함하는 기업 정치 전략(corporate political strategy)은 우리의 생각 이상으로 산업 전반에 걸쳐 보편적으로 발견된다. 현대 기업의 정치 행위에는 불법과 합법의 구분이 모호한 경우가 많은데 이를 통칭해서 부패 전략(corruption strategy)이나 비시장전략(nonmarket strategy)으로 부른다. 기업의 통상적인 연구개발, 마케팅 등을 제외한 기업의 거의 모든 공식, 비공식적 행위를 비시장전략으로 구분할 수 있으니 포함하는 범위가 넓을 수밖에 없다. 정확하게 측정하기 어려우나 한국의 지하경제 규모가 전체 경제에서 대략 1/4 정도를 차지하며 중국과 같은 신흥시장에서는 이보다 훨씬 더 크다고 알려져 있다. 따라서 "불온하고" 또 "어두운" 부분을 고려하지 않고는 특히 개발도상국 기업의 경영전략을 온전히 이해하기 어렵다. 이러한 중요성에도 불구하고 비시장전략에 대한 이해와 실천은 구먹구구식인 경우가 대부분이다. 연간 수십 조의 매출을 달성하는 대기업조차도 대관팀은 현직에서 물러난 정치인, 전직 관료나 기자 출신들이 주로 담당한다. 또 대관 업무를 담당하는 부문은 기업에서 비핵심 부서로 간주된다. 심지어 해외 지사에서의 대관 행위는 지역 건달이나 심하면 범죄 집단에게 의존하는 경우도 많다. 대관 행위도 어쩔 수 없이 진행해야 하는 일종의 전략이라고 간주한다면 "과학적"이고, "장기적"이며 "합법적"인 프로세스로 실천해야 한다. 하지만 마케팅, 연구개발에는 천문학적인 투자를 하는 글로벌 기업도 이 부분은 외면하거나 경시하는 경우가 많다. 그 결과 많은 기업들이 반복적으로 불법에 연루되거나 정치권에 보복을 당해 기업 운영에 치명상을 입는 경우를 보면 안타깝다는 생각이 든다. 부패를 막아야 하는 정부 입장도 마찬가지다. 반부패 기관의 수뇌부들은 대개 정치인들이나 검사들이다. 그러나 반부패 정책을 윤리나 법으로만 간주해서는 별다른 발전이 없다. 왜 개인과 기업들이 부패 활동에 연루되는지, 또 그 이면의 경제적 유인 구조는 무엇인지 등을 정확하게 이해하는 것이 필요하다. 이를 위해서 데이터를 분석하고 현장의 목소리를 반영하여 과학적인 반부패 정책을 세워야 한다. 우리 산업의 불편한 진실을 편견 없이 직시하고 분석하는 역량과 자세를 갖추었을 때 부패를 효율적으로 억제할 수 있다. 이 책은 그러한 관점의 변화를 촉구하는 목적으로 준비되었다. 다양한 실증 결과들을 보여주는 흥미로운 논문들과 책들을 발굴하여 정리하였다. 계량 연구가 놓칠 수 있는 정성적인 부분도 알아보기 위하여 기업인들과 업계 관계자들의 목소리도 반영하려고 노력하였다. 특히 한국의 반부패 정책 수립에 도움이 될 수 있도록 적지 않은 내용을 할애하여 한국과 한국 기업의 특수성을 다루고자 노력하였다. 학술적인 발견을 이 책의 중심으로 두었기에 이론적이며 다소 전문적인 용어들도 다수 포함하였다. 그러나 관련 지식이 없더라도 전반적인 내용을 이해하는 데 큰 지장이 없도록 최대한 풀어 쓰려고 노력을 하였다. 그럼에도 불구하고 일목요연하게 정리되지 않은 부분이 있다면 전적으로 저자의 미숙함 때문인 것을 밝힌다. 학교에서 이 책은 기업 부패학에 대한 개론서가 될 수도 있으며, 산업 현장에서는 대관 업무를 담당하는 임직원들을 위한 가이드북으로도 사용될 수 있을 것이다. 또 부패를 줄이고자 노력하는 공공 기관 담당자에게도 참고가 될 수 있을 것이라고 생각한다. 솔직한 표현을 선호하기에 특정 독자들이 보기에 다소 직설적인 내용이 포함되었다. 여기에 대해서는 독자 분들의 넓은 이해와 혜량을 부탁드린다. 지금도 언제나 사실을 그대로 보이는 것이 학자로서의 최고선이라는 생각에는 변함이 없다. 이 책을 기획하고 서술하면서 많은 도움을 받았다. 먼저 든든한 힘이 되어준 아내와 책 출간을 응원해주신 창성 김희주 선생님에게 감사한다. 기업 연구를 하면서 UT Dallas 이승현 교수님, 서울대학교 이근 교수님, 정영록 교수님, 그리고 김찬복 박사님에게 도움을 받았다. 관련된 주제로 논문을 함께 쓰면서 고민했던 모든 공저자들에게도 감사드린다. 연구를 위해서는 재정적인 도움이 필요하다. 이 책의 저술을 위해서 따로 지원을 받은 적은 없지만 대학이라는 안온한 울타리 안에서 안정적인 연구를 지속할 수 있었다. 어느 분이 말했던 것처럼 나도 대학에 임용된 후 평생할 출세는 다한 것으로 생각하자고 다짐했던 날을 기억한다. 좋아하는 공부를 하면서도 생계를 걱정하지 않는다는 것은 커다란 축복이다. 한양대학교에 특별히 감사의 마음을 전하고 싶다.

2024년 행당동 연구실에서

저자

차례

CHAPTER 04

부패에 대한 다양한 발견들

CHAPTER 05

한국의 부패

CHAPTER 06

어떻게 부패를 줄일까?

UNDERGROUND
ECONOMY
CHAPTER
01
부패도 과학이다

"부당한 이득을 얻지 말라. 그것은 손해와 같은 것이다."

-헤시오도스(Hesiod)-

'침대도 과학이다'라는 광고 문구가 유행하던 적이 있었다. 가구인 침대조차도 과학이라고 한다면 세상 모든 대상이 과학과 분석의 대상이 되는 것은 자연스럽다. 그러나 유독 기업 부패는 과학적으로 연구하는 것 자체가 터부시 되었다. 아니, 있는 그대로 바라보는 것마저도 불편해왔다. 그 이유는 무엇일까? 먼저 부패에 대한 실증적인 데이터를 획득하는 것이 어렵다. 기업이 어떻게 어느 정도의 예산을 사용하여 어떤 방식으로 법의 영역 밖에서 행동하는지에 대해서는 누구도 솔직하게 말하지 않기 때문에 숫자로 계량화하기에 어렵다. 또 다른 이유로는 부패를 객관적인 학문의 대상이 아니라 윤리나 도덕으로서 인식하기 때문이다. 즉 편견없이 부패 현상을 연구할 수 있는 사회적인 여건이 조성되어 있지 않다. 비즈니스 부패에 대한 대중의 보통의 반응은 이렇다 '아니, 기업이 로비를 했어? 기업인이 정부 관료와 만나서 식사를 같이 했다고? 그런 건 언론사에서 밝혀내서 망신을 줘야 하는 것이 아닌가? 자세한 사정을 들어볼 필요도 없이 빨리 법으로 때려잡아야지.' 이런 원색적인 분위기에서는 누군가 부패 행위에 연루되었다면 최대한 그 사람과 멀리 떨어져 있으려고 하며, 조직 내부에서는 부끄러운 일에 대해 거론 자체를 하려고 하지 않는다. 언론사에서 부정행위에 대한 떠들썩한 뉴스가 나오더라도 대개는 누가 어디에 있는 술집에서 어떤 선물을 받았다는 선정적인 에피소드가 강조되지, 어떤 메커니즘에 의해서 그런 사건이 발생했는지에 대해서까지는 파고들어 가지 못한다. 그래서 같은 일이 매년 발생하고 인간은 똑같은 실수를 반복하게 된다. 정부에서도 정권이 바뀔 때마다 강력한 반부패 프로그램을 발동하지만 대개는 장기적으로 지속되지 않는다. 이른바 사정(司正)이라는 이름으로 정적을 제거하는 목적으로 칼을 들다가 자기들 수족이 부패에 연루되면서 흐지부지 되거나 정권 말기에는 그 칼을 역으로 받는 경우가 많기 때문이다. 기업 부패를 과학적으로 바라보고 검증하기를 거부하기 때문에 부패라는 질곡에서 탈출하기 힘들었다. 이런 점에서 우리는 발상의 전환이 필요하다. 바로 부패 역시도 과학으로 바라봐야 한다는 것이다. 나는 수업 첫날 수디르 벤카테시(Sudhir Alladi Venkatesh) 교수의 일화에 대해서 말하곤 한다. 그는 시카고 대학에서 사회학 박사를 받고 컬럼비아 대학교 사회학과 교수를 역임했다. 당시만 해도 터부시 되던 조폭(Gang)과 거리 매춘 활동을 과학의 영역으로 끌고 들어와서 그 작동 구조를 계량적으로 밝혀냈다. 더욱이 그는 문제가 발생하는 현장에 직접 들어가서 돈이 거래되는 과정을 기록하고 분석했다. 이 놀라운 이야기는 한국에도 번역되어 출판된 '괴짜경제학(Freakonomics)', '괴짜사회학(Gang Leader for a Day)', '플로팅시티(Floating City)'에 자세하게 나와 있다. 그는 약 10여 년 동안 갱단 단원으로 살면서 어떻게 조직이 돈을 벌고 배분하고 활동하는지를 자세하게 관찰하였다. 내일이 없이 사는 것처럼 보이는 갱들도 실제로는 기업과 유사한 조직 구조를 가지고 있으며 그들의 거래를 기록한 장부도 대단히 정교하다는 것을 알게 되었다. 한편 직접 위험을 감수하면서 마약을 판매하는 말단 조직원들은 평균적으로 최저 시급에도 미치지 못하는 금액을 벌고 있다는 것을 발견하였다. 고상한 학계에서 거론하기 불편한 조직폭력배들과 매춘부들의 경제 사회적 구조를 직접 관찰하고 과학적으로 분석하다 보니 어떻게 이들을 그러한 질곡에서 벗어나게 할지에 대해서 풍부한 영감을 제시할 수 있게 되었다. 예를 들어 슬럼가 청소년들의 선망의 대상인 갱단 조직원 대부분이 저임금을 받고 있다는 사실을 폭로한 것만 해도 얼마나 많은 아이들이 갱단에 가입하지 못하게 하는 유인이 되었을까? 이것만 해도 벤카테시는 위엄 있는 재판장에서 그들을 처벌하는 것에만 고심해온 판사들이나 책상에서 고만 고만한 연구를 하는 사회학자들이 노력한 것보다 훨씬 실용적인 결과물을 도출한 셈이다. 우리가 이 책에서 부패의 메커니즘을 공부할 여정에 앞서서 나는 독자들에게 기존의 편견과 관습에서 벗어날 것을 제안한다. 우리 사회는 일종의 착한 사람 신드롬에 빠져있다. 그래서 복합한 사회 문제를 다면적으로 바라보지 못하고 대개는 위선적이고 일방적인 관점에서 분석한다. 대표적인 사례가 ESG 신드롬이다. 내가 신드롬이라고 이름 붙인 것은 소수의 의견이 용인되지 않는 우리 사회의 경직된 분위기 때문이다. 탐스슈즈는 블레이크 마이코스키(Blake Mycoskie)가 2006년 미국에서 설립한 신발 브랜드이다. 남미를 여행하면서 많은 아이들이 신발로 없이 다니는 것을 보고 그들을 돕기 위해서 사업을 시작했다고 한다. 탐스슈즈 한 켤레가 판매될 때마다 또 다른 한 켤레의 신발이 개발도상국 아이들에게 기부되는 식이다. 이런 선한 비즈니스 모델에 감명을 받은 사람들이 그의 신발을 구매하면서 이 기업의 시장 가치는 한때 6,000억을 넘겼으며 전 세계적인 응원을 받았다. 유수의 경영대학원에서 이 기업을 ESG의 성공 케이스로 가르쳤다. 이 사업이 잘 나갈 때에 이를 비판적으로 바라본 사람들은 거의 없었다. 그러나 이 회사의 주요 비즈니스 모델이 기부와 선행이다 보니 장기적인 관점에서 연구 개발과 혁신에 충분한 자원과 시간을 쓰지 못했다. 오히려 탐스 안경(안경 하나를 팔 때마다 가난한 지역의 안질환 환자를 치료), 탐스 커피(커피 한잔을 팔 때마다 생수 한 병을 기부) 등과 같이 사업성이 검증되지 않은 비슷한 서비스로 확장하는 데 더 골몰했다. 더 큰 문제는 막대한 양의 신발이 개발도상국에 기부되면서 지역에서 저렴하게 신발을 공급하던 군소 업체들이 어려움을 겪고 도산을 하는 일이 발생하였다는 것이다. 선진국 기업의 ESG 활동이 실제로는 로컬 산업의 기반을 파괴하고 있었던 것이다. 소비자들은 슬슬 이 기업의 제품에 실증을 느끼게 되었고 회사는 사실상 문을 닫게 되었다. 비슷한 사례로 한국에서는 달동네에 벽화를 그려주는 봉사가 유행인 적이 있었다. 우리 사회에서 소외된 주거 환경을 개선하자는 선한 노력의 일환으로 시작하였다. 기업들도 동참하여 상당한 금액을 후원하기도 했었고 언론 지면에서는 이러한 기부를 기업의 사회적 책무로 포장하기도 하였다. 그러나 정작 달동네에서 오래 거주하던 원주민들은 이런 노력이 달갑지 않은 경우가 많았다고 한다. 벽화를 그린다고 또 그걸 구경한다고 사람들이 몰려와 소음을 일으키는 것도 불편했고 자신들이 불우이웃으로 취급되는 것도 싫다고 했다. 나는 TV에서 이 운동을 주도하던 사람의 인터뷰를 본 적이 있다. 그녀는 달동네의 재개발조차도 반대하고 있다고 말했다. 달동네는 우리네 문화의 상징이라는 이유에서다. 그러나 그녀는 현대식 신축 아파트에서 이런 인터뷰를 하고 있었다. 그녀는 잘 개발된 편리한 주택에 사는데, 왜 달동네 원주민들은 재개발 기회조차 박탈당해야 할까? 이 모든 이유가 윤리적으로 보이는 것은 무조건 좋은 것이라는 (또는 좋아야 한다는) 착한 사람 신드롬에 빠져있기 때문이다. 이러한 분위기에서는 착해 보이는 것과 나빠 보이는 것을 칼로 무 자르듯 구분하고 다른 말을 하는 사람을 이상한 사람으로 취급하곤 한다. 같은 맥락에서 부패 현상도 마찬가지라고 생각한다. 단순히 선과 악의 대비로 볼 것이 아니라 어쩔 수 없이 불법 행위에 연루되는 경우도 있으며 불법과 합법의 경계가 모호한 것들도 많다. 이 모두를 단순히 윤리라는 이름의 몽둥이로 때려잡고 처벌하는 것으로는 이 문제를 결코 해결할 수 없다. 모든 사회 과학에서도 통용되어야 하는 것이지만 나는 우리가 보다 유연한 시각을 가지고 이 이슈를 바라보기를 원한다. '나는 돈에 무관심하다'고 말하고 다니는 사람이 가장 돈에 미친 인간이라는 말이 있다. 부패 현상을 과학의 도구를 통해서 다층적으로 관찰해야 할 이유가 여기에 있다. 따라서 '우리는 모두 위선적이다'라는 불편한 진실을 먼저 마주해야 한다.

01 경영 전략으로서의 기업 부패

부패에 대한 대중과 정부의 관심은 예전부터 많았다. 그러나 이를 기업 수준에서 과학적으로 연구해온 것은 최근의 일이다. 2000년대 초반부터 Amy Hillman과 Gerald Keim과 같은 학자들이 조직 수준의 부패 행위를 연구하면서 분석 단위가 조직, 즉 기업 수준으로 내려오기 시작하였다.[1)] 기업 수준으로 연구를 한다는 것은 부패 행위를 기업 전략으로 보기 시작했다는 의미이다. 기업 연구의 새로운 분야가 열린 것이다. 기존에는 기업의 전략을 연구개발, 마케팅, 재무회계 등 "시장"에서 발생하는 행동에 초점을 맞추었다면 기업의 부패는 시장 밖에서 발생하는 정부와의 관계, 또는 타 기업과의 비전통적인 거래에 집중한다. 이를 전통적인 기업 연구와 구분하기 위하여 비(非)시장 전략(Non-market Strategy)으로 부르기로 했다. 비시장전략은 비단 불법적인 행위뿐만 아니라 기업이 외부 정치 환경을 유리하게 만들기 위해서 활동하는 다양한 합법적인 전략을 모두 포함한다. 중국에서는 엔젤 투자가 굉장히 활발하다. 스타트업으로 큰 성공을 한 경영자들이 엑시트(exit) 이후에 엔젤 투자계의 큰 손으로 활약하는 경우가 많다. 연구에 따르면 엔젤 투자에 중국식 네트워크, 즉 꽌시가 큰 역

1) Hillman, A. J., Keim, G. D., & Schuler, D. (2004). Corporate political activity: A review and research agenda. *Journal of Management, 30*(6), 837–857

할을 한다고 한다. 또 중국에서 큰 규모의 M&A를 결정하는 데에도 최고 경영진, 소유주들 또는 그들 사이의 사적 네트워크가 중요한 역할을 한다고 알려져 있다. 즉 비시장전략은 기업과 정부의 관계만이 아니라 다른 기업이나 이해관계자(Stakeholder)들과의 모든 비공식적인 관계들을 포함한다. 따라서 비시장전략에서는 부패 환경을 기업이 경쟁 우위를 확보하는 수단이자 기회로 이해하기도 한다. 미국의 로비를 연구한 결과에 따르면[2] 기업의 로비 참여 비율과 총금액 모두 지난 20여 년 동안 크게 증가한 것을 볼 수 있다. 최근 기업들의 정치 행위는 노골적인 불법 행동보다는 합법적이거나 처벌이 애매한 회색 지대로 이동하는 경향을 발견할 수 있다. 예를 들어 정치인들에게 직접적으로 돈을 쥐어 주기보다는 특정 정치인들을 지지하는 시민단체에게 금전을 후원하는 것이다. 기업은 이를 ESG 차원에서 포장하지만 엄밀히 말하면 '간접' 로비라고 간주해야 할 것이다. 고위 공무원을 전관으로 고용하여 대관 업무를 맡기는 것도 마찬가지라고 볼 수 있다. 한국에서는 로비스트 고용이 불법이지만 거의 대부분의 대기업에 전관으로 구성된 대관 전담 부서가 있을 정도로 정치권에 대한 로비 행위가 일반화되어 있다. 로비의 경우에는 완전히 불법인 나라에서부터 합법인 나라까지 스펙트럼이 다양하며 한국과 같이 그 중간에서 경계가 애매한 경우까지 있다. 한국에서는 2016년 시행된 "부정청탁 및 금품 등 수수의 금지에 관한 법률"과 함께 기업의 정치 전략을 양지로 끌고 나오려고 노력하고 있다. 이를 구조화하면 〈그림 1-1〉과 같다.

최근 비시장 전략 연구에서는 기업의 정치 행위를 촉발하는 요인 인자로 기업의 내부 역량과 외부 상황, 그리고 그 상호작용을 동시에 고려하려고 노력

2) Cao, Z., Fernando, G. D., Tripathy, A., & Upadhyay, A. (2018). The economics of corporate lobbying. *Journal of Corporate Finance, 49*, 54–80.

그림 1-1 비시장전략의 구분

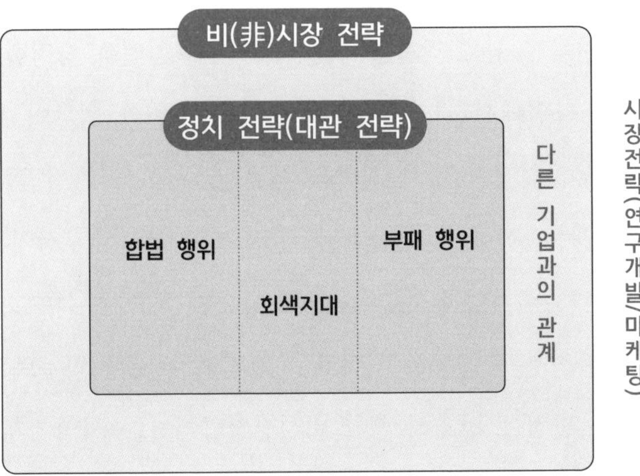

그림 설명: 기업의 비시장전략(nonmarket strategy)은 전통적으로 기업의 전략으로 간주되던 연구개발과 마케팅이 다루지 못하는 대부분의 영역을 포함한다. 비시장전략은 다시 다른 기업과의 관계(business-business relationship)와 정치 전략 또는 대관 전략(business-government relationship)으로 구분할 수 있다. 정치 전략 안에는 뇌물 공여와 같은 노골적인 부패 행위와 선거에서 기부금 공여와 같은 합법 행위가 있다. 또 최근에는 불법과 합법의 구분이 모호한 회색지대(grey area)에 대한 관심이 커지고 있다.

하고 있다. 즉 기업 수준의 특징과 국가 수준의 환경을 다층적이고 종합적으로 결합하려고 한다. 먼저 외부 환경이 중요하다고 주장하는 학자들은 기업의 부패 전략을 외부 환경에 대한 대응 또는 그 부산물로 간주한다. 이러한 학자들은 제도 환경의 압력과 동형성[3] 그리고 상호 의존성의 관점에서 주로 연구해왔다. 한편 어떤 학자들은 부패에 빠지는 기업의 내부 특성에 관심을 가지면서 기업의 자원, 경험이나 최고 경영진의 배경이 기업의 비시장전략을 결정 하는 요소라고 주장하였다.[4] 또는 기업의 외부와 내부 요소를 결합하여 이 두 가지가 서

3) 외부 환경에 따라 조직이 서로 비슷하게 변해가는 것을 의미

4) Yim, H. R., Lu, J., & Choi, S. J. (2017). Different role of lobbying and bribery on the firm performance in emerging markets. *Multinational Business Review*, *25*(3),

로 시너지를 내면서 기업의 비시장전략을 결정한다고 보는 경우도 있다. 따라서 최근의 비시장전략에서는 부패한 외부 환경에 수동적으로 순응하는 기업이 아니라 외부 행위자들과 상호 작용을 하는 적극적인 기업을 상정한다. 즉 능동적인 환경전략[5]의 차원에서 기업을 “내부의 정치 자원과 외부의 정치 제약을 혼합적으로 분석하여 최적인 정치 전략을 세우는 주체”로 가정하였다.

비시장전략에서는 정부를 바라보는 관점도 독특하다. 정치시장(political marketplace)에 참여하는 기업과 정부는 서로 상이한 목표 함수를 가지게 된다. 전통적인 관점에서 정부는 공동선의 목표를 가지고 부패를 억누르고 퇴치하려는 청지기(steward) 관점을 강조하지만, 비시장전략에서는 기업에게 압박을 가하여 정치인과 관료의 사적인 이익을 추구하는 것을 중심으로 보는 대리인(agency) 시각을 강조한다.[6] 정리하자면 기존 주류 연구에서는 외부 환경에 의해서 일방적으로 영향을 받는 수동적인 기업상과 부패를 억누르는 청지기의 역할을 하는 정부상을 상정하는 경향이 있었다. 반면 부패 현상을 보다 전략적으로 인식하는 연구가 늘어감에 따라 적극적인 정치 기업가 정신(political entrepreneur)과 착취자(predator)로서의 정부의 역할을 실증적으로 이해하려는 시도가 시작되었다. 예를 들어 Li와 Zhang은 경영자의 인맥을 적극적으로 활용하여 정치 전략을 구성해 나가는 것에 주목하였으며,[7] Siegel은 정권의 교체에 따라 정치

222–238.

5) Aragón–Correa, J. A., & Sharma, S. (2003). A contingent resource–based view of proactive corporate environmental strategy. *Academy of Management Review, 28*(1), 71–88.

6) Hillman, A. J., Keim, G. D., & Schuler, D. (2004). Corporate political activity: A review and research agenda. *Journal of Management, 30*(6), 837–857.

7) Li, H. & Zhang, (2007). The role of managers' political networking and functional experience in new venture performance: Evidence from China's transition economy. *Strategic Management Journal, 28*(8), 791–804.

표 1-1 최근의 비시장전략 연구에서 기업과 정부를 보는 관점

기업/정부의 부패를 보는 관점	청지기 역할로서의 정부	대리인 역할로서의 정부
정치적으로 수동적인 기업	주류 윤리 경영/ 경제 연구자들의 관점	예) Siegel(2007)
정치적으로 적극적인 기업	예) Li & Zhang(2007)	적극적인 정치 지향적 기업가(political entrepreneur)와 착취자(predator)로의 정부

표 설명: 전통적인 관점에서 정부는 부패를 통제하려는 선한 의도를 가진 청지기(steward)로, 기업은 수동적으로 부패에 대응하는 조직으로 간주하였다. 그러나 최근의 비시장전략 연구에서는 정치인들과 관료들의 욕망에 충실한 대리인(agency), 또는 착취자(predator)로의 정부와 복잡한 정치 시장에서 최대한의 이익을 창출하려는 정치 지향적 기업가 (political entrepreneur)에 주목한다.

역량의 가치가 달라지는 것에 주목하여 착취자로서의 정부의 역할을 조명하였다.[8] 이렇게 기업과 정부의 속성을 보다 솔직하게 바라보는 연구가 다수 출간되어 비시장연구의 폭이 크게 확대되었다. 즉 〈표 1-1〉에서처럼 비시장연구에서는 ❶ 정치적으로 적극적인 기업상과 ❷ 대리인으로서의 정부의 역할을 동시에 가정하였다. 이렇게 탐욕스러운 정부와 정부의 규제에 적극적으로 대처하는 기업의 모델을 다층적으로 연구하기 시작한 것이다.

8) Siegel, J. (2007). Contingent political capital and international alliances: Evidence from South Korea. *Administrative Science Quarterly*, *52*(4), 621–666.

02 부패를 다루는 이론들

부패를 다루는 연구를 본격적으로 소개하기에 앞서서 이러한 연구들의 근간이 되는 몇 가지 이론들에 대해서 소개하려고 한다. 이론이라고 하면 거창한 것을 연상하고는 하지만 사실 별 것은 아니다. 세상을 보는 관점이라고 하면 더 좋겠다. 물론 연구를 하고 논문을 쓰는 학자들의 입장에서는 굉장히 중요한 부분이다. 먼저 정치시장(Political marketplace)이라는 개념에 대해서 알아보자. 전통 경제학에서 이야기하는 시장(market)과 비슷하다. 경제학에서 시장은 재화나 서비스가 거래되는 공간이다. 정치 시장에서는 재화나 서비스를 정책(policy)이라고 간주한다. 정부에서는 관료적이며 정치적인 과정을 통해서 각종 정책을 생산하고 이행하며 강제한다. 이러한 정책은 사인(私人)들의 이해관계에 영향을 미치며 따라서 기업들은 그 정책 결정 과정에 개입하기를 희망한다. 따라서 기업들과 개인들은 마치 시장에서 재화나 서비스를 구입하는 것처럼, 정치 시장에서의 공급자인 정부가 제공하는 정책을 소비한다고 볼 수 있다(〈표 1-2〉). 한편 경제학에서는 공급자와 소비자들의 경쟁 관계에 주목한다. 예를 들어 공급자들과 수요자들이 매우 많고 재화의 차별이 없으면 완전경쟁시장으로 간주한다. 농수산물 시장이 그러한 완전경쟁시장에 가까운 상태이다. 또 공급자가 하나인 경우도 있다. 이를 독점 시장이라고 한다. 공급자가 하나이기 때문에 시장에서 거래에 의해서 가격이 형성되지 않고 독점 공급자가 일방적으로 가격결정권을 가진다. 수요자가 하나이거나 극소수인 경우도 있다. 예를 들어 전투기 시장에서는 정부가 유일한 수요자이다. 이런 시장에서는 수요자, 즉 정부의 교섭권(Bargaining power)이 크다. 이렇게 전통 경제학에서는 시장에서의 수요자와 공급자의 경쟁 구조에 따라 가격과 거래량이 결정된다고 보고 있다. 비슷한 관점에서 정치시장에서도 정책의 공급자(정부)와 수요자(기업)의 경쟁 구도가 중요하다. 정치 시장에서 수요자들 사이에 경쟁이 심한 경우를 생각해보자. 그런 경우에는 단합된 정치적인 구호를 내세울 수 없기 때문에 수요자들의 교섭권은 제약적일 수밖에 없다. 미국에서 한인들의 정치적인 지위는 그들의 가진 경제 사회적인 규모에 비해 상대적으로 낮다. 한인 사회를 아우르는 통일된 정치 세력이나 유력 이익 단체가 별로 없기 때문이다. 기업도 마찬가지이다. 이런 경우에는 기업의 이해관계를 공통적으로 대변할 수 있는 집단을 만드는 것이 유리하다. 한국의 전경련(한경협의 전신)이나 KOCHAM(Korean Chamber of Commerce and Industry in the USA) 같은 협회나 이익단체가 그 사례가 될 수 있다. 정책 공급자들 사이의 경쟁도 중요하다. 정부는 단일한 주체가 아니다. 중앙정부와 지방정부가 서로 경쟁할 수도 있으며, 정책 결정 과정에서 여러 정치인들과 관료들이 서로 견제하고 투쟁할 수 있다. 지방자치제도가 발달한 한국에서는 중앙정부와 지방 정부가 서로 이해관계가 달라 정치적으로 대립하는 경우가 흔하다. 선출된 입법부의 정치인들도 법률 같은 정치적 재화를 생산하는 과정에서 서로 경쟁한다. 정책 공급자들의 경쟁을 보는 이론적인 시각은 크게 두 가지이다. 첫 번째 관점은 공급자들 사이의 경쟁이 심하면 수요자들에게 유리하다는 논리이다. 이를 진입 관점(Entry point)이라고 한다. 정책의 공급자들이 많으면 그 중에서 수요자들에게 호의적인 세력을 찾아 정책 결정 과정에 참여하기에

표 1-2 경제학의 시장과 정치시장(Political marketplace)의 비교

명칭	경제학의 시장	정치 시장
수요자	고객	시민, 시민단체, 기업, 이해자그룹, 유권자, 다른 국가
공급자	기업	선출직 정치인, 관료, 법원
재화	공산품, 서비스	정책, 규제, 법령, 명령, 조례
거래 수단	화폐, 물물교환	투표, 로비, 정치 캠페인 참여, 뇌물 공여, 여론전 등

표 설명: 경제학의 시장에서 사용되는 개념과 용어들은 정치 시장에서도 유사하게 대응될 수 있다. 정치 시장에서의 재화는 정책(policy)이기 때문에 공급자는 정부(정치인, 관료)이며 주요 수요자는 기업이라고 할 수 있다.

용이하기 때문이다. 한 사람이 철권을 휘두르는 독재 국가를 상상해보자. 그 독재자에게 접근하지 못한다면 정책 결정 과정에서 거의 영향력을 행사할 수 없다. 한편 정책에 결정에 참여하는 공급자들이 많게 되면 서로 견제와 간섭을 하기 때문에 수요자들인 기업들이 원하는 방향대로 영향력을 행사하기 어려울 수도 있다. 이를 반대 관점(Veto point)이라고 한다. 예를 들어 정책의 공급 과정에서 수많은 지방 정부, 중앙 정부, 정치인, 관료들의 이해관계가 개입되어 서로 감시하고 있다고 가정하자. 이 중 어느 한 담당자와 연결을 맺고 있는 기업들은 정책을 원하는 방향대로 조정하는 데 제약이 생긴다. 이처럼 정치 시장이라는 개념은 정책의 수요와 공급의 구조를 중심으로 정책이라는 재화의 거래를 설명한다는 점에서 경제학의 시장과 유사하다.

부패를 분석하는 데 자주 사용되는 또 다른 관점은 제도이론(Institutional theory)이다. 제도이론 관점에서 기업은 사회적 합의에 따라 만들어진 제도를 통해 정당성(legitimacy)을 확보하려 한다. 기업은 사회 규범의 틀 안에서 당면한 문제를 해결해야 한다. 만약 사회적인 정당성을 인정받지 못하게 되면 생존을

담보하기 어렵게 된다. 제도이론에서는 기업이 사회규범에 조응하는 과정에서 동일 환경에 있는 다른 조직을 닮아 가는 동형화(isomorphism)가 발생할 수 있다고 본다. 즉 불확실성이 클 경우 다른 기업이나 조직과 비슷하게 되는 것이 정당성을 확보하는 안전한 방법이라는 것이다. 제3국에 진출한 다국적 기업의 전략을 세우는 데는 불확실성이 크다. 진출한 국가의 제도와 문화 관습이 낯설기 때문에 어떤 대관 전략을 사용하는 것이 좋은지, 어떻게 정부와 협력 관계를 만들어야 하는지 등에 대한 정보를 얻기 어렵다. 이런 경우에는 이미 해당 국가에 진출하여 어느 정도 자리잡은 다른 다국적 기업의 전략을 비슷하게 흉내내는 것이 가장 안전한 방법일 수 있다. 실제로 선진국의 많은 다국적 기업들이 개발 도상국에서는 여러 부패 사건에 얽히는 경우가 많다. 이를 제도이론으로 해석해보면 나름 현지의 대관 관행에 적응한 결과일 뿐이다. DiMaggio 와 Powell은 이런 방식의 동형화를 모방적(mimetic) 기제라고 분류하였다.[9] 또 다른 동형화의 원리는 강압적(coercive) 기제이다. 기업은 법과 구속력이 있는 규정에 의해 특정 제도를 도입하게 되면서 조직구조와 문제해결 방법이 서로 비슷해진다. 최근 ESG 관련하여 국제적인 협약이 만들어지고 있고 그 중 일부는 강제적 규제가 되고 있다. 미국에서는 상장을 신청하는 기업의 이사회에 인종적, 성적 지향적으로 소수인을 포함하도록 하고 있는데 그렇게 되면 이사회의 구성에서 강압적 동형화가 일어나게 될 것이다. 마지막으로 규범적(normative) 기제가 있다. 기업은 학계 혹은 전문가 집단에 의해 형성된 사회적 규범에 따라 특정 관행을 도입한다. 이에 따라 비슷한 환경에 놓인 기업에서 동형화가 발생한다. 예를 들어 한 때 MBA를 중심으로 전략 컨설팅 열풍이 분 적이 있었다. 명문

9) DiMaggio, P. J., & Powell, W. W. (1983). The iron cage revisited: Institutional isomorphism and collective rationality in organizational fields. *American Sociological Review, 48*(2), 147−160.

MBA를 졸업한 경영진들이 학교에서 경험한 유행대로 대형 컨설팅 회사를 이용하여 기업의 구조 조정을 하는 경향이 있었다. 이러한 과정을 통해서도 기업들의 전략은 서로 유사해진다.

자원의존이론(Resource dependence theory)도 부패 및 대관 전략을 분석하는 데 사용되곤 한다. 이 이론은 조직이 외부와의 상호작용을 통해 안정적인 자원을 확보하는 것이 중요하다고 강조한다. 만약 특정 세력이 공급하는 외부 자원에 대한 의존도가 커지면 기업의 바게닝 파워가 제약되고 안정적인 성장이 어렵게 된다. 예를 들어 코스트코나 월마트 같은 대형 유통 업체에서는 가격 경쟁력과 납품 회사에 대한 우월적인 지배권을 확보하기 위해서 자사에서 기획한 PB(Private Brand) 상품을 매대의 전면에 배치한다. 애플도 해외 시장에서의 교섭력의 우위를 점하기 위해서 현지의 2~3등 통신 업체와 먼저 손을 잡는다고 알려져 있다. 정치 시장에서도 기업들은 정책을 공급하는 정부에 크든 작든 의존할 수밖에 없다. 만약에 시장의 정책 공급자가 변덕을 심하게 부리는 경우에는 기업 입장에서는 불확실성이 커지게 되며 정책이라는 정치 자원을 안정적으로 관리하기 어렵게 된다. 이러한 상황에서 정부에 대한 의존성을 낮추는 것이 중요하다. 먼저 정책 공급자에게 뇌물을 공여하거나 정치 캠페인에 참여하고 우호적인 정치인을 지원하는 방법을 고려할 수 있을 것이다. 또는 국내 시장에 대한 의존도를 낮추고 대신 해외 수출 비중을 늘리는 것도 하나의 대안이 될 수 있을 것이다.

자원기반이론(Resource based view)도 경영 전략의 관점에서 기업의 정치 행위를 설명하는데 유용하다. 자원기반이론은 가치 있고, 희귀 하며, 흉내내기 어려우며, 조직화된 자원 또는 역량이 조직의 성공을 결정하는 요인이라고 주장한다. 정치 시장에서는 기업과 정부와의 관계 또는 연결(Political connection)은 매우 가치 있는 자산이다. 단순히 뇌물 공여를 통해서 맺어진 일회성 인연이 아니라 장기간의 상호 신뢰에 기반한 정치 연결은 다른 기업들이 쉽게 흉내내기 어려운 역량이라고 할 수 있다. 중국에서 사스(SARS)와 같은 팬더믹 사태가 발생하였을 때에 한국의 모 대기업은 중국 지방 정부 측의 만류에도 불구하고 대부분의 직원들을 바로 철수시켰다고 한다. 물론 회사 입장에서는 직원이 안전이 최우선이겠지만 그 때부터 중국 정부의 신뢰를 잃었다는 후문이 있다. 이 기업은 중국의 개혁개방 초기부터 진출하여 대관 업무와 사회적 공헌 활동에 돈을 쏟아 부었지만 한 번 잃은 정치 연결의 자산을 복구하는 데에 다시 긴 시간과 재원이 필요했다.

최고경영진 이론(Upper echelons theory)은 경영진의 경험, 가치, 성격 및 개인적 특성들이 기업의 전략 결정과 성과에 영향을 준다고 주장한다. 예를 들어 경영진의 성별이 기업의 부패 행위 결정에 영향을 미친다는 발견도 있었으며, 위험 선호적인 성향을 가진 경영진이 대관 업무에 더 적극적이라는 연구도 있다. 납작한 얼굴형을 가진 최고 경영진은 공격적인 성향을 지니며 부패에 더 많이 연루된다는 보고도 있다.[10] 특히 작은 기업이나 스타트업의 경우 최고 경영진의 입김이 기업경영에 강하게 작용한다. 시간이 흘러 큰 기업으로 성장한 경우에도 창업자나 창업 가문의 성향이 기업 문화에 각인되어 있는 경우가 있다. 이런 상황에서 기업의 정치 전략 및 부패 행위를 설명하기 위해서는 최고 경영진의 특징을 살펴볼 필요가 있는 것이다.

이상의 이론들은 부패와 대관 전략을 설명하는 주요한 관점이다. 사실 이것들 말고도 굉장히 다양한 이론들이 존재한다. 중요한 것은 이론과 실증적 발

10) Kim, Y. H. A., Park, J., & Shin, H. (2022). CEO facial masculinity, fraud, and ESG: evidence from South Korea. *Emerging Markets Review*, *53*, 100917.

견이 적절한 균형을 이루어야 한다는 것이다. 실증적인 발견을 억지로 설명하기 위한 이론은 부자연스럽다. 그렇다고 실증적인 발견을 아무런 관점없이 날 것으로 제시하는 것도 연구라고 보기 어렵다. 일단 이 정도의 기초적인 이론적인 지식을 숙지한 후에 이제부터 부패에 대한 다양한 발견들을 설명해보고자 한다.

UNDERGROUND
ECONOMY
CHAPTER
02
부패의 속성과 탐지 방법

"정보에 대한 접근 없이는 인류가 직면한 주요 문제들은 해결되지 않을 것입니다."

-크리스토프 들루아르(Christophe Deloire), 국경 없는 기자회 사무총장-

01 어떤 유형의 사람이 부패를 더 잘 저지르는가?

어떤 사람들이 부패의 유혹에 취약할까?[1] 선천적인 요소 중에 부패와 관련되었다는 보는 것 중 하나가 성별이다. 성별 범죄에 대한 선구적 발견으로 Lombroso와 Ferrero의 연구를 들 수 있다. 그들은 여성 범죄의 특수성 중 하나로 탐욕에 의한 범죄, 즉 사치품에 대한 욕구가 남성보다 높으며 따라서 물질적 유혹에 약하다고 주장했다.[2]

그러나 대체적으로 기존 연구에서는 남성이 여성보다 부패에 둔감하다고 보았다. McGee와 Benk는 성별에 따라 부패를 어떻게 인식하는지를 연구하였다. 2017년부터 2021년까지 80여 개국 140,000명을 대상으로 한 대규모의 설문인 World Values Survey(WVS)에 근거하여 "뇌물이 정당화될 수 있는지"에 대한 응답(1~10점으로 측정)을 통해 남녀 별로 부패를 인식하는 차이가 있는지 살펴보았다.[3] 〈표 2-1〉에서 보듯, 절반이 넘는 국가(61개국)에서 여성이 남성보

1) 사실 이러한 질문은 대단히 예민한 주제이기도 하다. 선천적으로 특정 유형의 사람들이 비도덕적이라면 우생론자들의 주장처럼 인종주의로 비약될 수 있기 때문이다. 따라서 최근에는 선천적인 요소에 대한 것보다는 후천적인 요인들이 더 많이 연구되고 있다.

2) Lombroso, C., & Ferrero, G. (1895). The female offender (Vol. 1). D. Appleton.

3) McGee, R. W., & Benk, S. (Eds.). (2023). The ethics of bribery: Theoretical and empirical studies. Springer Nature.

표 2-1 성별에 따른 부패 인식[4)]

여성이 남성보다 뇌물에 대해서 더 부정적인 나라들(10% 수준에서 통계적으로 유의한 경우) 34개국
아르메니아, 에스토니아, 일본, 스위스, 볼리비아, 프랑스, 카자흐스탄, 태국, 보스니아 헤르체고비나, 독일, 마카오 특별행정구, 튀니지, 벨라루스, 크로아티아, 파키스탄, 우크라이나, 캐나다, 과테말라, 폴란드, 북마케도니아, 중국, 홍콩 특별행정구, 포르투갈, 케냐, 콜롬비아, 헝가리, 푸에르토리코, 몽골, 키프로스, 아이슬란드, 루마니아, 슬로바키아, 체코 공화국, 이라크, 세르비아
여성이 남성보다 뇌물에 대해서 더 부정적인 나라들(10% 수준에서 통계적으로 유의하지 않은 경우) 27개국
알바니아, 핀란드, 멕시코, 러시아, 아르헨티나, 그리스, 몬테네그로, 슬로베니아, 호주, 이란, 네덜란드, 스페인, 오스트리아, 요르단, 뉴질랜드, 스웨덴, 불가리아, 키르기스스탄, 니카라과, 영국, 대만, 레바논, 나이지리아, 방글라데시, 덴마크, 리투아니아, 페루
남성이 여성보다 뇌물에 대해서 더 부정적인 나라들(10% 수준에서 통계적으로 유의한 경우) 5개국
이집트, 미국, 에티오피아, 노르웨이, 타지키스탄.
남성이 여성보다 뇌물에 대해서 더 부정적인 나라들 (10% 수준에서 통계적으로 유의하지 않은 경우) 11개국
안도라, 미얀마, 짐바브웨, 브라질, 필리핀, 칠레, 대한민국, 조지아, 터키, 말레이시아, 베트남
남성과 여성의 뇌물에 대한 부정적 인식이 동일한 경우. 1개국
인도네시아

표 설명: 여성이 남성에 비해 부패에 대해서 상대적으로 더 도덕적인 나라가 많다. 반면에 한국의 경우에는(통계적으로 확실하지는 않지만) 남성이 여성보다 부패를 더 부정적으로 인식한다.

다 뇌물 관행을 더 부정적으로 인식했다. 반면에 16개 국가에서는 남성이 여성보다 뇌물을 더 부정적으로 인식했다. 비록 차이가 통계적으로 유의하지는 않지만 한국에서는 남자가 여자보다 부패를 나쁘다고 생각하고 있다. 아마도 유

4) McGee, R. W., & Benk, S. (Eds.). (2023). The ethics of bribery: Theoretical and empirical studies. Springer Nature.

교의 영향으로 한국에서는 남성이 윤리적으로는 더 원칙적인 것으로 추측된다. 물론 그러한 인식이 실제 불법 행동으로 이어지는 것은 별개로 간주한다고 해도 말이다. 한국의 경우 범죄 종류별 성별을 구분하고 있지 않아 남성과 여성 중 누가 부패 혐의로 처벌을 더 많이 받았는지는 알 수 없지만 대검찰청 범죄 분석에 따르면 전체 범죄자 중 남성의 비율이 압도적으로 높다.

만약 어떤 조직이 여성에 의해서 운영된다면 부패를 감소시키는 데 도움이 될까? Dollar와 그의 동료들은 1945년부터 1995년까지 선거 제도를 운영하는 전 세계 의회의 여성 비율과 국가 부패의 상관관계를 연구하였다.[5] 그들은 GDP나 인구, 외부 교역 자유도, 법률 체계 등을 통제한 후 여성 정치인 비율과 국가의 부패 정도를 알아보았다. 결과는 여성이 의회에 많이 진출한 나라일수록 부패가 낮아진다는 것을 발견하였다. 통계적으로 말하자면 여성 정치인의 비율이 1－표준편차만큼 커질 때 부패는 약 20% 줄어들었다. 그러나 보다 정교한 계량 모델을 이용한 후속 연구가 나오면서 결과가 달라질 수 있다는 것을 알게 되었다. 예를 들어 Esarey와 Chirillo는 세계은행의 데이터를 활용하여 의회에서 여성 진출 비율과 부패 통제 지수(Control of Corruption Index) 사이의 관계를 연구하였다. Dollar와 연구와는 달리 민주주의가 발달된 국가와 그렇지 않은 국가를 구분하여 더 정밀하게 살펴보았다.[6] 〈그림 2－1〉의 Panel B에서 보듯이 민주주의 정치 제도가 발전된 국가에서는 기존 통념과 같이 여성의 의회 진출 비율이 높아질수록 부패 통제 지수가 개선되었다. 그러나 Panel A처럼 민주주의 정치 제도가 덜 발달된 곳(즉 독재국가)에서는 여성의 의회 진출 비율이

5) Dollar, D., Fisman, R., & Gatti, R. (2001). Are women really the "fairer" sex? Corruption and women in government. *Journal of Economic Behavior & Organization*, *46*(4), 423－429.

6) Esarey, J., & Chirillo, G. (2013). "Fairer sex" or purity myth? Corruption, gender, and institutional context. *Politics & Gender*, *9*(4), 361－389

그림 2-1 독재 국가와 민주주의 국가의 의회에서 여성 참여율과 부패 통제 지수와의 관계[7]

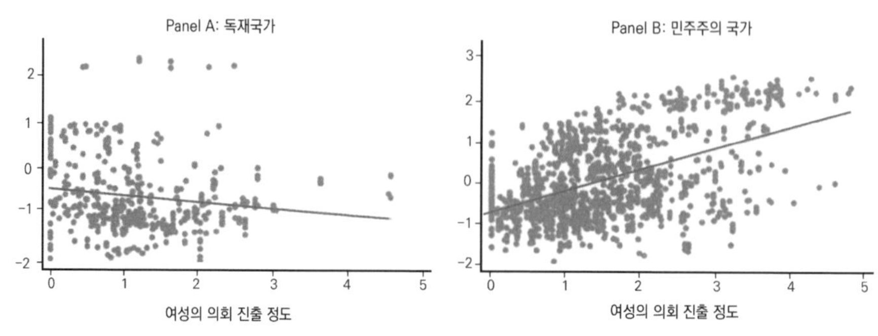

그림 설명: 각 그래프의 X축은 여성의 의회 진출 정도이며 Y축은 부패 통제 지수이다. Panel A는 독재적인 성향의 국가이며, Panel B는 민주주의 성향의 국가이다. 민주주의 성향의 국가에서는 여성의 의회 진출 경향이 높을수록 부패가 잘 통제되는 경향이 있지만 독재 성향의 국가에서는 오히려 반대로 나온다. 여성의 정치 참여가 반드시 부패를 줄이는 것은 아니라는 것을 알 수 있다.

높아질수록 부패 지수가 오히려 더 나빠졌다. 그 통계 유의성은 Panel B처럼 분명하지는 않지만 적어도 정치리더십 위치에 여성이 많을수록 청렴해진다는 기존의 연구 결과와 다르다는 것은 분명해 보인다. 이렇게 최근 연구자들은 성별과 부패 사이의 관계를 알아보기 위해서는 먼저 제도적 맥락에 대한 고려가 중요하다고 주장했다. 여성은 대개 남자에 비해 더 위험 회피적인 성향을 가진다고 한다. 부패가 적발되면 사회적으로 돌이킬 수 없는 낙인이 찍히게 되는 환경에서는 (대개는 민주주의가 발달된 국가) 불법적인 행동을 하는 위험을 감수하지 않으려고 한다는 것이다. 이러한 발견은 우리 사회에 상당한 함의를 던져준다. 부패를 근절하기 위해서는 부패를 저지른 사람들이 얻을 수 있는 이익보다 발각되어 처벌될 수 있는 위험성이 훨씬 크다는 인식을 확산시켜야 한다. 선천적

7) Esarey, J., & Chirillo, G. (2013). “Fairer sex” or purity myth? Corruption, gender, and institutional context. *Politics & Gender, 9*(4), 361–389

으로 부패에 더 많이 연루되는 요소가 있다고 하더라도 어떤 환경에서 실제로 부패 행위로 발현되는지에 대한 "맥락"에 이해가 중요하다는 뜻이다. 단순히 특정 성별을 리더로 내세운다고 해서 문제가 해결되지 않는다는 것을 유념해야 할 것이다.

그러나 많은 개발도상국에서 부패와 싸우기 위해서 실제로 여성들을 전면에 내세우고 있다. 2019년 슬로바키아에서는 기존 정부의 무능과 부패에 염증을 느낀 유권자들이 불과 45세에 불과한 차푸토바(Zuzana Čaputová)를 대통령에 당선시켰다. 보수적인 파키스탄에서도 베나지르 부토(Benazir Bhutto) 여사가 총리를 역임한 바가 있다. 그러나 슬로바키아의 부패인식지수는 그녀의 임기 동안 거의 변동이 없었으며 부토 여사는 부패 혐의로 투옥되기도 했다. 트위터를 인수한 일론 머스크는 위기에 빠진 트위터를 살리기 위해서 여성 광고 전문가를 CEO로 전격 발탁하였다. 그녀는 업계에서 벨벳 해머(Velvet hammer), 즉 부드럽지만 카리스마 있는 리더로 알려졌다. IT업계에서 여성 강세는 미국 업계의 유행이다. 2015년 S&P 500 기업에서 여성 CEO는 23명에 불과했지만, 2023년에는 두 배에 가까운 41명으로 늘어났다. 여성의 부드러운 리더십이 기업의 어려움을 극복하고 부패와 싸우며 나아가 성과를 내는데 유리하다는 인식 때문이다. 특히 ESG와 같이 재무적 성과 이외의 사회적 책무가 강조되면서 여성의 강점이 더 부각되기 시작하였다. 그러나 업계의 유행과 관계없이 단순히 특정 성으로 문제를 해결하고자 하는 것은 과학적 근거가 희박하다. 오히려 위기에 빠진 기업들이 여성들을 내세워 표면적인 이미지 메이킹을 시도하고, 실패하면 그녀들을 희생양으로 밀어 버리는 유리 절벽(glass cliff)의 우려가 있는 것이 사실이다. 그린워싱(Green-washing)과 비교할 수 있는 젠더워싱(Gender-washing)의 위선인 셈이다.

후천적인 요소 중에서 가장 많이 연구된 것은 교육이다. Truex는 네팔에서의 사회 실험을 통해 교육 수준이 높은 사람들이 부패에 더 엄격한다는 것을 발견하였다. 따라서 개발도상국의 부패를 줄여 나가기 위해서는 교육의 기회를 늘려야 한다고 주장하였다.[8] 그러나 여기에 대한 반론도 많다. 그 중에 하나로 주요 경제 사범 중에서 경영 전문대학원(MBA) 출신이 많다는 주장이 있다. 흔하게 거론되는 인물로는 엔론(Enron)의 회계 부정 사태를 불러일으킨 제프리 스킬링(Jerrfey Skilling)이 있다. 엔론은 원래 천연가스 유통 회사였다. 회장으로 취임한 케네스 레이(Kenneth L. Lay)는 컨설팅 회사인 맥킨지에서 일하고 있던 스킬링을 CEO 자리에 앉히면서 외형적인 성장을 도모하게 된다. 스킬링은 매우 공격적인 인물로 전통적인 에너지 유통 사업을 넘어 다양한 신사업에 뛰어들었다. 닷컴 열풍에 편승하여 통신 사업에 진입하였으며 금융, 수력발전 등에도 손을 댔다. 단기간에 회사의 규모는 엄청나게 커졌으며 임직원들이 스포츠카를 몰고 다닐 정도로 호황을 누렸다. 한편 레이 회장은 조지 부시 대통령 후보에게 거액을 기부하고, 클린턴 정부에서 일하던 재무차관보를 로비스트로 영입하는 등 좌우파를 막론하고 전방위 정치 로비도 하고 있었다. 그러나 엔론의 성장 이면에는 실적 부풀리기, 주가 띄우기, 매출 조작, 회계 부정 등이 숨어 있었다. 이러한 사실은 결국 꼬리를 밟힐 수밖에 없었고 결국 주당 80달러까지 올랐던 엔론의 주가는 1달러 수준까지 폭락하였다. 회사는 파산하였고 레이 회장은 재판 중 사망하였다. 스킬링도 24년형의 중형을 받게 되었다. 당시 사람들이 주목했던 것은 이들의 고학력 배경이었다. 레이 회장은 휴스턴대학교 경제학 박사 출신이었고, 스킬링도 하버드대학교 MBA 과정을 졸업했다. 특히 엔론의 감사

8) Truex, R. (2011). Corruption, attitudes, and education: Survey evidence from Nepal. *World Development, 39*(7), 1133–1142.

와 컨설팅을 맡았던 회계 법인인 아서앤더슨(Arthur Andersen)에는 많은 명문대 출신 MBA 인재들이 포진해 있었지만 엔론의 부패를 묵인하고 나아가 분식 회계에 적극 참여하였음이 밝혀졌다. 로스쿨에서 법조인을 양성하듯 경영전문대학원(MBA)에서는 전문 경영인을 키워낸다. 대중들은 법조인처럼 MBA 출신 경영인들을 전문가로 인식하고 있었고 거기에 걸맞은 윤리 의식을 갖추고 졸업한다고 기대해왔다. 그러나 엔론의 황당한 부정 행위를 보면서 오히려 고학력 MBA 출신 경영인들이 더 부패할 수 있다는 것을 지적하기 시작했다. 마치 감옥에서 범죄 기술을 익히고 나와 전과가 더 누적되는 것처럼 MBA 커리큘럼이 성과 지상주의에 경도되어 윤리성이 부족한 경영 기술자들을 양산하는 것이 아닌가 하는 비판이 제기되었다. 이 사건 이후 미국의 경영대학원에서는 기업 윤리를 강화하는 교육 과정을 대거 도입하게 되었다. 노스웨스턴의 켈로그 경영대, MIT의 슬로안 경영대, 하버드의 경영대학 등이 기업 윤리를 MBA의 필수과정으로 포함시켰으며 관련 전문가들을 교수로 대거 영입하였다. 미국의 영향을 받는 한국의 경영대학에서도 경영전문대학원의 주요 과목으로 경영 윤리학이 들어가기 시작하였다.

개인의 군대 경험이 부패에 미치는 영향에 대한 연구도 있다. Koch－Bayram과 Wernicke는 미국 기업 데이터를 활용하여 군 복무 경험이 있는 CEO가 경영하는 회사와 그렇지 않은 회사 사이에 부패에 연루되는 확률차이를 계산해 내었다.[9] 대상 기업의 약 15%에 군 출신 CEO가 있는 것으로 조사되었다. 군 출신 CEO는 군대 경험이 없는 CEO에 비해 회사가 부정행위에 연루될 가능성을 63%나 줄이는 것으로 나타났다. 군대에서는 규율에 대한 복종을 배우며 처

9) Koch-Bayram, I. F., & Wernicke, G. (2018). Drilled to obey? Ex-military CEOs and financial misconduct. *Strategic Management Journal, 39*(11), 2943－2964.

벌의 두려움을 체험하기 때문에 군 출신들은 비윤리적인 행동을 할 가능성이 낮아진다는 것이다. 다만 미국 CEO의 군대 경험은 대부분 자발적 복무이며 또 많은 경우 장교 생활을 했기 때문에, 의무 복무이며 사병 경험이 대부분인 한국과 같은 나라에서도 비슷한 결과가 나타날지는 의문이다. 개인의 정치적 지향성도 부패에 영향을 미칠 수 있다고 한다. 개인의 좌우파 성향 자체가 부패에 직접적인 영향을 미친다는 연구는 거의 없지만 대신 회사 이사회가 보수적 성향을 가질 때에 비리에 연루된 CEO를 보다 쉽게 해고한다는 보고가 있다.[10)] Park과 동료들은 미국 기업 이사들이 개인적으로 공화당, 민주당 등 정당에 기부한 정보를 바탕으로 하여 각 회사 이사회의 성향을 보수적, 중도적, 진보적으로 구분하였다. 그리고 보수적인 이념을 가진 이사회는 중도적인 정치적 이념을 가진 이사회보다 부패를 저지른 것으로 의심되는 CEO를 해임할 확률이 50% 이상 높다는 것을 발견하였다. 보수적인 정치적 이념을 가진 이사회는 부패의 위협에 더 예민하게 반응하면서 회사의 리더에게 책임을 돌리고 있었다. 즉 보수적인 경영인들이 부패에 대해서 더 원칙적으로 반응하고 있음을 의미한다. 한편 좌파적 성향을 가진 경영자들이 사회적 책무를 위해 더 전향적으로 행동한다는 연구도 있다.[11)] Chin과 동료들은 CEO의 이념 성향과 기업의 CSR활동 사이의 관계에 대해서 조사하였는데 좌파 지향적(리버럴 성향)인 CEO는 CSR를 더 많이 한다는 것을 발견하였다. 흥미로운 것은 정치적으로 좌파 성향의 CEO는 기업의 성과와 관계없이 사회적 책무 활동에 적극적이라는 것이다. 보

---

10) Park, U. D., Boeker, W., & Gomulya, D. (2020). Political ideology of the board and CEO dismissal following financial misconduct. *Strategic Management Journal, 41*(1), 108–123.

11) Chin, M. K., Hambrick, D. C., & Treviño, L. K. (2013). Political ideologies of CEOs: The influence of executives' values on corporate social responsibility. *Administrative Science Quarterly, 58*(2), 197–232.

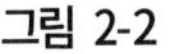 기업의 성과와 CEO의 정치적 지향성이 기업 CSR 활동에 미치는 영향[12)]

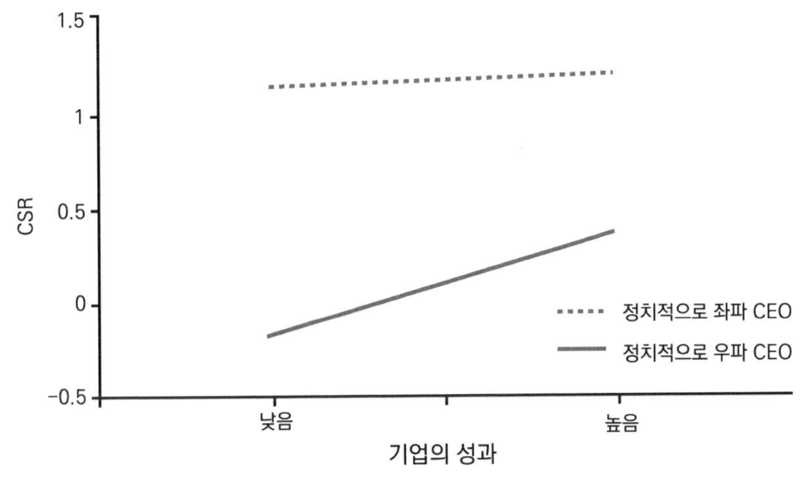

그림 설명: X축은 기업의 성과(market-to-book value of common equity)이며 Y축은 기업의 CSR 활동을 의미한다. 정치적으로 좌파인 CEO가 경영하는 회사는 기업 성과에 관계 없이 일관되게 CSR 활동을 많이 한다. 반면 우파인 CEO가 경영하는 경우 기업 성과가 낮은 경우 CSR 활동이 크게 줄어든다.

통의 경우에는 기업의 성과가 좋지 않으면 CSR에 많은 기업 자원을 투여하기를 꺼리게 된다. 그러나 〈그림 2−2〉에서 보듯이 좌파 성향의 CEO는 기업의 성과가 낮을 때에도 CSR 활동에 적극적인 것을 알 수 있다. 그러나 좌파 성향의 CEO가 CSR 활동을 많이 한다고 해서 반드시 윤리적이라는 보장은 없다. 왜냐하면 CSR 활동은 CEO 자신의 돈을 기부하는 것이 아니라 기업의 자원을 소모하는 일이기 때문이다. 주주 입장에서는 회사의 사정이 좋지 않은데 회사 돈을 CEO 자신이 선심 쓰듯이 CSR 활동에 사용하는 것은 일종의 배임이라고 생각할 여지조차도 있다. 부패 행위로 망한 엔론이 한때 미국에서 우수 사회 공헌

12) Chin, M. K., Hambrick, D. C., & Treviño, L. K. (2013). Political ideologies of CEOs: The influence of executives' values on corporate social responsibility. *Administrative Science Quarterly, 58*(2), 197−232

기업으로 선정된 것은 바로 이러한 모순을 의미한다.

부패에 빠지기 쉬운 또 다른 후천적인 요인은 불륜 관계이다. 2023년 6월부터 중국 친강(秦剛) 외교부장은 공식 석상에서 사라졌다. 중국 외교부는 구체적인 해명을 하지 못했지만 대만 언론들은 친 부장이 주미대사 시절부터 만났던 홍콩 유명 TV 앵커와 함께 없어졌다면서 불륜설을 제기했다. 이 여성 앵커는 2022년 미혼인 상태로 아들을 낳은 것으로 알려졌다. 일부 중화권 언론들은 기밀 유출설, 코로나 와병설 등을 제기하기도 하였으나 서방에서는 불륜설에 더 무게를 두었다. 한국에서도 2013년 검찰 총장의 혼외자 논란이 화제가 된 적이 있었다. 불륜에 얽힌 공직자는 부패 유혹에 특히 취약한 것으로 알려져 있다. 공무원들의 연봉은 전 세계 어디서나 높지 않은 편이다. 고위 공무원이라 할지라도 사회적인 지위에 비해서는 보상은 부족하다. 따라서 이들이 결혼 생활 이외에 새로운 이성 상대자를 만나는 것은 대단히 "비싼" 행동이다. 일반적인 공무원의 수입으로서는 불륜 대상자에게 주택은커녕 명품 가방이나 화장품을 사 주기에도 벅차다. 이러한 약점을 비집고 들어오는 세력이 있기 마련이다. 남자들은 본인들의 뇌물은 받지 않아도 배우자나 애인에 대한 선물에는 약한 편이다. 한국에서도 모 건설사가 방송국 기자에게 고가의 핸드백을 선물하고 자사에 대한 고발 보도를 무마하려고 했던 소위 구찌 핸드백 사건이 있었다. 배우자에 대한 선물보다 불륜 대상자(또는 과거에는 첩)에 대한 선물 공세는 유혹이 더욱 강력하다. 앞서 말했듯이 일반적인 정치인이나 공무원 수입으로는 불륜 생활의 유지가 어렵기 때문이다. 친강의 상대라고 알려진 앵커도 자신의 SNS계정에 전용 비행기나 화려한 의상 등 부유한 생활을 자랑했는데 이러한 비용이 어디서 흘러 들어왔는지 여전히 묘연하다. 한국의 일부 대기업에서는 임원들의 사생활까지 비공식적으로 관리한다고 한다. 불륜을 저지르는 임원은 회사 돈을 횡령할 가능성이 높다고 보기 때문일 것이다. 냉전 시절 소련과 미국은 미인계로 상대 스파이들을 굴복시키곤 했다. 해외 국가에 파견된 스파이들이 불륜에 빠지게 되면 상당한 돈이 필요하게 되는데 그러한 약점을 이용하여 매수하여 정보를 빼냈다고 한다. 물론 성별과 같은 선천적인 특징이나 교육 수준과 불륜 같은 후천적 배경이 반드시 부패와 연결되는 것은 아니다. 그보다는 그 조건들이 발현되는 개별적인 여건들과 상호 작용이 중요하다. 개인의 어떤 특징과 외부 상황이 시너지를 내면서 부패와 빈번하게 얽힌다면 이를 주시할 필요가 있다.

02 윤리는 선천적인가 후천적인가?

개인의 윤리 의식은 제도에 의해서 개선될 수 있을까? 이것에 대한 재미있는 연구 하나를 소개하려고 한다. Fisman과 Miguel은 유엔 본부가 있는 뉴욕에서 외교관들의 주차 위반 건수를 조사하였다.[13] 연구자들이 국가간 부패를 연구할 때에 마주치는 가장 큰 난관은 객관적인 설문 문항을 만들기 어렵다는 것이다. 또 그러한 것이 있더라도 전 세계를 상대로 표준화하여 측정하기는 더 어렵다. 실험실에서 진행하는 자연 과학과 달리 관찰되는 현상에 의존하는 사회과학 연구의 한계이기도 하다. 그러나 이 주차 위반 연구는 단일한 기준에 의하여 전 세계에서 온 표준화된 사람들을 관찰할 수 있다는 점에서 이상적인 자연실험(natural experiment)의 기회를 제공한다. 〈표 2-2〉를 보면 1997년부터 2002년까지 외교관들이 주차 위반을 한 통계가 표시되어 있다. 외교관들은 면책 특권을 가지기 때문에 가벼운 교통 법규 위반에 대해서는 처벌을 받지 않는다. 따라서 외교관들이 주차 질서를 지키는 것은 전적으로 개인의 양심에 의존할 수밖에 없다. 주차 위반을 가장 많이 하는 외교관들은 대개 중동이나 저개발국 국가 출신이다. 예를 들어 쿠웨이트 외교관들은 1997년과 2002년 사이 한 사람당

13) Fisman, R., & Miguel, E. (2007). Corruption, norms, and legal enforcement: Evidence from diplomatic parking tickets. *Journal of Political Economy, 115*(6), 1020-1048

표 2-2 유엔 본부 (뉴욕) 주재 외교관들의 주차 위반 통계(1997년~2005년)19)

위반 순위	국가 이름	2002년 이전 외교관 1인당 주차 위반 건수 (1997~2002.11)	2002년 이후 외교관 1인당 주차 위반 건수 (2002.11~2005)	UN 주재 외교관 수 (1998년)	Kaufmann 부패지수 (1998년)	국가 약칭
1	Kuwait	249.4	.15	9	-1.07	KWT
2	Egypt	141.4	.33	21	.25	EGY
3	Chad	125.9	.00	2	.84	TCD
4	Sudan	120.6	.37	7	.75	SDN
5	Bulgaria	119.0	1.64	6	.50	BGR
6	Mozambique	112.1	.07	5	.77	MOZ
7	Albania	85.5	1.85	3	.92	ALB
8	Angola	82.7	1.71	9	1.05	AGO
9	Senegal	80.2	.21	11	.45	SEN
10	Pakistan	70.3	1.21	13	.76	PAK
11	Ivory Coast	68.0	.46	10	.35	CIV
12	Zambia	61.2	.15	9	.56	ZMB
13	Morocco	60.8	.40	17	.10	MAR
11	Ethiopia	60,4	.62	10	.25	ETH
15	Nigeria	59.4	.44	25	1.01	NGA
16	Syria	53.3	1.36	12	.58	SYR
17	Benin	50.4	6.50	8	.76	BEN
18	Zimbabwe	46.2	.86	14	.13	ZWF
19	Cameroon	44.1	2.86	8	1.11	CMR
20	Montenegro and Serbia	38.5	.05	6	.97	YUG
21	Bahrain	38.2	.65	7	-.41	BHR
22	Burundi	38.2	.11	3	.80	BDI
23	Mali	37.9	.52	5	.58	MU
24	Indonesia	36.5	.73	25	.95	IDN
25	Guinea	35.9	.59	5	.57	GNB
26	Bosnia-Herzegovina	34.9	.11	6	.35	BIH
27	South Africa	34.5	.50	19	-.49	ZAF
28	Saudi Arabia	34.2	.52	12	-.35	SAU
29	Bangladesh	33.4	.29	8	.40	BGD

위반 순위	국가 이름	2002년 이전 외교관 1인당 주차 위반 건수 (1997~2002.11)	2002년 이후 외교관 1인당 주차 위반 건수 (2002.11~2005)	UN 주재 외교관 수 (1998년)	Kaufmann 부패지수 (1998년)	국가 약칭
30	Brazil	30.3	23	33	-.10	BRA
31	Sierra Leone	25,9	1.14	1	.72	SLE
32	Algeria	25.6	1.36	13	.70	DZA
33	Thailand	21.8	.98	13	.26	THA
34	Kazakhstan	21.4	.25	9	.86	KAZ
33	Mauritius	20.7	.08	4	-.20	MUS
36	Niger	20,2	2.51	3	.88	NER
37	Czech Republic	19.1	.00	7	-.35	CZE
38	Lesotho	19.1	.22	6	-.03	ISO
39	Botswana	18.7	.25	8	-.53	BWA
40	Bhutan	18.6	.26	5	.46	BTN
41	Sri Lanka	17.4	.00	5	.24	LKA
42	Chile	16,7	.21	14	1.20	CHL
43	Tunisia	16.7	.62	11	-.11	TUN
44	Nepal	16.7	.05	6	.59	NPI.
45	Iran	15.9	.02	20	.63	IRN
46	Fiji	15.7	.33	3	-.20	FJI
47	Italy	14.8	.8	16	-1.00	ITA
48	Liberia	13.7	.87	6	1.44	LBR
49	Malawi	13.2	.05	6	.50	MWI
50	Paraguay	13.2	.55	6	.97	PRY
51	Rwanda	13.1	1.20	3	.55	RWA
52	Ukraine	13.1	.70	14	.89	UKR
53	Spain	12.9	.52	15	-1.59	ESP
54	Philippines	11.7	.08	20	.26	PHI.
55	Ghana	11.4	.16	10	.44	GHA
56	Mauritania	11.3	.26	5	.29	MRT
57	Guinea-Bissau	10.9	1.34	10	.82	GIN
58	Estonia	10.7	.44	3	-.49	EST
59	Mongolia	10.3	.07	5	.28	MNC
60	Armenia	10.2	16	4	.71	ARM
61	Costa Rica	10.2	.07	19	-.71	CRI

위반 순위	국가 이름	2002년 이전 외교관 1인당 주차 위반 건수 (1997~2002.11)	2002년 이후 외교관 1인당 주차 위반 건수 (2002.11~2005)	UN 주재 외교관 수 (1998년)	Kaufmann 부패지수 (1998년)	국가 약칭
62	Comoros	10.1	5.23	3	.80	COM
63	Kampuchea (Cambodia)	10.0	.07	5	1.27	KHM
64	Togo	10.0	.98	5	.15	TGO
65	Vietnam	10.0	.04	15	.60	VNM
66	Georgia	9.8	.37	8	.61	GEO
67	China (People's Republic)	9.6	.07	69	.14	CHN
68	Yemen	9.2	.08	8	.57	YEM
69	Venezuela	9.2	.10	16	.77	VEN
70	Portugal	8.9	0.78	16	1.56	PRT
71	Uzbekistan	8.9	0.13	5	.98	UZB
72	Madagascar	8.8	.57	8	.80	MDG
78	Tanzania	8.1	.71	8	.95	TZA
74	Libya	8.3	.33	9	.91	LBY
75	Kenya	7.8	.04	17	.92	KEN
76	Congo(Brazzaville)	7.8	.05	6	.99	COG
77	Croatia	6.6	.18	9	.33	HRV
78	Djibouti	6.5	.00	3	.80	DJI
79	Slovak Republic	6.5	.16	12	.08	SVK
80	Zaire	6.4	.22	6	1.58	ZAR
81	France	6.2	.14	29	1.75	FRA
82	India	6.2	.55	18	.17	IND
83	Laos	6.2	.00	9	.70	LAO
84	Turkmenistan	5.9	.00	4	1.13	TKM
85	Papua New Guinea	5.6	1.71	3	.70	PNG
86	Honduras	5.5	.00	6	.75	HND
87	Slovenia	5.3	.45	8	-.83	SVN
88	Kyrgyzstan	5.2	1.05	5	.69	KGZ
89	Nicaragua	4.9	.44	9	.75	NIC
90	Uruguay	4.5	.09	11	-.42	URY
91	Swaziland	4.4	.47	7	.19	SWZ

위반 순위	국가 이름	2002년 이전 외교관 1인당 주차 위반 건수 (1997~2002.11)	2002년 이후 외교관 1인당 주차 위반 건수 (2002.11~2005)	UN 주재 외교관 수 (1998년)	Kaufmann 부패지수 (1998년)	국가 약칭
92	Tajikistan	4.4	.16	4	1.12	TJK
93	Namibia	4.3	.09	11	-.24	NAM
94	Mexico	4.0	.02	19	.39	MEX
95	Argentina	4.0	.36	19	.22	ARG
96	Singapore	3.6	.16	6	-2.50	SGP
97	Romania	3.6	.33	10	.38	ROM
98	Uganda	3.5	.23	7	.62	UGA
99	Hungary	3.3	.08	8	-.69	HUN
100	Macedonia	3.3	.16	4	.30	MKD
101	Bolivia	3.1	.00	9	.41	BOL
102	Peru	3.1	.36	9	.17	PER
103	Haiti	3.0	.04	9	.85	HTI
104	Jordan	3.0	.00	9	-.21	JOR
103	Belarus	2.7	.00	8	.60	BLR
106	Belgium	2.7	.11	14	1.23	BEL
107	Cyprus	2.5	.06	11	-1.38	CYP
108	Guyana	2.3	13	5	.26	GUY
109	Austria	2.2	.51	21	-2.02	AUT
110	Gabon	2.2	.29	8	.90	GAB
111	Russia	2.1	.03	86	.69	RUS
112	Lithuania	2.1	.05	7	-.07	LTU
113	El Salvador	1.7	.26	10	.27	SLV
114	Poland	1.7	.04	17	-.49	POL
115	Gambia	1.5	.29	8	.49	GMB
116	Malaysia	1.1	.20	13	-.73	MYS
117	Trinidad and Tobago	1.4	.16	6	-.18	TTO
118	Lebanon	1.4	.00	3	.32	IBB
119	Germany	1.0	.10	52	-2.21	DEU
120	Eritrea	.8	.00	3	-.46	ERI
121	Moldova	.7	.00	4	.51	MDA
122	Korea(South)	.4	.19	33	-11	KOR

위반 순위	국가 이름	2002년 이전 외교관 1인당 주차 위반 건수 (1997~2002.11)	2002년 이후 외교관 1인당 주차 위반 건수 (2002.11~2005)	UN 주재 외교관 수 (1998년)	Kaufmann 부패지수 (1998년)	국가 약칭
123	Dominican Republic	.1	.00	22	.53	DOM
124	Finland	.1	.00	18	-2.55	FIN
125	Guatemala	.1	.07	9	.63	GTM
126	Switzerland	.1	.00	10	-2.58	CHE
127	New Zealand	.1	.00	8	-2.55	NZL
128	United Kingdoms	.0	.01	31	-2.33	GBR
129	Netherlands	.0	.10	17	-2.48	NLD
130	United Arab Emirates	.0	.00	3	-.78	ARE
131	Australia	.0	.03	12	-2.21	AUS
132	Azerbaijan	.0	.98	5	1.01	AZE
133	Burkina-Faso	.0	.20	5	.51	BFA
134	Central African Republic	.0	.00	3	.55	CAF
135	Canada	.0	.00	24	-2.51	CAN
136	Colombia	.0	.00	16	.61	COL
137	Denmark	.0	.02	17	2.57	DNK
138	Ecuador	.0	.00	9	.74	ECU
139	Greece	.0	.11	21	-.85	GRC
140	Ireland	.0	.07	10	-2.15	IRL
141	Israel	.0	.09	15	-1.41	ISR
142	Jamaica	.0	.00	9	.26	JAM
143	Japan	.0	.01	47	-1.16	JPN
144	Latvia	.0	.00	5	-.10	IVA
145	Norway	.0	.00	12	-2.35	NOR
146	Oman	.0	.26	5	-.89	OMN
147	Panama	.0	.00	8	.28	PAN
148	Sweden	.0	.00	19	-2.55	SWF
149	Turkey	.0	.00	25	.01	TUR

표 설명: 뉴욕 유엔 본부 주재 각국 외교관들의 주차 위반 통계이다. Kaufmann 부패지수가 낮을수록 청렴한 나라이다. 주차 위반 건수와 Kaufmann 부패지수는 서로 강한 역의 상관관계를 보인다. 한편 쿠웨이트처럼 부패 지수는 상대적으로 낮은데 주차 위반 건수는 매우 높은 이례적인 경우도 보인다.

무려 250여 건의 주차 위반 티켓을 받았다. 일 년에 40여 건 이상이고 주 별로 치면 거의 매주 주차 위반을 한 셈이다. 한편 한국의 경우 같은 기간 동안 인당 0.4회 위반하여(순위로는 122위) 상당히 양호한 수치를 보여주고 있다. 일본, 캐나다, 노르웨이 등은 아예 그 수치가 0이다. 흥미롭게도 외교관들의 교통 법규 위반은 국가별 부패 지수와 강한 상관관계를 가진다. 이 연구에서는 Kaufmann 부패지수를 사용했는데 이 값이 클수록 더 부패한 국가를 의미한다. 대체로 주차 위반 상위권에 속한 국가들의 부패지수는 높으며 표의 아래로 내려올수록 그 수치는 줄어들거나 음(−)의 값을 가진다. 그런데 2002년 11월부터 외교관들의 주차 위반에 대해서 처벌을 할 수 있는 규정이 새롭게 만들어졌다. 뉴욕시의 개혁을 주도하던 블룸버그 시장의 강력한 정책 때문이다. 2002년부터 집행 당국은 주차 위반을 상습적으로 하는 외교관들의 자동차 번호판을 압류할 수 있는 권한을 가지게 되었다. 이러한 제도 변화 이후 외교관들의 주차 위반은 획기적으로 감소하였다. 예를 들어 차드의 외교관들은 이전에는 인당 약 126건 정도의 위반을 하였지만 2002년 이후에는 주차 위반이 아예 없어졌다! 물론 새로운 법에 대한 민감도는 국가마다 차이가 있다. 그러나 2002년 이후 전반적으로 새로운 양상이 펼쳐진 것은 충분히 확인할 수 있다. 이러한 변화를 살펴볼 수 있는 것이 〈그림 2−3〉이다. 9/11 테러 이후 위축된 사회 분위기 속에서 외교관들의 주차 위반 사례가 잠시 줄어들었지만 근본적인 수준으로 도덕적 해이를 줄인 것은 결국 제도의 변화였다. Fisman과 Miguel의 논문 이전에도 외교관들의 주차 위반 통계를 가지고 여러 연구가 있었다. 그러나 기존 연구는 주로 국가별로 법에 대한 인식과 윤리성의 차이가 존재한다는 단순한 결론에 머물렀

14) Fisman, R., & Miguel, E. (2007). Corruption, norms, and legal enforcement: Evidence from diplomatic parking tickets. *Journal of Political Economy, 115*(6), 1020−1048

15) Fisman, R., & Miguel, E. (2007). Corruption, norms, and legal enforcement: Evidence

그림 2-3 블룸버그 시장의 개혁 조치(2002년 11월) 이후 유엔 본부 주재 외교관들의 주차 위반 벌금 미납부 감소 추이[15)]

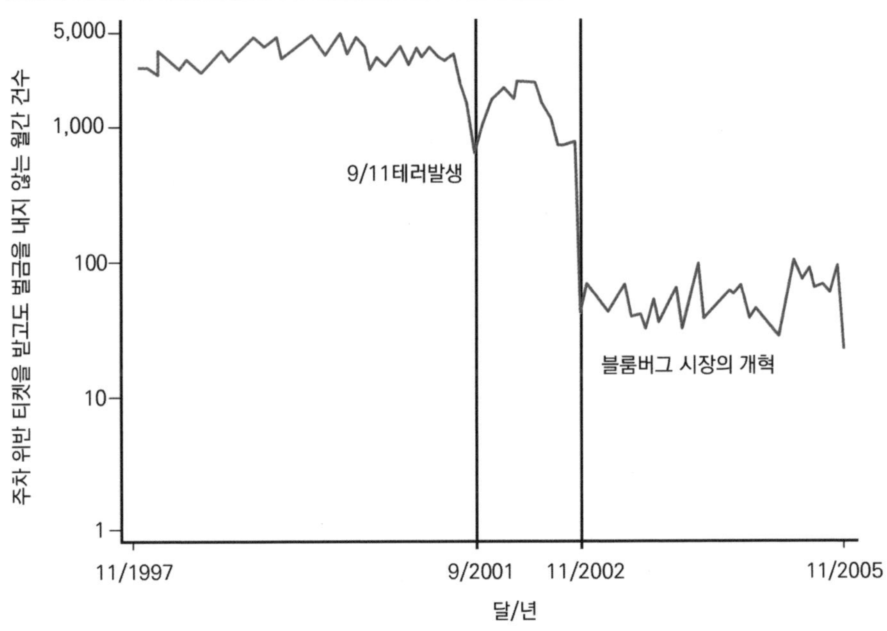

그림 설명: X축은 1997년부터 2005년까지 시간의 흐름이며 Y축은 뉴욕 유엔 본부 주재 각국 외교관들이 주차 위반 티켓을 받고도 벌금을 내지 않는 월간 건수이다. 미납부 건수는 2001년 9/11 테러 이후 다소 주춤하는 모습이지만 이내 다시 늘어났다. 그러나 2002년 11월 블룸버그 시장의 강력한 개혁 이후 그 수가 극적으로 감소한 것을 발견할 수 있다.

다. 즉 환경과 역사 속에서 개인의 윤리 의식은 정해지며 쉽게 변하지 않는다는 문화 선천적인 관점이었다. 그러나 Fisman과 Miguel의 연구를 통해 개인의 윤리성은 제도 환경 개선 노력에 의해서 극적으로 바뀔 수 있다는 것을 보여 주었다.

우리는 흔히 중국인들이 질서를 잘 지키지 않으며 역사적으로 살펴봐도 선천적으로 부패할 것이라는 편견이 있다. 그러나 화교(oversea Chinese)로 구성된

from diplomatic parking tickets. *Journal of Political Economy, 115*(6), 1020–1048

표 2-3 국가별 화교 인구 통계와 청렴 지수[16]

국가	화교(중국계 인구)의 인구 비중	화교의 국가 내 경제력 비중	1인당 GDP	청렴 지수 (2022년 CPI)
홍콩	98%	80%	52,429	76
싱가포르	75%	76%	91,100	83
대만	99%	95%	33,907	68(2021년)
말레이시아	32%	65%	13,382	47
태국	10%	55%	8,181	36
인도네시아	4%	60%	5,016	34
필리핀	1.5%	40%	3,905	33
베트남	1%	30%	4,475	42

표 설명: CPI가 높을수록 청렴한 나라를 의미한다. 화교의 인구 비중과 경제에서 차지하는 비중이 높다고 해서 CPI가 떨어지는 것은 아니다. 중국계 인구는 어느 사회, 어느 제도에 위치하냐에 따라 다르게 적응하며, 따라서 부패에 대한 행동이 다를 수 있다는 것을 의미한다.

다양한 국가의 부패 지수를 확인해보면 실상은 다르다는 것을 알 수 있다. 국가별 화교 비율을 나타낸 〈표 2−3〉를 들여다보자. 화교 인구 구성이 압도적으로 높은 홍콩, 대만, 싱가포르는 청렴 지수(Corruption Perception Index) 기준으로 매우 깨끗한 국가이다. 인도네시아, 필리핀, 베트남[17]의 경우에는 화교의 인구 비중이 상대적으로 낮지만 전체 경제에서 화교가 차지하는 비중은 대단히 높은 편이다. 화교의 인구 비중이나 경제에서 차지하는 중요성은 국가 청렴 지수와 뚜렷한 상관관계를 가지지 않는 것으로 보인다. 오히려 화교 비중이 큰 국가들

16) Poston Jr, D. L., & Wong, J. H. (2016). The Chinese diaspora: The current distribution of the overseas Chinese population. *Chinese Journal of Sociology, 2*(3), 348−373 등에서 계산

17) 일부 동남아 국가에서는 화교들을 배척하거나 강제로 창씨개명을 하게 하는 경우도 있어 정확한 화교 인구통계를 알기 어려운 경우가 있다.

의 청렴 지수가 상대적으로 높은 것을 보면 기존의 편견을 수정해야 할 것 같다. 홍콩, 대만, 싱가포르와 같은 나라는 반부패 제도가 선진국 수준으로 발달되어 있다. 그리고 경제적으로도 부유하다. 제도가 윤리를 개선시키는지, 아니면 경제가 윤리를 개선시키는지에 대한 인과관계는 알기 어렵지만 적어도 특정 인종과 민족이 일관되게 부패한 것은 아닌 점은 분명히 확인할 수 있다. 즉 중국인이라는 정체성을[18]가진 사람들이 어느 환경에서 사느냐에 따라 실제 개인의 부패 정도는 크게 달라질 수 있다. 원래부터 부패한 민족이나 인종은 없다는 것이다. 국가가 어떠한 제도 환경을 구축하고 어떠한 경제적 유인책을 구사하냐에 따라 국가 전반의 부패 정도도 변화될 수 있다.

이를 증명하는 또 다른 사례는 1977년 제정된 미국의 해외부패방지법(Foreign Corrupt Practices Act, FCPA)이다. 이 법은 미국에서 상장되거나 등록된 기업이나 미국 시민이 해외에서 부패 행위에 연루될 경우에도 국내법과 마찬가지로 처벌하게 하도록 하고 있다. 미국의 대표적인 방위산업체인 록히드가 일본 마루베니 상사를 통해 일본의 고위 공무원들에게 약 200만 달러의 뇌물을 뿌린 사건이 여론의 공분을 일으키자 당시 카터 정부가 이 법을 관철시켰다. 해외에 진출한 미국 기업들은 현지 제도에 적응한다는 명목으로 결과적으로 현지 기업과 비슷하게 부패 관행에 빠진 경우가 많았다. 이 법이 제정된 이후 많은 미국 기업들이 기소되고 처벌을 받았으나 그 숫자는 매해 늘어나고 있는 것으로 알려져 있다.[19] 여전히 많은 미국 기업들이 개발도상국 국가와 은밀한 거래

18) 물론 해외 화교의 민족 구성을 더 자세히 살펴보면 민남어를 사용하는 푸지엔성 출신들은 주로 동남아로 진출한 반면 한국 화교 중에는 산둥성 출신이 많다. 중국 화교를 하나의 민족 정체성으로 보기는 어렵지만 여기서는 논의를 단순화하기 위하여 화교의 민족 구성의 복잡성은 고려하지 않았다

19) 2010년 한 해에만 해외부패방지법 위반으로 인한 과징금 액수가 18억 달러에 이른다고 한다.

를 하고 있다. 따라서 미국의 기업들은 원래 윤리성이 뛰어나서 미국에서 부패에 연루 되지 않는 것이 아니다. 해외부패방지법의 레이더 망보다 더 직접적이고 무서운 것은 본국인 미국에서의 단속과 감시일 것이다. 단지 발각되었을 때 받는 법적, 사회적 처벌과 불이익이 부패에 의해서 얻을 수 있는 이익보다 더 크기 때문에 부패에 얽히지 않기 위해 노력하는 것이다. 정리해보면 부패는 인간의 선천적인 속성보다는 인간이 속한 문화, 법, 국가의 특성에 의해서 결정되고 변화된다고 볼 수 있다. 따라서 상황에 맞는 정교하고 효율적인 반부패 제도 환경을 조성하는 것이 단순히 개인의 윤리 의식을 고취하는 캠페인보다 훨씬 중요하다는 것을 알 수 있다.

03 과학적으로 부패를 탐지하는 방법

부패를 효과적으로 줄이기 위해서는 몇 가지 조건이 필요하다. ① 부패를 반드시 근절해야겠다는 최고 지도자 및 국민들의 각성, ② 부패를 효율적으로 탐지하는 역량, 그리고 ③ 부패를 실제로 통제할 수 있는 관료들의 우수성이 그것이다. 여기서는 부패를 과학적으로 탐지하는 방법들을 소개하고자 한다. 예를 들어 ISO 37001과 같은 국제 인증은 과학적인 부패 탐지에 대한 구체적인 솔루션을 제공한다. 이를 실현하기 위한 재무적, 비재무적 관리법과 모니터링 방법 그리고 교육 과정을 제안한다. 그러나 이러한 인증을 신청하고 획득하는 것은 다소 번거로운 작업이다. 또 인증이 부패를 반드시 줄일 수 있다는 보장은 없다. 여기서는 기업 부패를 보다 간단하게 탐지할 수 있는 방법과 적용 사례들을 소개하고자 한다. 대중에게 가장 많이 알려진 것은 벤포드의 법칙(Benford's law)이다. 벤포드의 법칙은 매우 간단하다. 세상에 존재하는 숫자들을 1~9로 분해하면 각각의 숫자가 특정 확률로 분포한다는 것이다. 예를 들어 1이 나올 확률은 약 30%으로 가장 높으나 9는 5%에 불과하다. 재미있는 것은 산의 높이와 같이 자연에서 나타나는 수치에서부터 주식 가격 등과 같은 인위적인 숫자들에도 벤포드의 법칙이 적용된다는 사실이다. 왜 이런 현상이 나타날까? 예를 들어 물가가 인상되어 100원에서 200원이 된다고 치면 110원, 120원, 130원...

이렇게 순차적으로 올라갈 가능성이 크다. 따라서 가격이나 통계 장부에는 1이 관찰될 경우가 매우 많다는 것을 알 수 있다.[20] 벤포드의 법칙은 데이터의 조작 여부를 판별하는 데 유용하게 사용되고 있다. 비용이 많이 들지 않으며 무엇보다 직관적이기 때문이다. 메릴랜드 대학의 Golbeck 교수는 페이스북, 트위터, 구글플러스, 핀터레스트 등 주요 SNS 계정에서 '친구의 친구 숫자'를 분해해보았다.[21] 대부분의 경우에서 벤포드의 법칙대로 나왔다. 그러나 약 170개 계정에서는 그런 분포에서 많이 벗어나 있었다. 그것들은 나중에 봇(bot)으로 밝혀졌다. 문학 작품에 나온 문장 같은 맥락 없는 구절들을 게시하는 러시아 봇 네트워크의 일부였다. 모든 러시아 봇 계정은 동일한 방식으로 행동했다. 같은 유형의 다른 계정을 팔로우하고, 정확히 하나의 사진 이미지를 게시했다. 170개의 계정 중 오직 2개만이 봇이 아닌 것으로 판별되었다. 유튜브에는 지금도 엄청난 수의 가짜 계정 봇이 존재한다. 사람처럼 보이기 위해서 사진이나 글을 정기적으로 게시하면서 대기하다가 조회수나 구독자 수를 조작하는 데 사용된다. 유튜브의 봇 계정들도 벤포드의 법칙으로 행동을 조사하면 자연스럽지 않은 패턴이 감지될 것이다. 같은 방법을 사용하여 한국체육대학의 박재현 교수 연구팀은 2012년 런던올림픽의 배드민턴 승부 조작 사건을 분석하였다.[22] 2012년 런던올림픽에서 한국(4명), 중국(2명), 인도네시아(2명)의 배드민턴 국가대표팀 선수들이 메달에 유리한 대진을 조작하기 위하여 서로 져주기 게임을

20) 그러나 숫자의 범위가 매우 좁은 경우에는 잘 맞지 않는 경우도 있다. 예를 들어 인간의 아이큐 같은 경우는 90~110 정도에 대부분의 숫자들이 모여 있기 때문에 벤포드 법칙의 분포 대로 나오지 않는다.

21) Golbeck, J. (2015). Benford's law applies to online social networks. PloS One, 10(8), e0135169.

22) Park, J. H., Choi, C. H., & Cho, E. (2016). Preliminary study to detect match-fixing: Benford's law in badminton rally data. *Journal of Physical Education and Sport Management, 3*(1), 64-77

그림 2-4 2012년 런던 올림픽 당시 한국, 중국, 인도네시아 배드민턴 선수들의 랠리 점수23)

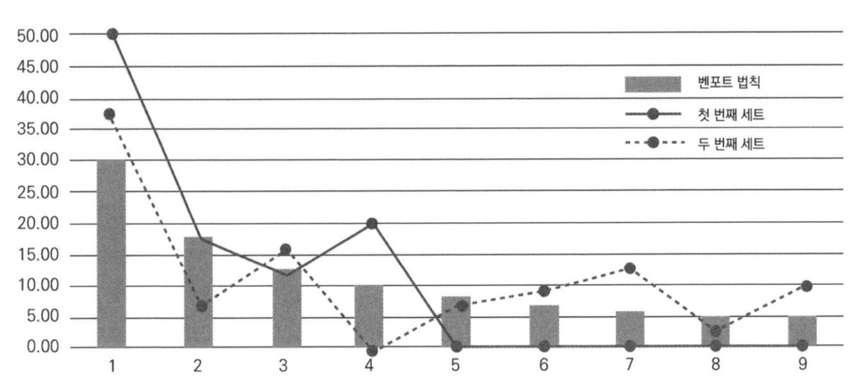

그림 설명: X축은 배드민턴 게임의 랠리 점수이며 Y축은 그 비중(%)이다. 벤포드의 법칙에 따르는 확률은 막대 그래프로 표현되어 있으며 실제 경기 점수의 비중은 실선과 점선으로 표시되어 있다. 벤포드의 법칙과 크게 괴리되는 모양을 확인할 수 있다. 이것을 근거로 승부조작을 예측할 수 있다.

한 것이 밝혀졌다. 경기를 보던 관중들이 야유할 만큼 명백한 승부조작이었다. 〈그림 2-4〉에서 보듯, 첫 번째 세트의 랠리 데이터 점수, 즉 35개 점수에서 1이 나타난 비율은 무려 50%에 가까웠는데 이는 고의로 서브 실수를 했다는 증거로 사용할 수 있었다. 벤포드 법칙을 적용하면 1이 나올 확률은 약 30%여야 하기 때문에 이 수치는 인공적인 조작인 셈이다.

스포츠 부정을 밝혀낸 또 다른 사례로 일본 스모의 승부조작 연구가 있다. 일본에서 스모는 국기(國技)라고 불릴 정도로 상당한 위상을 자랑한다. 스모는 철저히 계급의 스포츠이다. 가장 위에는 요코즈나(横綱) 같은 최고 계급에서부터, 가장 아래에는 주료(十両)나 마쿠시타(幕下) 같은 하급 선수 계급이 있다. 이

23) Park, J. H., Choi, C. H., & Cho, E. (2016). Preliminary study to detect match-fixing: Benford's law in badminton rally data. *Journal of Physical Education and Sport Management, 3*(1), 64-77.

들 사이의 대우와 사회적 지위는 하늘과 땅 차이이다. 따라서 스모 선수들은 한 단계씩 계급을 올리기 위해 각고의 노력을 한다. 일본의 프로 스모 선수는 1년에 딱 15번만 공식 경기를 치른다. 여기서 과반 이상(즉 8승) 승리하면 순위가 상승하며 그 이하면 순위가 하락한다. 따라서 선수들에게 가장 중요한 시합은 정확히 8승째를 달성하기 위한 경기이다. 만약에 7승 7패를 거두고 15번째 마지막 시합을 하는 선수[24]는 이미 8승 6패를 거둔 선수보다 훨씬 절박한 상태이다. 온 힘을 다해 시합에 임하는 전자의 선수가 후자보다 승률이 더 높을 수 있다는 것을 짐작할 수 있다. 한편 평소 이 선수들 사이의 승패 전적은 대략 반반에 수렴한다. 시합에서 7승 7패를 한 선수와 8승 6패를 거둔 선수들은 일반적으로 비슷한 레벨이기 때문이다. 그러나 실제 승부 통계를 살펴보니 7승 7패 선수가 8승 6패 선수를 이길 확률은 무려 79.6% 정도였다. 단순히 강렬한 투지로 경기에 임해서 이겼다고 보기에는 너무 차이가 난 것이다. Duggan과 Levitt은 이러한 의심을 통계적으로 분석해보았다.[25] 그들은 승부 조작이 통계적 우연이나 선수의 경기에 대한 태도 때문이 아니라는 것을 보여주기 위해서 몇 가지 조건들을 추가적으로 고려하여 계량 모델을 세웠다(〈표 2-4〉). 통계학에서는 이를 조절효과(interaction effects)라고 한다.[26] 즉 7승 7패를 거두고 15번째 마지막 시합을 하는 선수의 승률이 높다는 것을 전제로 다른 요소들이 개입되면 이 정도가 얼마나 감소되는지를 확인한 것이다. 첫 번째는 미디어의 관심 여부이다. 스포츠 미디어들은 흔히 스타 선수들의 경기에 가장 관심이 많다. 반면 7승

---

24) 이를 "Wrestler on bubble"이라고 한다.

25) Duggan, M., & Levitt, S. D. (2002). Winning isn't everything: Corruption in sumo wrestling. *American Economic Review*, *92*(5), 1594-1605

26) 또 다른 표현으로 Synergy effect 또는 Moderating effect 라고 한다. 두 변인이 동시에 발생하여 결과에 영향을 줄 때에 주요 변인의 효과를 조절 변인이 조정할 수 있는지를 확인한다.

표 2-4 15번째 스모 경기에서 초과 승리 가능성의 결정 요인[27)]

변수	(1)	(2)	(3)
7승7패를 거두고 마지막 시합을 하는 선수	0.126	0.117	0.155
(Wrestler on bubble)	(0.026)	(0.026)	(0.029)
조절효과			
1. 높은 미디어 관심	-0.188	-0.177	-0.146
	(0.071)	(0.071)	(0.080)
2. 추가 상금이 걸린 경기	-0.149	-0.129	-0.156
	(0.047)	(0.046)	(0.052)
3. 두 선수가 지난 해 경기에서 만난 횟수	-0.005	-0.003	-0.002
	(0.008)	(0.008)	(0.001)
R^2	0.016	0.074	0.246

표 설명: 열(1)은 기본 모델이며, 열(2)는 선수들의 고정 효과를 모두 추가한 것이며, 열(3)은 조절효과를 포함한 모델이다. 통계 분석에 사용된 스모 경기 수는 42,788개이다. 괄호 안의 숫자는 표준 오차(Standard errors)이다. 7승 7패를 거두고 15번째 경기에 올라온 절박한 선수(Wrestler on bubble)의 통계적인 승률이 크다는 것을 알 수 있다. 그러나 미디어의 관심이 높아지거나 상금이 걸린 경기에서는 절박한 선수(Wrestler on bubble)의 높은 승률이 감소하는 것을 확인 할 수 있다. 절박한 선수(Wrestler on bubble)의 경우 은밀한 거래를 통해 승부를 조작하려고 하지만, ① 지켜보는 눈이 많거나, ② 상대 선수도 추가 상금을 타려고 하는 유인이 있는 경우에는 이러한 조작이 잘 작동하지 않는다. Duggan과 Levitt은 이러한 '조절효과' 모형을 통해 일본의 국기인 스모에서 부정행위를 통계적으로 밝혀냈다.

7패나, 8승 6패와 같이 준수 하지만 그래도 최고 수준은 아닌 선수들의 경기에는 언론의 관심이 상대적으로 적다. 그러나 역사적으로 예외가 있었는데 스모 선수들이 승부 조작을 폭로했을 때이다. 1996년 전직 스모 선수와 후원회장이 스모 경기의 조작을 증명하겠다고 선언했다.[28)] 1999년 말에서 2000년 초에도

27) Duggan, M., & Levitt, S. D. (2002). Winning isn't everything: Corruption in sumo wrestling. *American Economic Review*, *92*(5), 1594–1605의 '표2' 일부를 한글로 번역

전직 스모 선수가 승부 조작설을 제기하였고 이는 해외에서조차 널리 보도되었다. 따라서 1996년, 1999년, 2000년에 개최한 경기에는 많은 미디어들이 눈에 불을 켜고 부정행위가 있을 만한 경기를 모니터링했다. 이런 경기들에서는 과도하게 조작된 승률 현상이 벌어지지 않았다. 두 번째는 특정 경기에서 상금이 걸려있는 경우이다. 챔피언 상금을 제외하고도 투지나 기술 등에 추가 상금이 걸린 경기가 있다. 이런 경우에는 8승 6패 선수도 해당 경기에서 상대방에게 일부러 져주지 않을 유인이 된다. 이 역시 실증적으로 증명이 되었다. 마지막으로 두 선수가 지난 해 경기에서 만난 횟수를 고려하였다. 지난 경기에서 만난 횟수가 많으면 자연히 친분이 생길 수 있기 때문에 조작의 가능성은 더 커질 수 있다. 그러나 지난 시즌에서 만난 횟수는 예상과 달리 조작 가능성을 오히려 떨어뜨렸다. 경기에서 여러 번 만나서 합을 겨룬 상대이기 때문에 오히려 진검승부의 투지를 불태우는 계기가 되기 때문이다. 경기 조작은 프로스포츠 선진국인 미국에서도 발견된다. 미국 프로 농구 NBA에서는 정규시즌 최하위팀이 신인 드래프트 우선권을 갖는다. 따라서 하위권 팀들은 시즌 막판에 일부러 져서 내년 성적을 도모하는 경우가 있다. 이러한 현상을 탱킹(Tanking)이라고 이름 붙일 정도로 미국에서도 흔하게 발생한다. 하지만 일본에서의 승부 조작 사건에 여론이 더 크게 반응한 것은 스모계가 다른 스포츠보다 훨씬 불투명하며 선수들 사이의 지나친 상하 관계가 팬들에게 실망감을 주었기 때문이다.

한국에서도 한때 국민 게임이라고 불리던 스타크래프트의 프로 경기에서 돈을 받고 일부러 져주는 승부 조작 사건이 발생한 적이 있다. 스타크래프트는 플레이어가 상호 전투하는 전략게임이다. 민속놀이라고 일컬어질 만큼 유행했

28) 그러나 공교롭게도 구체적인 폭로가 나오기 직전에 같은 병원에서 석연치 않게 동시에 사망하여 더 큰 여론의 공분을 불러일으켰다.

그림 2-5 스타크래프트 경기의 헌터맵[29]

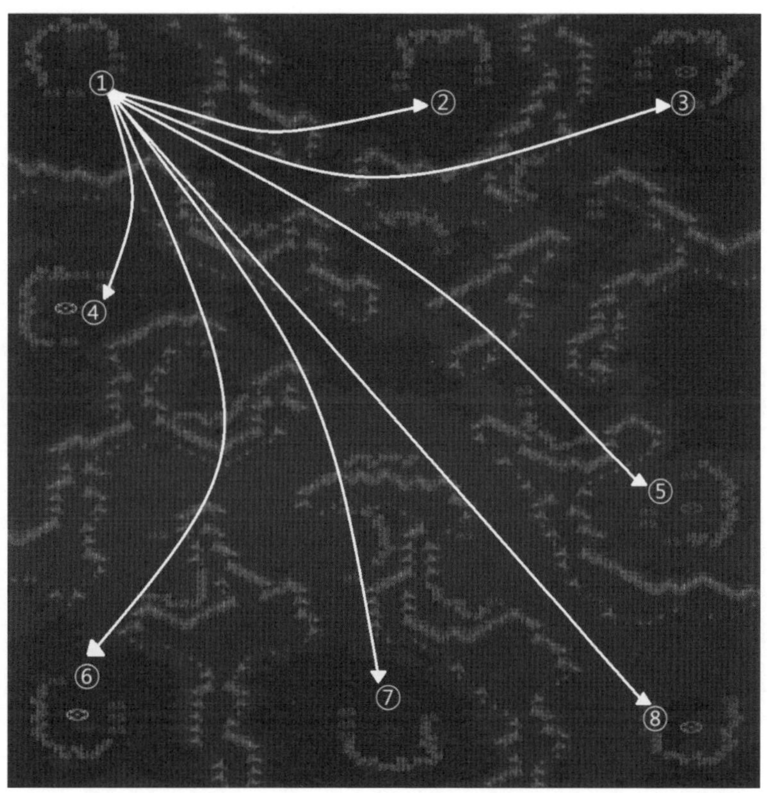

그림 설명: 스타크래프트 경기에서 가장 많이 사용되던 헌터맵(Hunter map)이다. 선수들은 8개 지점 중에 무작위로 배치되어 경기를 시작한다. 경기 시작 직후에는 자신의 기지 말고는 음영으로 지도가 가리워져 있다. 따라서 초반에 상대 플레이어의 위치를 빠르게 찾는 것이 승리의 중요한 요인이 된다.

고, PC방 산업과 한국 인터넷 발전의 원동력이기도 하였다. 케이블 방송에서 고정으로 경기가 중계되고 대기업이 후원하는 프로팀이 만들어질 정도로 선풍적인 관심을 모았다. 그런데 2010년 승부 조작 사건이 드러나게 되면서 인기가

29) PC용 전략게임인 스타크래프트의 지도 중 하나이다.

급격히 식어 버렸다. 유명 게이머와 현직 감독까지 포함되어 돈을 받고 져주는 방식으로 승부를 조작한 것이다. 이 사건이 수면 위로 드러나기 전에도 인터넷 커뮤니티에서 선수들의 석연치 않은 컨트롤 실수 등이 거론되었으나 결정적인 증거가 없었다. 이후 검찰은 스타크래프트 관련 불법 도박 사이트를 조사하는 중 제보를 받고 수사에 착수하여 결국 승부 조작의 전모가 드러나게 되었다. 검찰은 주로 소문, 제보, 심문, 진술 등을 바탕으로 유죄를 입증할 수 있었다. 그러나 수사 기관에서 통계적인 기법을 사용했다면 보다 이른 시기에 광범위한 부패 행위를 잡아낼 수 있었지 않나 하는 아쉬움이 있다. 스타크래프트는 〈그림 2-5〉에서 보듯이 8개의 지점 중 무작위로 자리를 배정받아 확장을 하거나 상대방 기지를 정찰하는 방식으로 게임을 시작한다.[30] 초반 급습에 성공하거나 또는 공격에 대비하기 위해서는 상대편 선수의 기지 위치를 빠르게 탐색하는 것이 중요하다. 예를 들어 1번에서 시작한 선수는 2~8번의 위치 중 어디에 상대방이 있을지 모르므로 감이나 운에 의존하여 정찰대를 보내야 한다. 실제 게임에서는 복잡한 변수가 있겠지만 단순화해서 생각해보면 한 번에 상대방 기지를 찾을 확률은 1/7이다(약 14.3%).[31] 만약 첫 번째 시도에서 상대방 기지를 찾지 못했다면, 남아 있는 위치는 6개이므로 두 번째 정찰에서 찾아낼 확률은 1/6이다(약 16.7%). 첫 번째와 두 번째 시도에서 위치를 찾아낼 가능성은 조건부 확률을 통해 1/7+(6/7*1/6)=1/7+1/7=2/7(약 28.6%)이 된다. 그런데 어떤 선수는 특정 선수를 만났을 때나 특정한 상황에서 계속 이러한 확률보다 매우 낮거나, 또는 매우 높은 확률로 상대방 위치를 정찰하고, 또 탐지에 성공하는 경향이 있다면 승부 조작을 의심을 해봐야 한다. 미리 짜고 경기를 했거나 선수 귀

30) 가장 유명한 헌터맵 기준 참조.

31) 물론 자신의 기지에서 가장 가까운 위치부터 탐색하는 경향이 크므로 모든 경우에서 그 확률이 같은 것은 아니다. 여기서는 논의의 단순화를 위해서 이렇게 가정하였을 뿐이다.

에 몰래 심어진 수신기를 이용해서 생방송 경기를 보는 사람이 상대방 위치를 알려준 것일 수 있다. 검찰이 전체 경기를 분석한 후 통계적인 방식으로 접근했다면 보다 정확하게 추가 협의자들을 찾아낼 수 있었을 것이다. 이러한 부정행위는 야구 경기에서도 있었다. 일명 사인 훔치기(stealing signs)로 경기장 밖이나 외야 관중석에서 망원 카메라로 상대 투수와 포수의 사인을 실시간으로 촬영하여 코치진이나 타자에게 무선통신이나 북소리 등으로 알려주는 원리이다. 사실 메이저리그에서도 승부조작 사건이 종종 있었는데 주로 불법 도박에 개입된 마피아들이 한 것으로 드러났다.

통계적 기법을 활용하여 기업의 부패를 잡아낸 사건을 더 소개하려고 한다. Stuart와 Wang은 중국 기업들의 회계 보고서를 분석하여 부정하게 성과를 신고한 기업들을 탐지해냈다.32) 원리는 간단하다. 중국 기업들은 정부로부터 연구개발에 대한 보조금을 받기 위해서 기업의 성과를 보고하며, 동시에 세금과 관련된 신고를 위해서도 회계 장부를 제출해야 한다. 전자에 해당하는 기관이 China's Ministry of Science and Technology(中国科技部, MOST)이며 후자에 해당하는 기관이 State Administration of Industry and Commerce(国家工商行政管理总局, SAIC)이다. 기업들은 더 많은 보조금을 받기 위해서 성과를 과대 포장하고, 반대로 더 적은 세금을 내기 위해서 성과를 과소 보고할 인센티브가 있다. 연구진들은 이러한 차이를 기업의 "부정 세무 보고"라고 간주하였다. 기업의 성과는 하나인데 정부 기관에 따라 다르게 보고한다면 그 중 하나는 허위가 될 수밖에 없다. 〈그림 2-6〉를 보면 MOST와 SAIC에 똑같이 그리고 정직하게 성과(profit)을 보고하는 회사는 X축의 값과 Y축의 값이 같아야 하므로 45도 선

32) Stuart, T., & Wang, Y. (2016). Who cooks the books in China, and does it pay? Evidence from private, high-technology firms. *Strategic Management Journal*, *37*(13), 2658-2676.

그림 2-6 중국 기업의 회계 보고 괴리[33)]

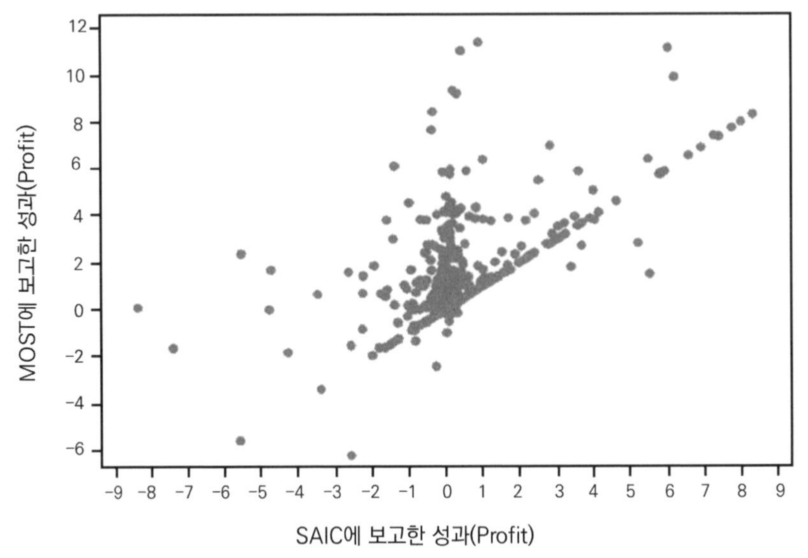

그림 설명: 중국 기업은 성과(profit)에 대해서 국가 공상 행정관리 총국(SAIC)과 중국 과기부(MOST)에 신고를 하게 된다. X축은 SAIC에 보고한 수치이며 Y축은 MOST에 보고한 수치이다. 성과보고를 정직하게 한다면 그 숫자는 같아야 하므로 X축과 Y축상의 교점을 이은 점들은 정확하게 45도 선 위에 위치해야 한다. 그러나 많은 관측치가 그 선 위에 있다. 그 이유는 더 많은 보조금을 받고 반대로 세금은 줄이기 위해서 SAIC에는 과소 보고, MOST에는 과대 보고를 하기 때문이다.

위에 관측치가 분포되어 있다. 그러나 절반이 넘는 회사들의 성과보고가 45도 선 위에 위치한다. 즉 부정하게 성과를 조작한 것이다. 또 정치적으로 연결되거나 벤처 캐피탈의 지원을 받는 기업들이 조작에 가담할 확률은 각각 18%와 19% 더 높다는 것도 발견했다. 정치적, 경제적인 파워가 있는 기업들이 더 과감하게 성과 보고를 조작한다는 의미이다. 그리고 이렇게 성과를 조작한 회사

33) Stuart, T., & Wang, Y. (2016). Who cooks the books in China, and does it pay? Evidence from private, high-technology firms. *Strategic Management Journal*, *37*(13), 2658–2676.

들이 그렇지 않은 회사보다 더 많은 연구개발 보조금을 받는다는 것도 발견하였다. 이렇게 중국에서는 회계 장부상의 부정행위가 관행처럼 통용되고 있다. 중국의 스타벅스라고 불리면서 큰 인기를 모은 루이싱커피(瑞幸)는 2020년 약 3,800억 규모의 회계 조작이 드러난 바 있다. 미국의 헤지펀드인 머디 워터스(Muddy Waters)의 산하 연구소인 머디 워터스 리서치(Muddy Waters Research)에서는 무려 1,500여 명의 직원을 동원하여 루이싱 커피 매장에 들어가는 고객들을 비디오로 촬영하였다. 981일 동안 하루 평균 약 11시간 정도씩 비디오를 촬영한 후, 이를 분석하여 음료를 주문한 고객 수를 일일이 세었다. 또 그들이 버린 약 2만 6,000여 개의 영수증을 하나하나씩 들여다보면서 매출액을 추정하였다. 그 결과 루이싱 커피 본사가 공식적으로 발표하는 매출액과 이익이 상당 수준 부풀려 있다는 사실을 밝혀내었다. 이 보고서가 발표되고 뉴욕 증시에 상장된 루이싱커피의 주가는 하루 만에 75%가 하락하였고 미리 공매도를 건 머디워터스는 큰 돈을 번 것으로 알려졌다. 복잡한 회계 기법을 사용하지 않고 직관적으로 매장에 들어가는 고객들의 비디오와 쓰레기통의 영수증을 획득하여 계산한 결과로 부정행위를 잡아낸 사건이었다. 이런 기법은 한국의 세무 당국도 종종 사용한다. 내가 어린 시절 살던 지역에는 유명 숯불갈비집들이 그린벨트 주변의 전원에 대형 매장을 열고 큰 돈을 벌고 있었다. 연일 손님들이 꽉꽉 차는데 세무 당국에 신고되는 매출액은 턱없이 적었다. 당시에는 지금처럼 신용카드 거래가 거의 없었고 주로 현금 장사를 했기 때문에 대부분의 자영업자들이 매출액을 속여 보고했다. 그러나 일부 대형 숯불갈비집들은 그 정도가 심했다고 생각했는지 세무 공무원들이 동원되어 점심부터 밤까지 갈비집으로 들어가는 고객들의 수를 일일이 세었다. 그리고 평균 객단가를 곱해서 매출액을 추정하여 그동안 과소 신고한 매출을 밝혀내고 과징금을 때렸다고 한다. 단순함의 미

표 2-5 2001년부터 2008년까지 주요 라면 제조업체의 대표 상품과 가격 추이

	신라면(농심)	삼양라면(삼양)	진라면(오뚜기)	왕라면(야쿠르트)
2001년 5월~7월	480원	480원	480원	480원
2002년 10월~2003년 1월	520원	520원	520원	520원
2003년 12월~2004년 4월	550원	550원	550원	550원
2004년 12월~2005년 4월	600원	600원	600원	600원
2007년 3월~9월	650원	650원	650원	650원
2008년 2월~4월	750원	750원	750원	750원

표 설명: 국내 라면 시장의 거의 100%를 점유하고 하고 있는 4개 업체의 라면 가격 추이를 나타낸 것이다. 공정거래위원회는 라면 업체들이 서로 '정보공유'를 통해 인상을 조율하는 방식으로 가격을 담합한 것으로 보고 1,354억원의 과징금을 물리기로 결정했다. 농심이 가격 인상 직전 삼양에 가격 인상 내용을 이메일로 전달했으며, 삼양은 이에 따라 가격 인상을 결정하고, 농심, 야쿠르트, 오뚜기에도 가격 인상 정보를 보냈다는 혐의이다. 그러나 대법원은 선두 업체가 가격을 올리고 경쟁사들이 따라 올리는 것은 관행이며 자진신고자의 진술도 구체적이지 않아 증거가 될 수 없다며 최종적으로 담합을 인정하지 않았다.

학이다.

통계적 기법은 담합을 탐지하는 데에도 유용하게 사용될 수 있다. 〈표 2–5〉에서는 2001년에서 2008년 사이 한국의 주요 라면 업체의 주력 제품 가격 추이를 보여준다. 라면 시장은 차별화된 제품으로 승부하는 경쟁시장이지만 한편으로는 서민들의 부식으로서 가격 경쟁력도 중요하다. 따라서 일반적인 상황이라면 경쟁력이 다른 라면 제품들 사이의 가격은 조금씩 달라야 자연스럽다. 그러나 6개의 기간 동안 모든 회사의 주력 라면 가격이 완전히 동일했다. 공정위는 이들 회사들의 담합이 의심된다며 거액의 과징금을 부여했다. 업계 1위인 농심이 먼저 가격 인상을 결정하기 전에 이 정보를 다른 회사들과 은밀하게 교환하여 동일한 가격으로 맞추었다는 것이다. 원심인 서울고법에서는 담합에 대한 과징금 부과가 정당하다고 판결하였다. 그러나 이후 대법원은 담합 행

위가 의심되지만 우연의 일치일 수도 있다면서 판결을 뒤집었다. 즉 정보교환 행위 및 외형상의 일치만으로는 담합이라고 규정할 수 없다는 논지였다. 그렇다면 라면 경쟁에서 이렇게 가격이 정확하게 일치할 확률은 어느 정도일까? 논의를 단순화하기 위해서 업계 선두인 농심이 먼저 가격을 정하고 다른 기업들은 그 가격과 ① 일치시킬지, ② 내릴지, 또는 ③ 올릴지 하는 3가지 선택지만이 있다고 가정해보자. 각각의 회사는 3가지의 가능성 중 "① 일치"시키는 것으로 통일하였기 때문에 그 확률은 $(1/3)^3$일 것이다. 이와 같은 행동이 6개의 기간 동안 동일하게 나타났으므로 확률은 $[(1/3)^3]^6$이다. 계산해보면 1/387420489(2.5821×10^{-7}%)로 사실상 0에 가깝다. 담합이 아니고서는 이러한 가격 결정이 우연에 의해서 나올 가능성은 거의 없다는 것이다. 물론 과점 시장에서 경쟁 기업들의 가격 결정은 다른 기업에 영향을 받으므로 각 사건이 모두 독립일 수는 없다. 이런 미묘한 것들을 고려한다면 계산은 대단히 복잡해지거나 심지어 불가능해질 수도 있다. 그러나 어떤 경우이든 대법원은 수학자들이나 통계학자들을 동원하여 담합이 아닌 우연으로 나올 확률을 최대한 계산해서 판결의 근거로 삼아야 했다. 한국의 법원과 공정위가 앞으로 담합 거래와 관련된 사안에서 진술이나 증거 이외에 통계적인 기법을 보조적으로 사용한다면 보다 과학적이고 공정한 판결이 가능해질 것이라고 믿는다. 요즘에는 회계사 출신, 의사 출신 판검사들이 재판에 투입되어 전문성을 발휘한다고 하는데 마찬가지로 통계 전문가, 수학 전문가들이 대거 참여할 수 있게 하여야 한국의 반부패 수사도 진일보 할 수 있을 것이다.

이 밖에 사용할 수 있는 통계적 기법으로 텍스트 및 네트워크 분석이 있다. 엔론의 회계 부정은 위에서 설명한 것처럼 인공적으로 가공된 숫자들이 많아 벤포드의 법칙으로도 탐지될 수 있었다. 한편 엔론 사태를 네트워크로 분석한 연구에 따르면 회사가 망하기 직전에 엔론의 인적 네트워크 내의 각 직원들 간의 연결 정도 및 연결 중심성이 감소하였다고 한다.[34] 네트워크 분석에 따르면 직원들 개개인을 점에 비유하는 노드(node)라고 하고 다른 개인 노드들과 많이 연결되어 있을수록 중심성(centrality)이 높다고 정의한다. 엔론의 경우 사태가 터지기 전 임직원들의 네트워크에서 외부와의 연결 정도와 외부인들과의 네트워크 중심성은 모두 높아지는 결과가 도출되었다. 즉 위기감을 느낀 임직원들은 조직 내부와의 소통 대신 다른 회사에 문의를 하고 구직 활동을 시작하였던 것이다. 또는 엔론 사태를 예측한 외부인들이 회사 내 직원들에게 접근하여 정보를 캐고자 했을 수도 있다. 한국에서도 블라인드 등 기업의 익명 게시판에 부정적인 키워드가 많이 올라오기 시작한다면 이를 분석하여 회사의 전망은 물론 내부 비리 또는 부패 위험을 사전에 탐지할 수도 있을 것이다. 최근에는 텍스트 마이닝(Text Mining) 기법이 강력한 인공지능 컴퓨팅 연산 능력과 결합하여 부패를 탐지하는 데 사용되고 있다.

34) Diesner, J., Frantz, T. L., & Carley, K. M. (2005). Communication networks from the Enron email corpus "It's always about the people. Enron is no different." *Computational & Mathematical Organization Theory*, *11*, 201–228.

04

정부 수준의 부패를 어떻게 측정할 것인가?

3절에는 통계적 직관을 활용하여 기업과 개인의 부패를 탐지하는 사례를 살펴보았다. 그렇다면 국가 수준의 부패를 측정하는 방법에는 어떤 것이 있을까? 국제적으로 흔하게 통용되는 지표들을 알아보기 앞서서 간단하지만 흥미로운 몇 개의 사례를 소개하고자 한다. 먼저 도로의 품질을 비교하는 방법이다.[35)] 국제개발은행과 같은 국제 금융기관 또는 원조기관에서는 저개발 국가의 경제 발전을 돕기 위하여 고속도로나 각종 인프라를 건설하는 프로젝트를 진행해왔다. 각 지역별로 설계한 대로 정확히 예산을 공급하여 균일한 품질의 도로를 지을 수 있도록 지방 정부에게 시공을 의뢰하는 것이다. 그러나 프로젝트가 완료된 후 도로의 품질을 조사해보니 국가별, 또는 지방 정부 별로 상당한 차이를 보인다는 것을 발견했다. 〈그림 2-7〉에서 보듯, 현대의 도로는 구조적으로 여러 층위로 구성되어 있다.[36)] 예를 들어 차량용 아스팔트 포장을 위해서는 맨 아래에 토공(흙쌓기)이라고 불리는 기반 지층을 다져야 하며 그 위에 차례로 보

---

35) Lehne, J., Shapiro, J. N., & Eynde, O. V. (2018). Building connections: Political corruption and road construction in India. *Journal of Development Economics, 131*, 62–78.

36) 고대 로마의 도로 역시 수직구조적으로 복잡하게 설계되었는데, 당시에 만들어진 도로가 지금까지 남아 있는 이유이다.

그림 2-7 현대 도로의 수직 구조[37)]

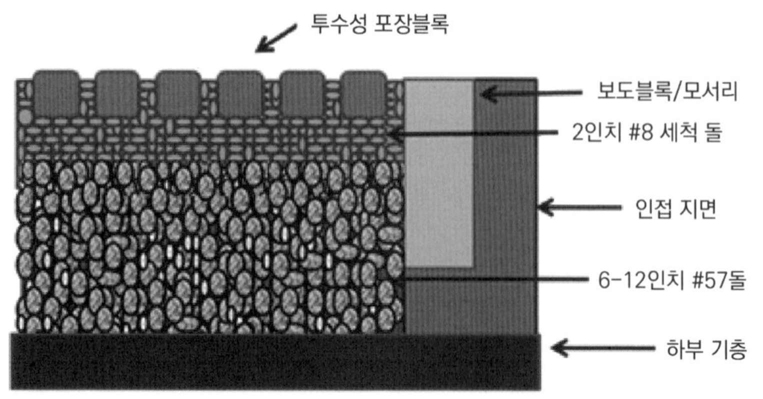

그림 설명: 도로용 포장에는 정교한 작업이 필요하다. 가장 아래의 기반 지층에서부터 표층에 이르기까지의 설계대로 시공되지 않으면 금방 부서지게 된다. 국제 원조 기관에서는 개발도상국 도로 건설에 자금을 지원하였고 시공 후 도로의 수직 구조를 탐사하였다. 그 결과 많은 지방 정부에서 설계 도면대로 시공되지 않았음을 발견하였다. 그것을 바탕으로 해당 지역의 부패, 즉 횡령 정도를 계산해 내었다.

조기층, 기층, 표층에 해당하는 포장을 해야 한다. 토공의 두께만 해도 보통 1m가 넘으며 포장에도 60cm 이상의 여러 재료가 차례로 매립되어 한다. 이러한 공사 단계가 하나라도 생략될 경우 도로는 금새 파괴될 수 있다. 또는 차량 운행 시 먼지나 날리고 소음이 커지는 문제가 발생한다. 도로 건설에 충분한 자금을 원조 받은 부패한 중앙정부나 지방정부는 복잡한 건설 단계를 의도적으로 건너뛰어 나머지를 착복할 가능성이 있다. 또는 자신이 영향력을 행사하거나 정기적으로 상납하는 건설사에게 사업을 맡겨서 전체적인 도로의 품질이 부실화될 수도 있다. 자금을 공여한 국제 기관에서는 건설 상태를 확인하기 위하여 각 지역의 도로를 수직으로 뚫어서 도로 구조에 대한 샘플을 채취하였다. 수직

37) https://www.arlingtonva.us/Government/Programs/Office-of-Sustainability-and-Environment/Stormwater/Stormwater-Watersheds/Stormwater-at-Home/Permeable-Surfaces

샘플을 보고 정해진 재료의 사용 여부와 도로의 깊이 등을 확인하여 얼마나 많은 공사비를 빼돌렸는지를 계산하였다. 이러한 간단한 자료를 통해 각 개발 도상 국가의 부패 현황을 추정하는 것이 가능하다. Olken이 인도네시아 도로를 연구한 바에 따르면,[38] 지방 정부가 도로 건설을 위해서 받은 총 예산 대비 실제 건설에 사용된 비용 추정치 사이에는 약 24%의 차이가 났다고 한다. 그 만큼의 예산이 누군가의 호주머니 속으로 은밀하게 사라진 셈이다. 어떤 학자들은 도로 연구와 비슷한 공제에 의한 추정(estimation by subtraction) 기법을 사용하기도 한다. Reinikka과 Svensson은 이러한 방법에 의하여 우간다의 예산 착복을 계산하였다.[39] 1990년대 우간다에서는 총 예산의 20% 정도가 교육에 지출되었는데 그 중 대부분이 초등학교 교육에 배정되었다. 연구자들은 1991년부터 1995년까지의 예산 자료와 공제에 의한 추정 방법을 활용하여 초등학교들이 평균적으로 지원금의 고작 13%만을 받았다는 것을 발견하였다. 심지어는 많은 학교들이 전혀 예산을 배정받지 못했다. 학교에 배정된 지원금 대부분을 지방 공무원들이나 정치인들이 착복한 셈이다. 흥미로운 것은 이 와중에서도 협상력이 높은 학교들은 역량을 발휘하여 상대적으로 더 많은 예산을 받아냈다는 것이다. 반면에 가만히 있거나 정치적으로 무기력한 학교들은 거의 아무런 예산을 받지 못했다. Olken은 같은 방법을 사용하여 인도네시아에서 쌀의 도난 정도도 추정했다.[40] 중앙 정부에서 배부하는 쌀 중에 약 18%가 지방 정부 수준에서 사라졌으며 특히 인종적으로 다양하고 인구가 드문 지역에서 이러한 착복

---

38) Olken BA. (2007). Monitoring corruption: evidence from a field experiment in Indonesia. *Jounal of Political Economy, 115*, 200-249

39) Reinikka, R., & Svensson, J. (2004). Local capture: evidence from a central government transfer program in Uganda. *The Quarterly Journal of Economics, 119*(2), 679 – 705

40) Olken BA. 2006. Corruption and the costs of redistribution: micro evidence from Indonesia. *Jounal of Political Economy, 90*, 853-870

이 심해진다는 것을 발견하였다. 아무래도 보는 눈이 적은 지역에서는 더 많은 부패가 발생하는 것 같다.

그러나 국가 수준의 부패를 거시적으로 연구하는데 있어서 이상의 단순한 방법은 한계가 있다. 전 세계를 대상으로 비교를 하기 위해서는 보다 표준화된 기준으로 측정해야 한다. 도로, 예산, 쌀 배분 연구는 일부 국가에서 지방 정부들의 부패를 비교하는 데에는 유용하지만 국제 수준으로 비교를 확대하기에는 무리가 있다. 그래서 전 세계를 대상으로 한 부패 지수(Corruption index)를 개발하여 사용한다. 먼저 부패 인식 지수(Corruption Perception Index, CPI)이다. 독일의 비영리 기관인 국제투명성기구(Transparency International)에서 1995년부터 매년 발표하는 이 지수는 국제적으로 가장 많이 인용되는 부패 관련 통계이다. 100점 만점에, 점수가 낮을수록 부패하며, 점수가 높을수록 청렴한 국가임을 의미한다.[41] 특이한 점은 전문가와 기업인 패널을 사용한다는 것이다. 금액이 크고 구조적인 부패 행위에 대해서는 전문가들이나 기업 경영자들이 훨씬 잘 알고 있다. 따라서 이 지표는 일반 서민들이 체감하는 밑바닥 부패의 양상과는 다소 다를 수 있다는 약점이 있다. 그럼에도 불구하고 가장 공신력 있는 부패 지수로 매년 언론에서 비중 있게 다루고 있다. 또 다른 국제 지표는 세계거버넌스지수(World Governance Indicator, WGI)에 포함되는 부패 통제 지수(Control of corruption)이다. 이 통계는 약 200여 국가를 대상으로 언론의 자유(Voice and Accountability), 정치적 안정 및 테러리즘 (Political Stability and Absence of Violence/Terrorism), 정부의 효율성(Government Effectiveness), 규제의 품질(Regulatory Quality), 법치주의(Rule of Law), 부패에 대한 통제(Control of Corruption)와 같은 6가지의 내용을 측정한다.

41) 점수가 높아야 청렴하다는 것을 의미하기 때문에 부패 지수가 아니라 '청렴지수'로 불리는 것이 직관적으로 합당하다고 생각된다.

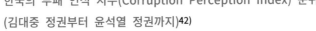

그림 2-8 한국의 부패 인식 지수(Corruption Perception Index) 순위 (김대중 정권부터 윤석열 정권까지)42)

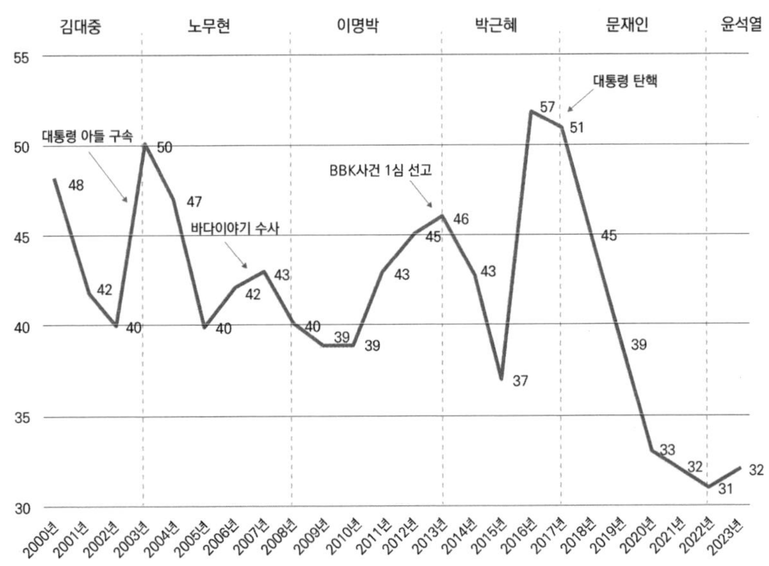

그림 설명: CPI(Corruption Perception Index)의 순위가 낮을수록 청렴한 국가를 의미한다. 각 정권 후반기에 굵직한 게이트가 발생하여 CPI 순위가 악화되는 패턴을 확인할 수 있다. 김대중 정권 후반기인 2002년에는 대통령의 아들이 수백만달러의 뇌물을 받은 혐의로 구속되었다. 노무현 정권 후반 시절에는 바다이야기라고 불리는 사행성 도박이 스캔들로 번져 2006년부터 본격적으로 수사가 시작되었다. 이명박 정권 시절에는 대통령이 얽힌 BBK 주가 조작 사건에 대한 수사가 진행되어 집권 후반기에 1심 재판이 선고 되었다. 박근혜 정부 시절에는 이른바 비선 실세 논란이 확대 재생산되어 결국 임기를 다 채우지 못하고 대통령이 탄핵되었다. 한국의 단임 대통령 제도 하에서는 임기 후반에 레임덕에 걸려 부패 스캔들이 터지는 경우가 많았다. 이 때문에 전문가 패널의 주관적 평가에 의존하는 CPI는 대통령 집권 5년 동안 등락을 거듭하는 모양을 보인다.

부패에 대응하는 국가의 전반적인 역량을 측정할 수 있다는 장점이 있지만 부패의 실체적인 크기를 드러내는 데에는 역시 한계가 있다. 이 밖에 유럽의 반부패 국가 역량 연구센터(ERCAS, European Research Centre for Anti-corruption and

42) Corruption Perception Index의 각 연도에서 계산

State-Building)에서 관리하는 공공 청렴 지수(Index of Public Integrity)도 있다. 117개국을 대상으로 2년마다 발표되며 6개의 세부 항목을 0점(가장 부패)에서 10점(가장 청렴)까지 측정한다. 세계은행, 세계경제포럼, 국제예산협의체, 국제전기통신연합, 프리덤 하우스 등에서 발표하는 데이터 자료를 기반으로 하며 주관적인 인식에 의존하는 다른 지표에 비교하여 부패 정도를 비교적 종합적, 객관적으로 나타내고 있는 것으로 평가를 받는다. 이 중에서 언론의 조명을 가장 많이 받는 부패 인식 지수(Corruption Perception Index, CPI) 기준으로 한국의 부패 정도는 〈그림 2-8〉에서 보는 것처럼 대체적으로 개선되는 흐름을 보여준다. 그러나 이를 각 정권별로 나누어 보면 반복되는 특정 패턴을 확인할 수 있다. 예를 들어 집권 초반에는 부패 정도가 개선되다가 집권 후반기에 각종 게이트가 터지면서 부패 순위가 악화되는 형태를 보인다. CPI 지수는 전문가들의 주관적인 평가에서 나오기 때문에 집권 후반기 부패 스캔들이 언론을 통해 대대적으로 보도되면 심리적으로 영향을 받을 수밖에 없을 것이다. 즉 CPI 지수가 주관적인 편견에 의해서 단기적으로 출렁거리며 왜곡될 수 있다는 것을 의미한다. 예를 들어 미국은 CPI 기준으로 우루과이나 세이셸[43]보다 부패한 것으로 나타난다. 이는 CPI 지수 평가에 참여하는 엘리트들이 각자가 가진 정치적 올바름(Political correctness)에 의해서 미국의 부패 상황을 과대평가했다고 짐작할 수 있다. 미시간 대학교의 Ang 교수는 그의 저서 〈China's Gilded Age〉에서 CPI 지수의 단점을 잘 분석하였다.[44] 그녀의 주장으로는 CPI가 단일 지표로 발표되기 때문에 각국의 복잡다단한 부패 상황을 정확하게 반영하지 못하고 왜곡할 수 있다고 한다. 예를 들어 어떤 국가는 권력층이 저지르는 '엘리트 부패'가

43) 아프리카 동부, 인도양에 위치한 섬 나라로 인구는 약 10만명이다.

44) Ang, Y. Y. (2020). China's gilded age: The paradox of economic boom and vast corruption. Cambridge University Press.

심할 수 있고 어떤 국가는 말단의 교통 경찰이 수금하는 '도적질'이 문제가 될 수 있는데 CPI는 이를 모두 뭉뚱그려 하나의 점수로 발표한다는 것이다. 국가 수준의 부패에 대해 다양한 지수가 개발되었고 또 지금도 연구자들에 의해서 활용되고 있으나 각각의 장점과 단점은 분명하다. 어떤 것을 주요하게 사용할지는 연구의 목적에 따라 달라질 수 있다.

05

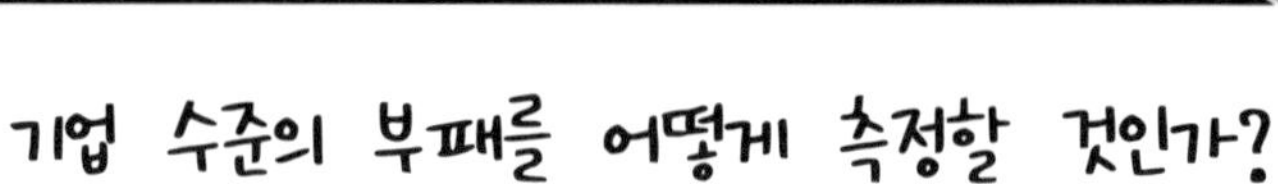

기업 수준의 부패를 어떻게 측정할 것인가?

선진국 기업의 정치 행위 대부분은 양지에서 벌어진다. 정치인에 대한 공개적 후원, 정부 시책에 부응하는 기업 전략, 합법적인 한도 내의 선물 제공 등이 그것이다. 그 중에서 미국은 기업의 정치 행위를 적극적으로 양지로 끌어 올려 관리하는 나라 중에 하나이다. 미국의 수정 헌법 1조에 따르면 정부에 청원하는 국민의 권리를 제한할 수 없다고 명기하여 청원권을 헌법의 수준에서 보호하고 있다. 이에 따라 기업의 로비와 로비스트 고용을 합법화하고 공개토록 하고 있다. 그러나 미국과 같은 일부의 나라를 제외하고는 기업의 대관 활동과 부패 행위는 보통 음지에서 이루어지거나 외부에 그 통계가 공개되지 않는 경우가 더 많다. 그렇다면 음지에서 이루어지는 기업의 정치행위를 어떻게 탐지해낼 수 있을까? 연구자들은 기발한 방법을 고안하여 사용하고 있다. 그 중에서 흥미로운 것들을 몇 가지 소개하고자 한다.

먼저 '수하르토 의존도 지수'(Suharto Dependency Index)라는 것이 있다.[45] 수하르토라는 인물에 대해서 간단하게 알아보자. 인도네시아의 독재자인 수하르토는 초대 대통령인 수카르노가 세운 정권을 쿠테타로 전복하고 1967년부터

45) Fisman, R. (2001). Estimating the value of political connections. *American Economic Review, 91*(4), 1095−1102.

1998년까지 무려 30여년 간 장기 집권하였다. 그는 네덜란드 치하 동인도회사의 군대에 입대하여 부사관으로 근무하였으며, 곧이어 일본이 인도네시아를 점령하자 일제가 만든 방위군에 합류하여 장교로도 복무한 바 있다. 쿠테타 성공 후에는 강력한 반공 정책을 내세워 많은 공산당 당원들을 숙청하였다. 그의 집권 기간 동안 연평균 7%의 경제 성장을 이룩하기도 하였다. 이렇게 식민지 군대 입대, 쿠테타, 장기 집권, 그리고 경제성장 등 그의 일생을 표현하는 키워드를 보면 자연스럽게 한국의 박정희 대통령이 연상이 된다. 박정희가 비록 독재를 하였지만 개인적인 치부를 거의 하지 않았던 것에 비하여 수하르토는 부패 카르텔을 형성하여 자녀들과 친인척들에게 막대한 부를 안겨주었다. 국제투명성기구(Transparency International)에 의해 20세기 가장 부패한 정치인으로 선정되기도 할 정도였다. 오죽하면 외신에서 그를 지칭하는 별명이 '미스터 10%'였다. 인도네시아에서 사업을 하려면 그의 일가에게 사업비의 10% 정도에 해당하는 뇌물을 바쳐야 한다는 의미이다. 학자들은 수하르토 일가와 기업의 부패 연결고리를 탐지하고 싶어 했다. 그러나 일반적인 방법으로는 쉽지 않았다. 왜냐하면 어떠한 기업도 그러한 부패 관계를 공개적으로 드러내려 하지 않기 때문이다. 그러나 컬럼비아 대학의 Fisman 교수는 이른바 '수하르토 의존도 지수'(Suharto Dependency Index)를 고안하여 인도네시아의 기업 중 수하르토 가문과 정치적으로 연결된 기업들을 간접적으로 알아내는 데 성공했다. 당시 대통령인 수하르토의 건강이 위독하다는 신문 기사가 나왔을 때에 유독 주가가 크게 하락하는 기업들이 있었는데 이를 통계적으로 분류해냈다. 수하르토가 사망할 경우 그의 가문과 정치적인 유착 관계에 있는 기업들은 그동안 축적했던 정치적 자산을 잃어버릴 수 있기 때문에 주가가 크게 떨어질 수밖에 없다는 논리이다. 심지어 수하르토의 사망 이후 정권이 반대파에 넘어갈 경우 수하르토와 친했던

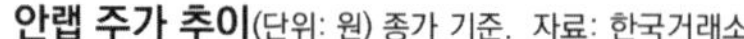

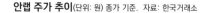

그림 2-9 주요 정치 사건과 안랩의 주가 추이[46]

그림 설명: 정치인 안철수의 선거 출마 선언과 이후의 행보에 따라 그가 대주주로 있는 안랩의 주가가 크게 출렁거리고 있다. 만약 안랩 이외의 기업이 정치인 안철수의 행보에 따라 주가가 일관되게 변한다면 소위 '안철수 의존도 지수'(Cheolsoo Dependency Index, CDI)를 고안해낼 수도 있을 것이다.

기업은 새정부로부터 보복까지 당할 수 있기 때문에 주가가 떨어진다는 것이다.

비슷한 연구로 브라운대의 Knight 교수는 2000년 미국 대선 결과를 가지고 특정 정치 세력을 후원하거나 이익을 공유하는 기업들을 분류해냈다. 대선에서 승리한 조지 W 부시를 지지해왔던 기업은 주가가 3% 정도 올랐으나 반대 후보인 앨고어를 지지했던 기업의 주가는 약 6% 정도 떨어진 것을 발견하였다.[47] 〈그림 2-9〉에서 보듯, 한국에서도 이른바 대선 테마주라고 하여 안철수가 선거에 출마선언을 할 때마다 그가 대주주로 있는 안랩의 주가가 요동쳤었다. 또 유력 대선 후보의 행보에 따라 관계 기업들의 주가도 함께 상승하

46) https://www.donga.com/news/article/all/20121127/51122445/1?=

47) Knight, B. (2006), Are Policy Platforms Capitalized into Equity Prices? Evidence from the Bush/Gore 2000 Presidential Election, *Journal of Public Economics*, *90*, 751–773.

는 것을 목격할 수 있었다. 만약 어떤 기업의 주가가 안철수의 출마 뉴스와 함께 크게 출렁거렸다면 이 기업도 안철수와 모종의 관련이 있는 기업으로 간주할 수 있을 것이다. '수하르토 의존도 지수'를 흉내 내어 '안철수 의존도 지수'(Cheolsoo Dependency Index, CDI)로 사용할 수 있지 않을까?

중국과 같은 경우에는 공산당원인지 여부를 가지고 정부와의 연결을 간접적으로 측정하는 연구가 있다. 홍콩중문대학교의 Li 교수와 동료들은[48] 중국 31개 성의 3,258개의 사기업을 연구 대상으로 하여 최고경영진 중 약 26%가 공산당원이라는 사실을 발견했다. 또 최고 경영진이 공산당원인 경우 기업의 재무적 성과인 ROA는 그렇지 않은 기업보다 약 8% 정도 높았다고 한다. 중국처럼 베일에 둘러싸인 나라에서는 기업과 정부의 유착 관계나 부패 행위를 직접적으로 조사하기란 특히 어려운 일이다. 따라서 공산당원인 경영자는 정부와 연결 고리가 있을 것이라는 거친 가정을 가지고 연구할 수밖에 없었던 것이다. 그러나 이러한 연구 방법은 이후로 비판을 받았다. 가장 큰 문제는 이른바 내생성(Endogeneity) 이슈이다. 중국에서 공산당원이 된다는 것은 무작위 선택이 아니다. 학창 시절부터 관찰과 시험을 통해서 소수의 젊은이들이 당원으로 초대되는 형식이다. 따라서 당원이라서 기업의 성과가 잘 나오는 것이 아니라 선택된 인재들이기 때문에 성과가 잘 나온다는 인과 관계도 가능하다. 〈그림 2-10〉에서 보여주는 것처럼 개인 역량이나 집안 배경은 당원이 될 수 있는 확률과 그 개인이 나중에 기업인이 된 후 성공에 기여할 수 있는 확률에 모두 관계하므로 내생성 문제가 개입된다고 볼 수 있다. 최근에는 이러한 내생성을 통계적으로 통제한 후 공산당원의 순수한 프리미엄을 조사해보니 영향력이 미비

48) Li, H., Meng, L., Wang, Q., & Zhou, L. A. (2008). Political connections, financing and firm performance: Evidence from Chinese private firms. *Journal of Development Economics*, *87*(2), 283-299.

그림 2-10 중국 공산당원이 최고 경영진일 경우 기업 성과와 내생성 문제

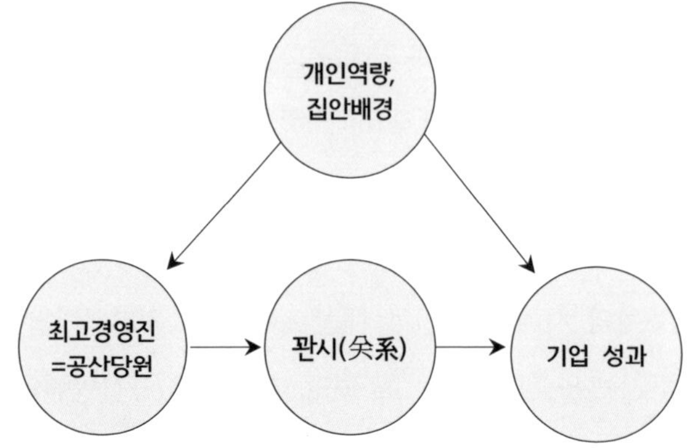

그림 설명: 중국 사기업을 대상으로 한 Li 교수의 2008년 연구에 따르면 최고경영진(**董事長, 總經理** 등) 중 약 26%가 공산당원으로 분류되었다. 공산당원이 최고 경영진인 기업의 경우 재무적 성과(ROA)는 그렇지 않은 기업보다 약 8% 정도 높았다. 당원인 최고경영진이 존재하는 경우 사업에서 '꽌시'를 사용하는 데 유리하고 따라서 기업 성과에도 도움이 된다는 논리이다. 그러나 중국에서 공산당원이 되는 것은 무작위 선택이 아니다. 당원이 되는 데는 개인의 특성이나 배경의 영향을 받는데 이는 다시 기업 성과에 영향을 미칠 수 있다. 이렇게 주효과(예: 최고경영진=공산당원)와 성과 변수(기업 성과)에 동시에 영향을 미치는 요소(예: 개인역량, 집안배경)를 내생변수라고 한다. 이를 통계적으로 통제하고 인과 관계를 다시 계산한 최근 연구에 따르면 당원의 프리미엄이 사라지는 것을 발견하였다.

하거나 없다는 보고가 있었다.[49)]

로비를 위해서 조직되는 단체에 가입된 여부로 로비에 참여했는지를 간접적으로 측정한 연구도 있다. 한국으로 치면 전경련[50)]에 소속된 대기업들은 그 자체로 로비를 했거나 앞으로 할 의향이 있다고 보는 것이다. 그러나 이 역시 다소 비현실적인 가정이라고 볼 수도 있다. 어떤 단체에 속했다고 반드시 로비에 개입되는 것은 아니기 때문이다. 기업 수준의 정치 행위를 측정하는 방법 중

49) Zhou, J., Li. W., & Li, J. (2024). Performance implications of a corporate political strategy in Chinese firms: State versus market logics in different institutional settings. *Long Range Planning*, 102439

50) 한국경제인협회 전신

계량적으로 선호되는 또 다른 방식은 직접 설문이다. 세계은행은 World Bank Enterprise Survey(WBES)라는 대규모 기업 설문을 진행하고 있다. 이 설문은 100여 개 이상의 국가를 대상으로 주로 소기업이 느끼는 경영 환경을 조사한다. 여기에는 흥미롭게도 부패 또는 정치적 행위에 가담하는 정도를 기업에게 직접 묻는 문항이 있다. 예를 들어, ① "당신 기업의 최고 경영자는 전체 근무시간의 몇 퍼센트를 공무원 및 정치인들과 상대하는 데 사용하는지", ② "당신 기업에게 정부 공무원들이 얼마나 자주 방문하며 금품을 요구하는지", ③ "당신 기업과 비슷한 회사는 보통 총 매출액의 얼마 정도를 뇌물로 제공하는지" 등을 포함한다. ①번은 기업이(자발적이든, 비자발적이든) 정부 기관과 얼마나 자주 그리고 오래 만나야 하는지 여부와 관련이 있다. 최고 경영자 개인 시간의 비율(%)로 측정되므로 최저 0에서 최대 100의 값을 가진다. 정부의 규제가 심하고 정부에게 납품이 많은 기업들일수록 대관 전략이 중요해지므로 이 값은 높은 수치를 보인다. ②번 항목에 대한 것은 부패 정부의 압력(corruption pressure)을 측정하는 데 사용한다. 기업 운영에 필요한 수도나 전기를 신청할 때에 비공식적인 금품을 내지 않으면 설치를 지연하거나 아예 안 해주는 부패한 나라들이 많다. 인프라와 인허가 등을 대가로 정부가 얼마나 탐욕스럽게 기업을 압박하고 있는지를 측정한다. ③번이 가장 중요한 변수인데 기존 연구에서는 이를 통해 기업이 실제로 총 매출 대비 얼마를 뇌물로 지출하고 있는지를 계산하고 있다. 흥미로운 것은 조사 대상 기업이 뇌물을 얼마나 바치는지를 직설적으로 물어보지는 않는다는 것이다. 질문 문항을 다시 한 번 들여다보면 "당신 기업과 비슷한 회사"의 경우라고 우회적으로 물어본다. 아무리 익명을 보장한 설문이라 할지라도 불법적인 행위에 대한 구체적인 수치를 물어 본다면 누구나 부담을 느낄 수밖에 없기 때문이다. 이에 따라 주변의 비슷한 회사인 경우에는 어떻겠냐고 돌려 질문하는 것이다. 선거 여론 조사에서도 이와 같은 간접 질문 방식을 활용한다. 즉 "당신은 이번 선거에서 누구에게 투표할 것이냐"고 물어보는 대신 "당신 주변 사람들은 누구를 더 많이 지지하는지" 질의하는 것이다. 정치 성향을 직접 밝히기를 꺼리는 문화에서는 오히려 이런 방식이 더 정확한 예측 능력이 있다고 알려져 있다.

UNDERGROUND
ECONOMY
CHAPTER
03
부패를 보는 새로운 관점

"사람들의 무관심은 부패가 번성할 수 있는 최상의 둥지입니다."

-델리아 페레이라(Delia Ferreira), 국제 투명성 기구 (TI) 의장-

01 부패한 기업의 성과는 좋을까?

부패 전략을 사용하는 기업들은 성공할까? 부패를 윤리의 관점에서 보던 시기에는 연구하기를 꺼렸던 주제였다. 나쁜 놈이 성공했다는 것만큼 불편한 일이 어디 있을까? 그러나 최근 부패를 경영 전략으로 간주하고 다양한 실증 데이터가 발굴되면서 기업 수준에서 부패의 성과를 직접 들여다보는 연구가 많이 등장하고 있다. 선입견을 가지지 말고 있는 그대로를 탐구하다 보면 부패를 어떻게 억제할지에 대한 보다 현실적인 답이 나올 수 있기 때문에 이러한 실증 연구는 중요하다.

부패한 기업의 성과에 대한 연구는 크게 세 가지로 분류된다. 첫째, 부패한 기업의 성과는 감소된다는 주장이다. 기존 연구를 살펴보면, 부패 활동은 기업 지배 구조를 비효율적으로 만들고,[1] 국내 시장에 안주하게 되어 (즉 해외 진출을 방해하여)[2] 기업의 장기 성장을 억제한다. 또 사법 리스크 및 여러 부대 비용이 소요되기 때문에 정작 수익성이 크지 않을 수 있다.[3] 한번 부패의 늪에

1) Fan, J. P., Wong, T. J., & Zhang, T. (2007). Politically connected CEOs, corporate governance, and Post-IPO performance of China's newly partially privatized firms. *Journal of Financial Economics*, *84*(2), 330-357.

2) Lee, S. H., & Weng, D. H. (2013). Does bribery in the home country promote or dampen firm exports?. *Strategic Management Journal*, *34*(12), 1472-1487.

빠지게 되면 부패한 공무원의 손쉬운 먹이감이 되기 때문에 결국에는 손해를 볼 수밖에 없다는 연구도 있다.[4] 동남아시아에서 사업을 하는 한인 경영인의 증언에 따르면 뇌물을 요구하는 공무원들에게 처음에는 큰 부담이 되지 않아서 한 두 푼 주기 시작했는데 그것이 소문이 나서 점차 부패 공무원들이 더 큰 요구를 하면서 곤란해졌다고 한다. 이러한 관점은 뇌물이 기업의 적극적인 대관 전략이 아니라 수동적인 세금(Toll fee)에 불과하다는 관점에 기반한다.

두 번째는 부패한 기업의 성과가 좋다는 것이다. 정부와 긴밀하게 연결된 기업은 금융 등 희소한 자원에 접근할 수 있는 기회가 많다.[5] 또 까다로운 규제 장벽을 회피할 수 있고[6] 기업이 체감하는 정책 불확실성을 줄임으로써[7] 기업의 경영 활동에 도움이 된다는 것이다. 물론 기업의 부패 행위가 무조건적으로 기업의 성과를 증가시키거나 줄인다고 말하기 어렵다. 이보다 중요한 질문은 어떠한 상황에서 부패 행위가 기업에게 도움(윤활유)이 될 수 있거나 또는 방해(모래)가 될 수 있냐 하는 것이다. 사실 그것이 좀 더 현실적인 발견이 될 것이다. 여기서는 이러한 조건부(contingency)적 접근에 해당하는 네 가지 연구를 소개할 것이다.

먼저 기업의 뇌물 공여(bribery)와 로비 활동(lobby)이 기업의 매출 증가에

---

3) Harstad, B., & Svensson, J. (2011). Bribes, lobbying, and development. American *Political Science Review, 105*(1), 46–63.

4) 최성진. (2011). 정치연관이 기업성과에 미치는 영향에 관한 실증 연구: 중국의 상장 중소기업을 중심으로. 전략경영연구, 14(3), 45–65

5) Khwaja, A. I., & Mian, A. (2005). Do lenders favor politically connected firms? Rent provision in an emerging financial market. *The Quarterly Journal of Economics, 120*(4), 1371–1411.

6) Agrawal, A., & Knoeber, C. R. (2001). Do some outside directors play a political role?. The *Journal of Law and Economics, 44*(1), 179–198.

7) Rudy, B. C., & Cavich, J. (2020). Nonmarket signals: Investment in corporate political activity and the performance of initial public offerings. *Business & Society, 59*(3), 419–438.

표 3-1 부패 공무원이 돈이나 선물을 요구할 경우 기업의 반응(로비, 뇌물)

	로비	뇌물
돈이나 선물을 요구 받은 횟수	0.218 (0.145)	1.181** (0.189)
정권 안정성	-0.044 (0.044)	0.003 (0.058)
기업 크기	0.459** (0.070)	-0.021 (0.064)
기업 나이	0.182 (0.137)	-0.178 (0.140)
수출	0.360 (0.185)	0.212 (0.183)
외국계 소유	-0.641 (0.235)	-0.254 (0.241)
정부 소유	-1.198 (0.763)	-0.657 (0.743)
기업 이전	0.213 (0.240)	0.079 (0.271)
수도에 위치	0.144 (0.264)	-0.229 (0.237)
일인당 GDP	-0.226 (0.249)	-0.059 (0.538)
산업 더미	Yes	Yes
샘플 크기	1,266	1,266

Notes: *$p < 0.05$, **$p < 0.01$

표 설명: 회귀분석의 결과 공무원들이 인프라 설치, 인허가 등에서 기업들에게 돈이나 선물을 요구한 횟수는 기업의 뇌물 공여와 밀접한 인과관계가 있었다. 위 표의 숫자들은 계수 (coefficient)라고 불리며 양(+)의 값을 가지면 독립변인(돈이나 선물을 요구 받은 횟수)이 결과변인(로비, 뇌물)에 정(+)의 인과 관계를 가지는 것을 의미한다. 별(*) 표시는 그 계수 값이 통계적으로 유의(significant)하다는 것을 의미한다. 결과적으로 부패 공무원들이 돈과 선물을 요구하면 기업들은 로비가 아닌 뇌물로 반응한다는 것을 알 수 있다.

어떤 영향을 미치는지에 대한 나의 연구이다.[8] 이 연구에서 사용된 주요 데이터는 세계은행에서 구축한 World Bank Enterprise Survey(WBES)이다. 분석에 포함된 기업들의 수는 총 1,266개이며, 12개 개발도상국에서 조사되었다. 이 연

8) Yim, H. R., Lu, J., & Choi, S. J. (2017). Different role of lobbying and bribery on the firm performance in emerging markets. *Multinational Business Review*, *25*(3), 222–238.

구는 두 세트로 구성되어 있다. 첫 번째 연구 질문은, 기업은 왜 부패 행위를 하는지에 대한 동기에 대한 것이다. 〈표 3-1〉에서 보듯, 돈이나 선물을 요구 받은 횟수가 많을수록 기업들은 어쩔 수 없이 뇌물을 많이 바치는 것을 확인할 수 있다. 그러나 돈이나 선물을 요구 받은 횟수가 많다고 해서 기업이 로비를 많이 하는 것은 아니었다. 이러한 발견은 뇌물과 로비의 정의에도 부합한다. 뇌물은 당장의 애로사항이나 문제를 회피하고자 하는 단기적 처방의 행동이지만, 로비는 기업에게 유리한 제도적 환경을 만들기 위한 전략으로 장기적이며 집단적인 성격을 가진다. 따라서 돈이나 선물을 요구하는 부패 압력에 의해서 로비가 결정되는 것이 아니라 좀 더 주체적이고 전략적으로 결정된다는 것을 의미한다. 이 연구에서는 로비를 기업가적 부패 행위(entrepreneur corruption)로 보았으며, 반대로 뇌물은 불리한 환경에서 벗어나기 위한 수동적 부패(passive corruption)라고 규정하였다.

다음 세트는 뇌물과 로비 활동을 하는 기업이 실제로 성과를 잘 내는지에 대한 것이다. 기업의 성과는 매출 증가율로 측정하였다. 〈표 3-2〉에서 보듯이 로비를 하는 기업은 성과가 늘어나는 것을 알 수 있다. 반면에 뇌물을 공여한 것은 기업의 성과를 의미 있게 증가시키지 못했다. 다음으로 어떤 환경에서 로비의 효과가 커지는지 대한 조건부 요인을 알아보기 위해서 정권 안정성을 추가적인 조절변수로 고려하였다.[9] 뇌물은 정권 안정성과 유의미한 시너지를 내지 못했지만, 로비는 정권 안정성이 높은 국가에서 기업 성과에 미치는 효과가

9) 정권 안정성은 지난 정권 교체가 이루어진 후 몇 년이 지났는지로 측정하였다. 예를 들어 어떤 국가에서는 장기 독재가 이루어지고 있는 반면 어떤 국가에서는 정국이 불안하여 수시로 군사 쿠데타가 일어난다면 전자는 정권 안정성이 높으며 후자는 정권 안정성이 낮다고 볼 수 있다.

10) Yim, H. R., Lu, J., & Choi, S. J. (2017). Different role of lobbying and bribery on the firm performance in emerging markets. *Multinational Business Review*, *25*(3), 222-238.

표 3-2 로비하거나 뇌물을 주는 기업의 성과10)

종속변수: 매출 증가율	모델1	모델2	모델3
로비		41.973** (17.546)	129.701** (47.626)
뇌물		-0.465 (1.348)	2.628 (3.192)
로비 x 정권 안정성			43.293* (22.001)
뇌물 x 정권 안정성			-15.634 (21.578)
정권 안정성	3.217*(1.534)	3.721* (1.545)	3.581* (1.553)
기업 크기	13.410* (5.647)	10.480 (5.763)	10.104 (5.761)
기업 나이	6.932 (11.065)	5.719 (11.054)	6.775 (11.047)
수출	9.279 (15.389)	7.485 (15.376)	9.622 (15.386)
외국계 소유	-5.556 (19.918)	-0.760 (19.974)	0.541 (19.987)
정부 소유	-23.956 (65.549)	-15.167 (65.504)	-15.748 (65.398)
기업 이전	13.407 (21.193)	12.529 (21.149)	8.705 (21.196)
수도에 위치	-9.788 (21.781)	-11.103 (21.771)	-13.177 (21.779)
일인당 GDP	-8.826 (9.034)	-7.466 (9.069)	-9.309 (9.096)
산업 더미	Yes	Yes	Yes
샘플 크기	1266	1266	1266

Notes: *p < 0.05, **p < 0.01

표 설명: 로비를 하는 기업의 매출 증가율은 양(+)의 방향으로 변하였다. 그러나 뇌물을 주는 기업들의 계수(coefficient)에는 별(*) 표시가 없기 때문에 통계적으로 유의하지 않다. 한편 정권 안정성이 높은 국가에서 로비를 하는 경우(로비x정권 안정성)가 가장 기업에게 유리하였다. 반면 정권이 쉽게 전복되는 국가에서는 로비를 하는 기업이 불리해질 수 있다는 것을 의미한다.

증폭되었다. 즉 로비를 하더라도 정권이 빈번하게 바뀌는 나라에서는 기업에게 미치는 긍정적인 효과가 떨어진다는 것이다. 왜 그럴까? 기업은 로비를 통해 정부 관료와 정치인들이 해당 기업에게 유리한 법과 제도 환경을 만들어주길 기대한다. 이러한 목적의 로비는 뇌물에 비하여 상대적으로 비싸며, 시간이 오래

걸리며, 복잡한 단계가 필요하다. 공들여서 정부와의 관계를 잘 만들어 놓았는데 그 정부가 갑자기 무너져 버린다고 가정해보자. 그 기업 입장에서는 재앙이 아닐 수 없다. 기존에 투자해 놓은 정치 자산은 사라지거나 심지어 기업에게 독이 되어 돌아올 수 있다. 한국의 경우에도 정권교체 직후에 이전 정권과 긴밀한 관계를 맺은 대기업 총수들이 줄줄이 잡혀 들어간 것을 보면 어떤 느낌인지 감이 올 것이다.

두 번째 연구도 나의 논문에서 발췌하였다.[11] 기업이 여러 지방정부 중에서 어떤 정부와 연결을 맺었을 때 기업의 성과에 도움이 될지 하는지에 대한 연구이다. 먼저 지방정부의 구조에 대해서 알 필요가 있다. 대부분의 현대 국가는 중앙 정부와 지방 정부로 구성되어 있다. 정치적으로 분권화가 고도화될수록 지방 정부는 다시 다층의 하위 정부로 분화가 된다. 한국을 예를 들면, 중앙정부 밑에 (광역)시, 구(군), 동(읍, 면)이 위치해있다. 따라서 중앙 정부의 행정수반인 대통령, 시장, 구청장, 군수 등은 서로 다른 정당에서 선발될 수 있으며 다른 수준의 정부와 구별되는 어느 정도의 자치권과 독립성이 인정이 된다. 이러한 다층 구조는 국가마다 다른 모습을 보인다. 예를 들어 케냐의 경우에는 하나의 중앙 정부 밑에 다섯 개의 지방 정부 레벨이 존재한다. 중국의 경우에는 중앙정부 밑에 성(省)/시(市)/현(縣)급 등의 지방 정부가 있다(〈그림 3-1〉 참조). 중국의 지방 정부는 그보다 낮은 단계의 지방 정부를 관리하며 동시에 그 위 단계의 정부의 감독을 받는다. 보다 엄밀하게 말하자면 중국은 5개의 지방 정부 단위로 구분할 수 있다. 이 연구에서는 중국 기업의 최고경영자들의 전관 정보

11) 최성진. (2011). 정치연관이 기업성과에 미치는 영향에 관한 실증 연구: 중국의 상장 중소기업을 중심으로. 전략경영연구, 14(3), 45-65.

12) 최성진. (2011). 정치연관이 기업성과에 미치는 영향에 관한 실증 연구: 중국의 상장 중소기업을 중심으로. 전략경영연구, 14(3), 45-65.

그림 3-1 중국의 지방정부 구조와 기업과의 연결 관계12)

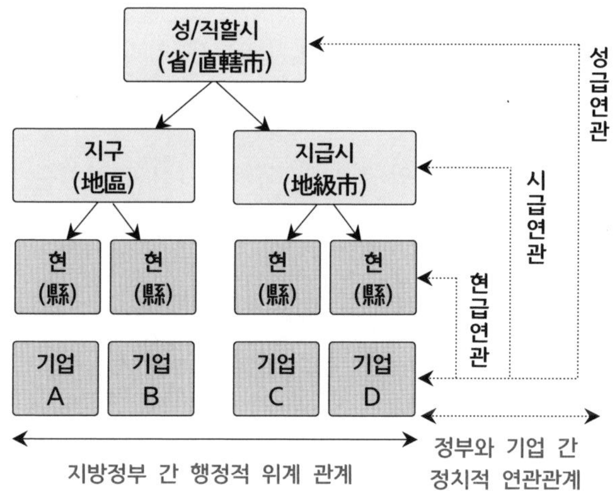

그림 설명: 중국의 1급 행정구역으로 성(省)이 있으며, 베이징시, 충칭시, 상하이시, 톈진시와 같은 직할시도 동급으로 포함된다. 홍콩과 마카오도 특별행정구로 성과 같은 레벨로 취급된다. 2급 행정구역은 지급행정구라고 하는데 지구(地區)와 지급시(地級市)가 포함된다. 한국으로 치면 시(市)라고 보면 되는데 중국의 성이 워낙 커서 성을 하나의 나라로 본다면 도(道)라고도 볼 수 있다. 제3급 행정구역은 현(县)인데 한국으로 치면 작은 시(市)나 군(郡) 정도로 간주할 수 있다. 그 밑에 4급과 5급 행정구역으로 향(乡)과 촌(村)이 있다. 기업들은 중국에서 성급 공무원과 연계를 맺거나(성급연관), 시급 공무원과 연계를 맺거나(시급연관), 또는 더 낮은 단계의 현급 공무원과 연계를 맺을 수도(현급연관) 있다. 연구에 따르면 어느 수준의 정부와 꽌시를 맺냐에 따라 기업의 성과가 달라질 수 있다.

를 활용하여 지방 정부와의 꽌시(關係) 구조를 조사하였다. 중국 상장 기업의 공시 자료(Profile of Directors and Senior Manager Section of the Company's Prospectus)를 바탕으로 회사 최고 경영자(總經理, 董事長)나 실질적 소유주의 프로필을 읽고 분석하여 주로 어떤 수준의 정부와 꽌시를 맺고 있는지를 판별해 내었다. 예를 들어 최고 경영자나 오너가 시 정부 판공실(辦公室)의 전/현직 관료 출신인 경우 시급 레벨의 정부와 정치 연관이 있다고 가정하는 식이다. 같은 방식으로 성급 레벨의 인민대표회의의 위원인 경우에도 해당 성 정부와 정치적 연관이 있는 것으로 간주하였다. 전관 배경의 정치적 연결(political connection)이 반드시 부패와 이어진다는 보장은 없지만 기업의 정치적 행위를 직접 측정하는 것이 어려운 중국과 같은 사회에서는 일반적으로 많이 사용되는 방식이다. 최종적으로 기업인의 정치 연결을 성(省)/시(市)/현(縣)급의 세 가지로 분류하고[13] 기업의 성과인 총자산이익률(ROA)과 어떤 관계가 있는지 조사하였다. 인과 관계를 살펴보기 위해서 각 지방 정부와의 꽌시와 성과는 1년의 시차를 두고 계산하였다. 그 결과 가장 낮은 단계의 지방 정부인 현급과의 꽌시만이 기업의 재무적인 성과에 긍정적인 영향을 끼친다는 것을 발견하였다. 또 기업의 성과가 하위 20%나 상위 10%인 경우, 즉 성과가 매우 낮거나 높은 경우에는 꽌시의 효과가 사라졌다. 즉 기업의 성과가 가장 좋은 그룹의 경우에는 꽌시의 도움이 크게 영향이 없으며 마찬가지로 기업의 성과가 너무 안 좋은 최하위 그룹도 정치적 연결의 효과나 도움을 받지 못했다. 기업의 꽌시라는 것은 어디까지나 보조적인 역할을 한다는 것을 의미한다. 최고 경영자나 오너가 정부와 연결되어 있더라도 기업의 역량이 따라 성과에 미치는 영향력은 다르다는 시사한다. 그렇다면 왜 하필 현급 연결만이 기업에 도움이 되었을까? 몇 가지 이유를 추측해 볼 수 있을 것이다. 먼저 같은 조건이라면 하위 수준의 지방 정부와 맺는 정치 연결의 비용이 상대적으로 저렴하다. 또 하위 수준의 지방 정부 관료는 상급 수준의 정부에 비하여 인사 이동이 잦지 않다. 이런 조건에서는 하위 수준의 지방 정부 관료들과의 유대 관계는 비용이 덜 들면서도 지속적으로 유지하기 쉽다는 장점이 있다. 또 적발 가능성에서도 중앙의 감시가 느슨한 지방 정부로 내려올수록 유리하다.[14] 더 중요한 이유는 일명 포식자 이론(predator-prey theory)을 통해서 설명이 가능하다. 기존 연구에 따르면 하위 단계의 정부는 상급 지방 정

13) 현(縣) 이하의 정보는 없으므로 제외하였다.

14) Zhong, Y. (2015). Local government and politics in China: Challenges from below. Routledge.

부에 비하여 기업에게 호의적이며 덜 착취적이다.[15] 많은 기업들이 관할 구역에 유입될수록 지방 정부의 세수가 늘어나고 따라서 담당 공무원의 권한도 세진다. 만약에 지방 정부가 기업들을 무리하게 쥐어짠다면 기업들은 다른 지역으로 도망가게 될 것이고 결과적으로 지방 정부는 손해를 본다. 따라서 지방 정부는 기업들의 요구 사항에 대해서 가급적 전향적으로 대응할 수밖에 없다. 한편 상위 수준의 정부는 관할 구역이 넓기 때문에 기업의 타 지역 유출에 대해서 상대적으로 덜 신경 쓰게 된다. 예를 들어 성급 지방 정부를 생각해보라. 기업이 (웬만한 나라의 규모인) 성 밖으로 나간다는 것은 굉장히 어려운 일이지만 현 밖으로 나가는 것은 상대적으로 쉽다. 또 중앙정부나 성급 정치 리더들은 자신의 커리어가 최종적으로 중난하이(中南海)[16]로 뻗어 나가길 고대한다. 따라서 명성과 평판 관리가 중요한데 무리하게 기업들의 이해관계와 얽매이는 것에 부담을 느낄 수 있다. 물론 이들도 기업이 잘돼야 그 성과로 더 높은 중앙 무대로 진출하겠지만 지나치게 무리를 할 유인은 적다. 그러나 상대적으로 하위 수준의 지방 정부는 경제적 이익을 공유하면서 마치 기업과 한 몸처럼 움직일 유인이 크다. 이런 하위 수준의 지방 정부와 척을 지게 되면 기업에게 굉장히 불리해진다. 중국에서는 하급 레벨의 관리자들은 사업을 되게 만들지 못할지라도, 될 일을 안 되게 만들 권한은 크다는 말이 있다. 결론적으로 중국에서의 정치 연결(꽌시)은 기업에게 대체로 유리한 전략이라고 할 수 있지만, 그 정도는 기업이 처한 상황과 성과 수준에 영향을 받는다. 특히 같은 조건이라면 하위 수준

15) Rowen, H. S. (Ed.). (1998). Behind East Asian growth: The political and social foundations of prosperity. Psychology Press; Brueckner, J. K., & Saavedra, L. A. (2001). Do local governments engage in strategic property—Tax competition?. *National Tax Journal, 54*(2), 203–229.

16) 중난하이 (中南海)는 베이징시 자금성 바로 옆에 있다. 중국공산당의 최고 집무실과 국무원 등이 입주하여 있다. 중국 중앙 권력의 상징으로 비유된다.

그림 3-2 기업들의 뇌물 공여 행위와 기업 성과의 관계[17)]

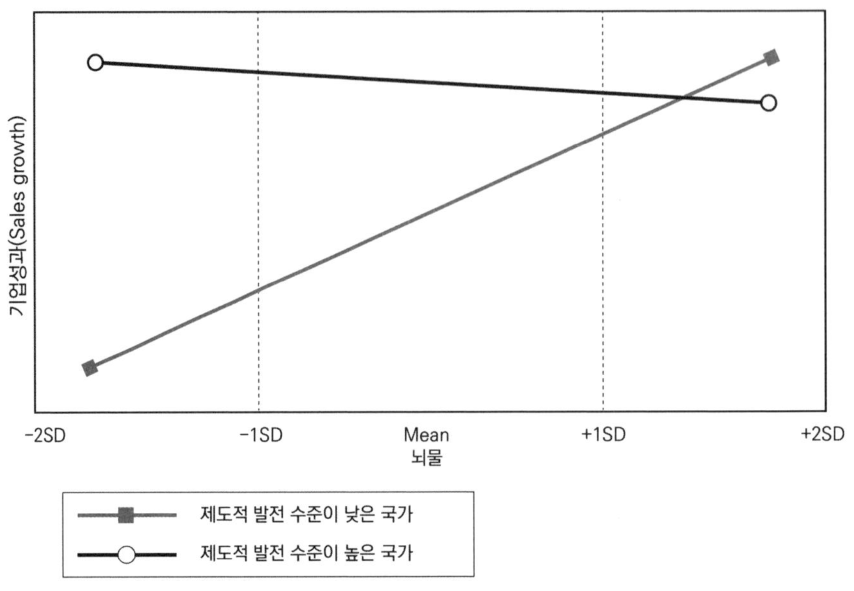

그림 설명: X축은 뇌물의 상대적 크기를 의미하며 Y축은 기업 성과를 나타낸다. 제도 발전이 잘 된 국가(검정색 선)에서는 뇌물의 크기가 클수록 오히려 기업 성과는 감소한다. 반면에 제도 발전이 덜 이루어진 국가(파란색 선)에서는 뇌물의 크기와 기업 성과가 비례하는 것을 알 수 있다. 즉 기업이 느끼는 제도 환경이 불리한 경우에만 뇌물의 효과가 있다는 것을 의미한다.

의 지방 정부와의 관계가 더 중요하다는 것을 알 수 있다.

세 번째 실증 연구로 홍콩대학의 Zhou 교수와 동료들의 연구를 소개하고자 한다. 이 연구에서는 기업의 뇌물 공여 행위가 법률 제도의 수준에 따라서 차등적으로 성과에 영향을 미친다고 주장하였다.[18)] 2002년, 2005년, 2008/2009

---

17) Zhou, K. Z., Wang, K., Xu, D., & Xie, E. (2022). Drinking poison to quench thirst: Does bribery foster firm performance in China?. *Journal of Business Research*, *147*, 505–517.

18) Zhou, K. Z., Wang, K., Xu, D., & Xie, E. (2022). Drinking poison to quench thirst: Does bribery foster firm performance in China?. *Journal of Business Research*, *147*,

년 동안 유럽부흥개발은행(EBRD)과 세계은행이 동유럽과 중앙아시아 국가에서 실시된 설문 조사를 기반으로 하였다. 특이한 점은 법률 환경을 객관적인 수치로 측정하지 않고 '기업이 인지하는 법원의 공정성 정도'라는 주관적 지표를 사용한 점이다. 왜냐하면 한 국가 안에서도 제도 환경은 어떤 기업에게는 더 호의적일 수도 있고 어떤 기업에게는 그렇지 않을 수도 있기 때문이다. 이러한 상대적인 상황을 고려하기 위하여 객관적 지수가 아닌 설문으로 법률 환경의 주관적 차이를 고려한 것이다. 연구진들은 기업이 주관적으로 느끼는 법적 제도 환경이 좋지 않았을 때(low institutional development)만 뇌물을 공여하는 기업의 성과가 증진된다는 사실을 발견하였다. 〈그림 3－2〉에서 보듯, 법적 제도 환경이 호의적일 때(high institutional development)에는 뇌물의 공여를 늘여도 오히려 기업의 판매 증가율이 살짝 낮아지는 것을 알 수 있다. 결론적으로 부패 전략은 모든 기업에게 유리한 것이 아니다. 기업이 인지하는 주관적인 외부 제도 환경이 호의적이 않은 상황에서만 성과를 개선하는 데 도움이 될 수 있다.

마지막으로 소개할 연구는 홍콩중문대학의 Fan 교수와 그의 동료들의 논문으로 그들은 정치적으로 정부와 유착된 기업의 상장(IPO) 이후 성과를 조사하였다.[19] 1993년부터 2001년까지 상하이 증권 거래소와 선전 증권 거래소에 새로 상장된 A주 기업[20]의 최고 경영자와 및 이사회 데이터를 이용하여 정치적으로 연결된 기업들을 분류해 내었다. 연구진들은 위에 소개한 나의 연구와 마찬가지로 경영진의 프로필을 읽고 전관인지 여부와 중앙 및 지방정부의 대의

505－517.

19) Fan, J. P., Wong, T. J., & Zhang, T. (2007). Politically connected CEOs, corporate governance, and Post－IPO performance of China's newly partially privatized firms. *Journal of Financial Economics*, *84*(2), 330－357.

20) 중국 증시는 내국인들을 대상으로 하는 A주와 외국인 투자자들을 대상하는 B주, 그리고 홍콩 증시에 상장된 H주로 나뉜다.

그림 3-3 정치적으로 연결된 기업과 그렇지 않은 기업 사이에 IPO 이후의 성과 차이[21]

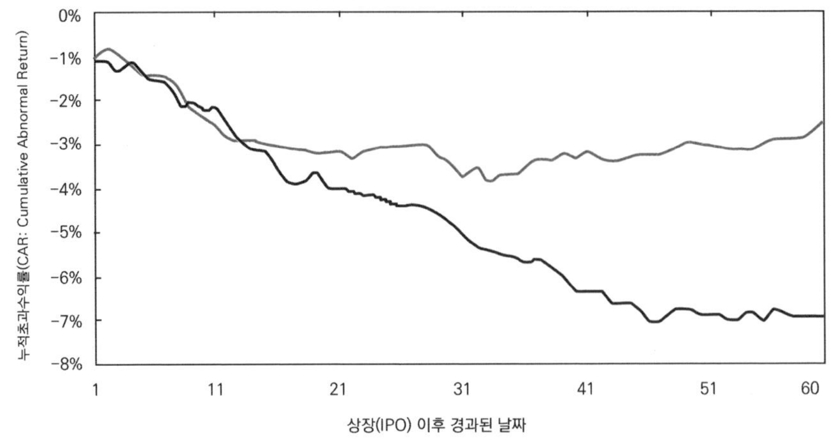

그림 설명: X축은 상장(IPO) 이후 경과된 날짜를 의미하며 Y축은 누적초과수익률(CAR: Cumulative Abnormal Return)을 나타낸다. 정치적으로 연결된 기업(아래 검정색 선)의 성과는 그렇지 않은 기업(위 파란색 선)과 비교하여 상장 초기에는 차이가 없지만 약 13일째부터 성과가 악화되는 것을 알 수 있다.

원인지 여부를 판별하고 이를 가지고 꽌시를 측정하였다. 〈그림 3-3〉과 같이 기업의 누적초과수익률(CAR: Cumulative Abnormal Return)을 성과 변수로 하여 분석한 결과 정치적으로 연결된 기업은 상장 13일 이후부터 실적이 저조해지기 시작한다. 이 차이는 더 벌어져 60일째에는 약 4.4%로 확대된다. 정치적으로 연결된 기업과 그렇지 않은 기업의 상장 후 성과 차이는 왜 발생할까? 연구진들은 기업 지배 구조의 차이로 설명한다. 즉 정치적으로 유착된 최고 경영진이 운영하는 회사는 정부 관료 출신이 다수인 이사회를 보유할 가능성이 높다. 예를

21) Fan, J. P., Wong, T. J., & Zhang, T. (2007). Politically connected CEOs, corporate governance, and Post-IPO performance of China's newly partially privatized firms. *Journal of Financial Economics*, *84*(2), 330-357.

들어 중국의 전형적인 기업 이사회에는 CEO를 제외하고 대개 아홉 명의 이사들이 있는데, 그들 중 약 24%는 전현직 정부 관료라고 한다. 정치적인 관계에 의해서 구성된 이사회는 경영 전문성이 낮기 때문에 이런 회사의 성과는 정치적으로 연결되지 않은 회사에 비해 떨어진다. 흥미로운 사실은 이러한 차이는 IPO 당일이 아니라 약 13일 이후부터 나타난다는 것이다. 기업 공개 과정에서는 오히려 기업의 정치 배경이 도움이 될 수 있을 것이다. 그러나 IPO 이후 본격적으로 경영 능력이 발휘되어야 하는 시기가 되면 이러한 정치적 수월성이 오히려 기업이 성과를 내는 데 방해가 된다는 것을 시사한다.

정리하자면, 정치 전략 및 부패 행위는 기업의 성과에 그 자체로 직접적으로 방해(모래)나 도움(윤활유)이 된다고 보기 어렵다. 어느 상황에서는 기업에게 도움이 될 수 있으나 어떤 환경에서는 안하는 것만도 못한 것이 될 수 있다. 이러한 조건부적(contingency) 상황을 고려하여 기업 부패를 단선적인 편견이 아닌 복합적인 평가에 기반하여 분석해야 할 것이다. 윤리적인 당위성이 아니라 과학적이고 계량적인 접근이 필요한 이유이다. 그래야만 기업도 정부도 상황에 맞게 합리적인 판단을 할 수 있을 것이다.

02 어떤 유형의 부패가 나쁠까?

부패를 연구하다가 마주치는 패러독스 중에 하나는 "비슷하게 부패한 상황에서 어떤 나라는 경제가 발전하고 어떤 나라는 추락하냐" 하는 것이다. 예를 들어, 2022년 국제투명성기구에서 발표하는 부패인식지수(CPI)에서 중국은 65위를 차지했다. 이 지표에 따르면 중국은 아프리카의 르완다나 보츠와나보다도 부패하다. 그럼에도 불구하고 왜 중국의 경제 성장률은 르완다와 보츠와나 보다 훨씬 높을까? 그리고 어떻게 중국이 이러한 나라보다 더 많은 해외 투자를 유치할까? 일반적인 상식에 비추어보면 부패한 사회에서는 비즈니스 환경이 좋지 않아 기업들이 성장할 수 없는데도 말이다. 이러한 모순을 설명하기 위한 두 가지 재미있는 연구를 소개하고자 한다. 존스홉킨스대학의 정치학자인 Ang 교수는 CPI 같이 "단일한" 부패 지표는 현실 설명 능력이 떨어진다고 주장한다.[22] 부패인식지수, 즉 CPI(Corruption Perception Index)는 주로 기업가들이나 여론 주도층을 대상으로 한 주관적 설문으로 이루어지기 때문에 특히 개발도상국의 밑바닥 현실을 잘 반영하지 못한다는 것이다. 더 큰 문제는 여러 가지 설문을 섞어 단일한 지수로 억지로 가공해냈기 때문에 부패의 미묘한 속성을 간

22) Ang, Y. Y. (2020). China's gilded age: The paradox of economic boom and vast corruption. Cambridge University Press.

과할 수 있다는 것이다. 예를 들어 IQ 점수로 어떤 학생의 미래 잠재력을 가늠하려는 시도와 같은 것이다. Ang 교수는 그의 저서, 〈China's Gilded Age〉와 여러 논문에서 국가의 부패 유형을 4가지로 세분화하여 측정하는 방식을 제안하였다. 먼저 바늘도둑은 하위 공무원들이 불법 수수료를 거두거나 보호비 등을 갈취하는 등의 밑바닥의 부패를 의미한다. 한국에서도 예전에는 공무원들이 단체 여행을 갈 때에 부족한 비용을 충당하기 위해서 기업들에게 돈과 현물을 거두었다고 한다. 동남아의 여러 나라에서는 지금도 여행객들에게 공식적인 공항세 이외의 불명확한 통행세를 뜯기도 한다. 이런 것들이 소소한 바늘도둑이다. 비엘리트 공무원들이 개입된 것은 바늘도둑과 같지만 급행료는 뇌물을 일방으로 갈취하는 대신에 모종의 대가를 주고받는다는 차이가 있다. 교통 경찰이 법규를 위반한 자동차 운전자에게 그 자리에서 돈 몇 푼을 받고 눈감아준다든지, 아니면 공공 서비스를 빠르게 받기 위해서는 담당자의 호주머니에 돈을 찔러준다는 등 하는 것이 바로 급행료이다. 뇌물을 주는 측에서도 이익을 얻을 수 있다는 점이 바늘도둑과 다른 점이다. 소도둑은 일방적으로 뜯는다는 것에서는 바늘도둑과 유사하지만 엘리트, 즉 고위공무원이 개입된다는 차이가 있다. 고위공무원이 공금을 횡령하는 것이나 국가 재산을 임의로 착복하는 것이 소도둑이다. 마지막으로 인허가료는 기업들이 계약의 성사를 위해서 고위 공무원들에게 뇌물을 공여해주는 것을 의미한다. 엘리트 공무원들의 가족들을 회사의 직원으로 채용해주거나, 그들을 위한 후원 모임을 만드는 것 등을 포함한다(〈표 3-3〉). Ang 교수는 부패의 유형 중 바늘도둑, 급행료, 소도둑은 경제 발전에 부정적인 역할을 하지만 인허가료는 덜 나쁘다고 주장한다. 여기서 한걸음 더 나아가 인허가료는 개발도상국의 경제발전에 윤활제가 될 수 있다고 한다. 왜 그럴까? 이 질문에 답하기 위해서 우리는 국가라는 것이 무엇인가에 대해서 역

표 3-3 부패의 4가지 유형[23]

	비엘리트(Non-elite)	엘리트(Elites)
도둑질(Involves theft)	바늘도둑	소도둑
교환(Involves exchanges)	급행료	인허가료

표 설명: Ang 교수는 중국의 부패 유형을 4가지로 구분하였다. 특히 엘리트 관료가 주도하고 기업과 교환(상부상조) 관계에 있는 인허가료형 부패가 중국에서 가장 큰 비중을 차지한다고 주장하였다.

사적으로 생각해 볼 필요가 있다. 미국의 경제학자 맨서 올슨(Mancur Olson)에 따르면 국가는 본질적으로 도적떼의 발전된 형태이다.[24] 오래전 도적떼는 이 마을 저 마을을 떠돌면서 무력으로 금품을 빼앗고 다녔다. 이것이 유랑형 도적(roving bandits)이다. 그러다가 한 무리의 도적떼들이 어떤 마을에 정착하게 된다. 이들은 정주형 도적(stationary bandits)이 된다. 정주형 도적은 기존의 유랑형 도적과 달리 자신이 장악한 마을의 지속 가능성에 관심을 가지게 된다. 무작정 사람들을 죽이고 시설을 파괴하면 그 마을은 결국에는 붕괴될 것이며 마침내 더 이상 가져 갈 것이 없어지기 때문이다. 정주형 도적의 두목은 스스로를 왕이라고 칭하게 되면서 자신의 자손에게 그 자리를 넘겨주기를 원한다. 따라서 더 더욱 마을이 지속적인 생산력을 유지하기를 바란다. 즉 정주형 도적은 그 사회에 대해 포괄적 이해관계(encompassing interest)를 갖게 된다. 갈취는 나중에 세금의 형태로 발전하며 이를 공공재에 투자하여 더 큰 세수 수익이 된다. 또 백성들이 안심하고 경제 활동에 종사할 수 있도록 제도를 발전시키게 되고 이것이 법으로 발전하면서 국가의 통치 질서가 만들어진다. 이것이 현대 국가의 원

23) Ang, Y. Y. (2020). China's gilded age: The paradox of economic boom and vast corruption. Cambridge University Press.

24) Olson, M. (1993). Dictatorship, democracy, and development. *American Political Science Review, 87*(3), 567–576.

초적 기원이라는 것이다. 국가의 이러한 본질적인 특징 때문에 막스베버는 모든 공무원들은 사업가적 속성을 가진다고 지적했다. 부패한 공무원들이 자신이 관리하는 지역의 기업가들을 쥐어짜서 이익을 다 갈취해버리면 착취당한 기업들은 아예 망해버리거나 다른 지역으로 도망가려고 할 것이다. 그러면 다음 해에는 더 이상 뜯어 먹을 것이 없게 된다. 따라서 해당 지역에서 지속적이며 장기적인 경제 발전이 이루어져야 공식적인 세수가 증가할 수 있으며, 인허가권을 미끼로 비공식적으로 거두는 뒷돈의 크기도 커지게 된다. Ang 교수는 산둥 지역의 현급 정부의 공무원들의 보상 데이터를 근거로 이러한 이론을 증명하였다. 이 지역의 공무원들은 공식적인 급여 이외에 현물 보상과 현금 지불로 보상을 받는다. 1998년에서 2005년까지 이 지역 공무원들의 평균 보상액은 1인당 연간 약 3,600달러 정도인데, 그 중 공식 급여는 770달러에 불과했다. 나머지는 보너스, 연장 근무 수당과 같은 현금 지급이나 여행 기회, 차량과 같은 현물로 받는다. 이러한 현물, 현금 보상은 지방 정부의 세수로 충당되는데 이는 해당 지역에 기업들이 유입되고 경제가 성장할수록 많아지는 것이다. 공무원들이 기업들을 찾아가서 무질서하게 돈을 뜯고 다니는 것보다 이렇게 제도화된 뒷돈을 받는 것이 더 크고 안정적인 보상이 된다. 엘리트 공무원들은 하위 공무원들의 비공식 보상을 약속해주는 대신 자신들은 기업들과 직접 거래를 하면서 더 큰 이권을 향유한다. 기업들은 어느 지역이 사업하기 유리한지 잘 알고 있다. 따라서 지방의 엘리트 공무원들은 기업들을 더 많이 유치하기 위하여 비합법적인 수단까지 동원해서라도 적극적으로 인프라를 구축하고 친기업적으로 제도를 바꿀 용의가 있다. 인허가를 대가로 뇌물을 받지만 반대급부로 기업에게 특혜가 돌아가니 서로 윈윈(win-win)할 수 있다는 것이 인허가료라는 부패 유형인 셈이다. 중국 엘리트 공무원들은 지방에서부터 잔다리를 밟아 중앙무대로 진출하는 것이 전형적인 출세 코스이다. 후진타오는 간쑤성에서 기술 공무원(technocrat)으로 업적을 쌓다가 결정적으로 티베트의 독립 운동을 효과적으로 진압한 공로로 일약 차세대 주자로 올라섰다. 시진핑은 허베이성, 푸젠성, 저장성 등의 지역 경제 발전에 기여하면서 중앙으로 올라오게 되었다. 이렇게 지방정부를 운영하면서 드러나는 관리 역량을 기반으로 출세할 수 있으니 엘리트 공무원들은 소도둑으로 커리어를 끝내려 하지 않는다. 야심있는 자들은 '인허가료'형 부패로 실적을 높여 중난하이 입성을 꿈꾸게 되는 것이다. 물론 그 와중에 경제 실적을 지나치게 부풀리거나 기업인들에게 직접 뇌물을 받은 것이 들통이 나 낙마하는 경우도 많다. Ang 교수는 그럼에도 불구하고 경제 발전에 유리한 '인허가료'형 부패가 중국 경제 성장의 비밀이라고 주장한다. 심지어 그녀는 19세기 미국도 현재 중국과 비슷한 도금시대(Gilded age)를 거치면서 발전했다고 주장한다. 당시 미국의 정치인들은 선거에 이기기 위하여 그리고 스스로의 부를 늘리기 위하여 기업들과 결탁하여 사회 간접 자본을 구축하였다는 것이다. 중국의 현재 부패 상황은 예외적 현상이 아니라 역사적으로 흔히 나타나는 과도기적 발전 과정인 셈이다.

Ang 교수의 관점과 비슷한 맥락에서 부패를 세분화하여 경제 발전에 도움이 되는 유형과 그렇지 않은 것을 나눈 시도가 또 있다. 라이스 대학의 Rodriguez 교수와 동료들은 부패를 만연도(Pervasiveness)와 임의성(Arbitrariness) 정도로 구분하였다(〈그림 3-4〉). 먼저 부패의 만연도(Pervasiveness)는 사회적으로 얼마나 부패 관행이 일반화되어 있는지를 의미한다. 부패의 만연도가 높으면 기업들은 사업을 하기 위해서 뇌물을 주어야 하는 부담이 높아진다. 반면에 부패의 임의성은 뇌물을 주었을 경우 내가 혜택을 받을 가능성이 얼마나 모호한지를 의미한다. 같은 뇌물을 주었을 때 기업들은 어떤 환경이 더 유리할까? 연

그림 3-4 부패의 만연도와 임의성으로 구분한 다양한 유형의 국가 부패[25]

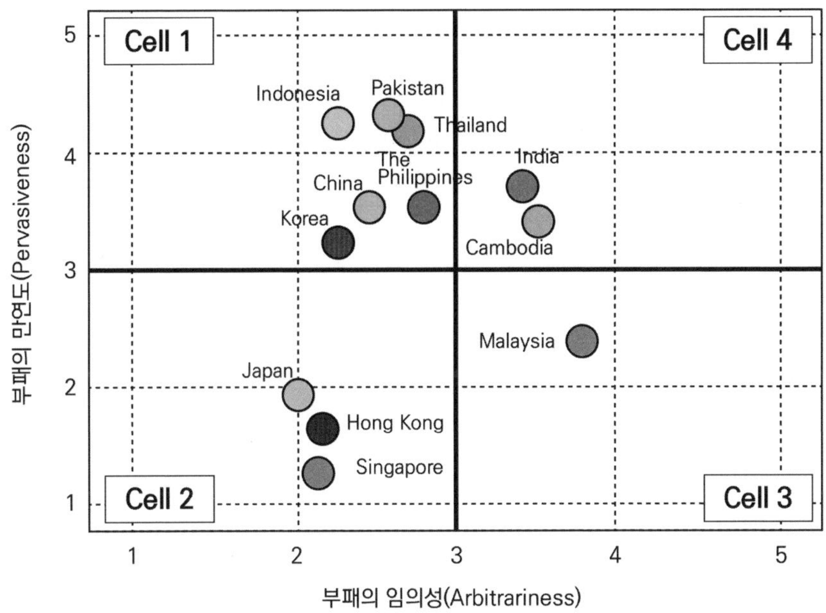

그림 설명: X축은 부패의 임의성(Arbitrariness), Y축은 부패의 만연도(Pervasiveness)를 의미한다. Cell 1에 속하는 국가들은 부패의 만연도는 높지만 임의성은 낮다. Cell 2에는 만연도와 임의성 모두 낮다. Cell 3에는 만연도는 낮지만 임의성은 높다. Cell 4에는 만연도와 임의성 모두 높다. Cell 1에 있는 국가들은 비록 전반적인 부패 정도는 높더라도 부패의 임의성이 낮아 기업하기에는 유리한 환경이다.

구에 따르면 특히 임의성이 높은 국가에서 기업인들이 경영하기 불리하다고 한다.[26] 만약 어떤 A라는 부패한 국가에서 사업을 시작한 기업인이 있다고 가정하자. 그 지역에서는 일반적으로 이 정도의 비즈니스를 하기 위해서는 매달 1만 달러의 금액을 지방 정부에 상납해야 한다. 그러면 인허가나 공장 건설, 유

25) Lee, S. H., & Oh, K. K. (2007). Corruption in Asia: Pervasiveness and arbitrariness. *Asia Pacific Journal of Management, 24*, 97−114.

26) Rodriguez, P., Uhlenbruck, K., & Eden, L. (2005). Government corruption and the entry strategies of multinationals. *Academy of Management Review, 30*(2), 383−396.

통 등에서 발생하는 문제는 해당 정부에서 책임지고 해결해준다고 한다. 이런 상황에서 기업인은 비록 적지 않은 뇌물을 바쳐야 하지만 그의 비즈니스는 예측 가능하며 불확실성은 낮다. 인도네시아의 수하르토 대통령은 미스터 10%라고 불렸다. 사업의 10%를 뇌물로 내면 사업을 뒤에서 알아서 봐준다고 해서 붙은 별명이다. 인도네시아는 만연도 측면에서는 상당히 부패한 나라지만 많은 외국 기업들을 유치할 수 있었다. 반면 B라는 나라에 진출한 기업은 해당 지역 인허가 담당자에게 소액의 뇌물을 바친 다음날 처음 보는 또 다른 공무원이 와서 자신에게도 뇌물을 내라고 강요받았다고 가정하자. 그래서 다시 돈을 쥐어줬는데 해당 지역 공장 건설의 진척도는 여전히 낮고 심지어 소방서, 경찰서에서도 와서 계속 돈을 뜯으려고 시도한다. B라는 나라에서 사업을 하는 기업인이 뇌물로 지출하는 평균 비용은 A국가에서 사업하는 기업인보다 크지 않다고 쳐도 B국 기업인의 사업 불확실성은 더 크고 뇌물에 대한 대가도 불명확하다. 공무원들은 뇌물을 받고도 계속 변덕을 부리기 때문이다. 이 경우 A국가와 B국가는 부패의 만연도 측면에서는 비슷할지 몰라도 임의성 측면에서는 A국가가 사업하기에 훨씬 유리하다. UT댈러스 대학의 이승현 교수와 연구진은 이러한 아이디어를 바탕으로 〈그림 3-4〉과 같이 국가들을 Cell 1~4로 분류하였다. Cell 1에 속하는 국가들(예: 인도네시아, 태국, 중국)은 부패의 만연도는 높지만 임의성은 낮다. Cell 2에는(예: 홍콩, 일본, 싱가포르) 만연도와 임의성 모두 낮은 국가들이 있다. Cell 3에는 만연도는 낮지만 임의성은 높은 국가들이 있다(예: 말레이시아). Cell 4에는 만연도과 임의성 모두 높은 국가들이 있다(예: 인도). 이 중에서 주목할 만한 지점은 바로 Cell 1에 해당하는 국가들이다. 일반적인 시각에서 부패한 정도에 있어서는 중국이나 인도나 비슷하다. 그러나 중국이 사업하기 더 편한 이유는 바로 임의성이 낮기 때문이다. 물론 이 중에서 Cell 2가 모든 나라들이 지향해야 하는 가장 바람직한 모델이다. 그러나 만연된 부패를 일거에 해소하기 어렵다면 최소한 부패의 임의성은 낮추어야 경제 발전을 도모할 수 있다. 최근 인도네시아, 태국 등이 높은 경제 성장을 보여주는 것도 상대적으로 낮은 부패의 임의성으로 설명할 수 있다. 정리하자면 국가 부패를 CPI처럼 단일화된 잣대로 비교하는 것은 실용성이 떨어진다. 대신에 부패의 다양한 속성을 세분화해서 고려해야 할 것이다. 이러한 과학적인 접근이 부패의 패러독스를 이해하는 열쇠이다.

03 정치적 파워는 기업에게 항상 이익인가?

일반적으로 기업의 정치적 연결(political connection)은 정치적 자산(political resource)이며 가치 있는 정치적 역량(political capability)으로 간주된다. 자원의존이론(resource dependency theory)에 따르면 모든 조직은 정도의 차이는 있지만 외부의 자원에 의존할 수밖에 없다. 만약에 외부에 대한 의존도가 너무 심하게 되면 조직의 교섭 역량, 즉 바게닝 파워(bargain power)가 제한되며 결과적으로 기업의 성과에 부정적인 영향을 미치게 된다. 이런 경우 기업은 적극적인 정치 연결을 통하여 의존도를 낮추기 위하여 노력한다. 예를 들어 뇌물이나 로비를 통해서 사업에 영향력을 행사할 수 있는 규제 당국의 공무원들을 내 편으로 만들어 버리면 그러한 회사는 정부에 대한 의존도를 획기적으로 낮출 수 있는 것이다. 비슷한 논리로 Hillman은 그의 연구[27]에서 정치적으로 정부와 연결된 기업은 폭넓은 정보에 접근할 수 있기 때문에 불확실을 낮추고 결과적으로 정부 의존도를 낮출 수 있다고 주장하였다. 한편 자원기반이론(resource based view)에 의해서는 고도의 정치적 연결은 다른 기업이 쉽게 흉내내기 어려운 귀중한 자원이다. 자원기반이론에서는 가치 있고(valuable), 흔하지 않고(rare), 다른 조직

27) Hillman, A.J. (2005), Politicians on the board of directors: do connections affect the bottom line?, *Journal of Management*, *31*(3), 464–481

그림 3-5 한국의 역대 정권 성향과 지역 기반의 정치-기업 구조

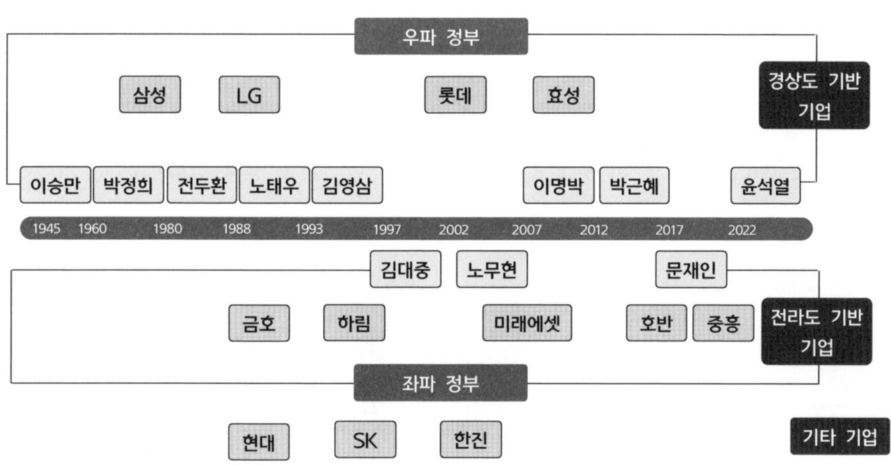

그림 설명: 기업의 지역 기반은 창업자의 출생 지역에 따라 구분하였다. 1997년 김대중 정부의 등장은 경상도와 우파 기반 정권에서 전라도와 좌파를 기반으로 하는 정권으로의 교체를 의미한다. 이후로 기업의 대관 전략 패러다임은 크게 바뀌었다.

이 흉내내기 어려우며(inimitable), 그리고 조직화된(organizational) 자원은 기업의 성과를 높이며 장기적인 성장을 돕는 근본 역량이라고 주장한다. 예를 들어 중국에서 공무원들과 의미 있는 꽌시 관계를 구축하는 데에는 상당한 시간이 들어간다. 또한 그 관계에는 물리적인 결합이 아닌 화학적인 인간관계가 개입 되어야 비로소 기업에게 도움이 되는 수준으로 승화된다.[28] 이상의 연구에 따르면 정치적인 연결은 언제나 기업의 교섭력을 증진시킨다는 착각을 하기 쉽다. 그러나 많은 경우 그렇지 않은 예외 상황이 발생한다. 이와 관련된 몇 가지 연구를 소개하려고 한다. 하버드대학의 Siegel 교수는 한국의 정권 교체와 기업의 정치적 자산 변화를 연구하였다.[29] 그는 한국의 정권과 산업 엘리트들의 연결

28) Tsang, E.W.K. (1998), Can guanxi be a source of sustained competitive advantage for doing business in China?, *The Academy of Management Executive*, *12*(12) 64−73

이 기업에게 반드시 좋은 결과만 가져오지 않는다고 주장하였다. 특히 예측하지 못한 정권 교체가 발생하면 기존 정권과 깊은 관계를 유지했던 기업인들이 새로운 정부에서 보복의 대상으로 전락할 수 있다는 것을 발견하였다. 1997년 김대중 대통령 당선은 그러한 전형적인 사례이다. 1997년 이전까지 대한민국은 일관되게 우파 이념을 가지고 있는 정치인들에 의해서 장악되어 왔다. 김영삼 정부 역시 군부와 민주화 세력의 결합으로 간주한다면 우파 정권의 연장이라고 할 수 있다. 한국의 정치 지형은 지역의 편향된 지지에 기반하기 때문에 인구 측면에서 압도하는 경상도 출신의 우파 정치인들은 비교적 쉽게 정권을 연장할 수 있었다(〈그림 3-5〉). 그런 점에서 1997년 김대중의 집권은 예측하지 못한 정치적 사건이었다. 실제로 많은 기업들이 이회창의 선거 승리를 예측하였다. Siegel의 표현에 따르면 이렇게 예측하지 못한 정권 교체는 기존 우파 정치세력과 유착되었던 기업들의 정치적 자산을 일순간 정치적 약점(political liability)으로 전락시키는 계기가 된다고 한다. 실제로 김대중과 뒤 이은 노무현의 좌파 정권 집권 동안 많은 기업인들이 세무 조사를 당하였다. 정당한 법집행이라고 볼 수 있지만 일각에서는 이를 정치적인 보복으로 간주하기도 하였다. 따라서 정권 교체와 무관하게 기업의 정치 연결을 안정적으로 관리하는 것이 무엇보다 중요해졌다. 1997년 이후에는 많은 대기업들이 좌파와 우파 정권 모두에게 균등하게 줄을 대는 방식으로 불확실성에 대응하고 있는 것도 이와 같은 이유에서다. 같은 맥락에서 나의 연구[30]는 기업 로비의 효과가 정권이 교체가 빈번한 국가에서는 희석이 된다는 걸을 발견하였다. 12개 국가의 1,266개의 기업을 조사한 결

29) Siegel, J. (2007). Contingent political capital and international alliances: Evidence from South Korea. *Administrative Science Quarterly, 52*(4), 621–666

30) Yim, H. R., Lu, J., & Choi, S. J. (2017). Different role of lobbying and bribery on the firm performance in emerging markets. *Multinational Business Review, 25*(3), 222–238.

과 로비가 기업 성과에 미치는 긍정적인 영향은 정권의 교체가 빈번한 국가에서는 뚜렷하게 나오지 않는 것으로 밝혀졌다. 정치 연결이 가져다주는 파워는 고정된 것이 아니라 정권의 교체에 따라 대단히 유동적으로 변한다. 심지어 몰락한 정부와의 정치 연결 때문에 기업은 손해를 볼 수도 있다.

UNDERGROUND
ECONOMY
CHAPTER
04
부패에 대한
다양한 발견들

"돈이 권력을 크게 흔들 수 있는 곳에서는 국가의 올바른 정치나 번영을 바랄 수 없다."

-토마스 모어(Thomas More)-

01 기술 발전과 부패

기술 발전은 국가의 부패 관행을 줄이는 데 얼마나 도움이 될까? 유엔개발계획(UNDP)의 보고서[1]에 따르면 기술의 발전은 부패를 탐지, 분석, 감시하는 훌륭한 도구가 되기 때문에 부패를 예방하고 줄이는 데 도움이 될 수 있다. 특히 인공지능, 머신러닝, 딥러닝 등 최근의 기술 발전은 부패를 억제하는 데 유용하게 사용될 것이라고 전망했다. 그 논리를 정리해보면 다음과 같다. 먼저 AI의 발전은 대규모의 데이터를 처리하고 분류하는 데 상당한 효율성을 제공한다. 예전에는 반부패 수사관들이 수천만 개의 문서를 분석하는 데에 몇 개월의 시간이 필요했지만 AI 기술의 발전으로 이제는 수 시간으로 줄어들었다. 딥러닝 기술은 부패 범죄의 패턴을 학습하고 미리 탐지할 수 있게 한다. 체코에서는 기업이 정부와 결탁되어 있는지 여부를 알 수 있는 머신러닝 시스템을 구축하였다. 이 시스템은 기업의 계약서, 재무 데이터를 자동으로 분석하여 정치적으로 연결된 기업의 약 75%를 탐지해낼 수 있었다. 또 정부의 각종 프로세스를 자동화하여 부패가 개입될 수 있는 부분을 사전에 차단할 수 있다. 나의 지인은 지방 세무서를 찾아가서 개인 세무 관련 업무를 진행하려고 한 적이 있었다. 절

1) UNDP (2021). New Technologies for Sustainable Development: Perspectives on integrity, trust and anti-corruption, New York.

차상으로는 세무서를 직접 방문하고 형식적인 서류 몇 장을 작성하면 충분히 가능한 간단한 사안이었지만, 세무서 공무원은 왜 이걸 개인이 처리하려고 하냐고 불같이 화를 냈다고 한다. 이런 종류의 일은 지역 세무사 사무실을 통해서만 처리할 수 있다고도 하였다. 그래서 그 지역의 세무사 사무실을 방문해 보니 이미 그 세무서 공무원의 심기를 건드렸으니 다른 지역에서 알아보든지 아예 포기하라고 했다. 세무서 공무원과 세무사들 사이의 결탁이 있었다고 짐작할 수 있었다. 간단한 서류 작업이나 송달 업무도 지역 세무사들이 처리할 수 있게 해야 그들에게 수입이 생기기 때문이다. 세무서 직원들과 지역 세무사들은 어찌 보면 서로 상부상조하는 사이이다. 세무서 공무원들은 어느 정도 연차가 차면 세무사 1차 시험이 면제되기 때문에 그 지역에서 유명한 세무사들은 전직 공무원들인 경우가 많았다. 일종의 전관예우처럼 지방의 힘깨나 쓰는 전관 세무사에게 업무를 맡기면 안 될 일도 되게 할 수 있고, 될 일도 안 되게 할 수 있다는 것이다. 이렇게 불투명한 단계를 전자 정부화한다면 불필요한 비용을 줄이고, 부패가 끼어들기 어렵게 만들 것이다. 관련하여 여러 연구가 이러한 가설을 지지하고 있다. Mistry와 Jalal는 108개 국가의 전자정부 발달 정도와 부패(CPI) 사이의 상관관계를 연구하였다.[2] 그 결과 전자정부의 발달 정도는 부패를 효과적으로 줄이는 것으로 나타났으며 특히 선진국보다는 후진국에서 이 효과가 크다는 것을 발견했다.

전반적인 기술 발전은 기업들에게는 어떤 영향을 미칠까? 이것을 알아보기 위해 나와 공저자들은 2007년에서 2016년 사이 76개국 약 4만여 회사의 사례를 연구하였다. 국제전기통신연합(ITU, International Telecommunication Union)에서

2) Mistry, J. J., & Jalal, A. (2012). An empirical analysis of the relationship between e-government and corruption. *International Journal of Digital Accounting Research, 12*, 145-176.

그림 4-1 정보통신(ICT) 발전과 기업이 느끼는 부패 압력 사이의 관계[3)]

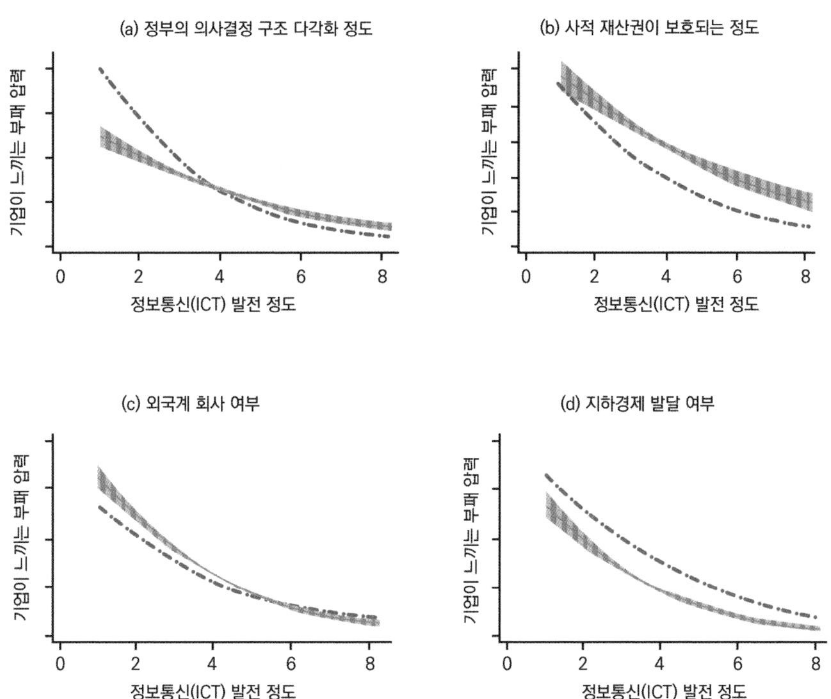

그림 설명: 4개(a,b,c,d)의 그래프에서 X축은 국가의 정보통신(ICT) 발전 정도를 의미하여, Y축은 기업이 느끼는 부패 압력을 표현한다. X값이 커짐에 따라 Y값도 감소하는 경향성을 보인다. 즉 ICT 발전이 많이 이루어진 국가에서는 기업들이 느끼는 부패 압력이 감소한다. 또 정부의 의사결정 구조가 다각화되어 있고(a에서 점선), 사적 재산권이 잘 보호되는 환경(b에서 점선)에는 ICT가 부패를 억제하는 효과가 더 커졌다. 그러나 외국계 회사(c에서 점선)나 지하경제가 발달된 국가(d에서 점선)에서는 이러한 효과가 덜 뚜렷해진다.

는 국가별로 정보통신 발전 정도를 측정하여 연간 단위로 제공한다. 이 정보를 국가별 정보통신(ICT) 발전 정도의 대리 변수로 삼았고 이것이 기업이 느끼는

3) Fan, Q., Kuper, P., Choi, Y. H., & Choi, S. J. (2021). Does ICT development curb firms' perceived corruption pressure? The contingent impact of institutional qualities and competitive conditions. *Journal of Business Research*, *135*, 496–507

부패 압력에 어떠한 영향을 미치는지 조사하였다. 기업이 느끼는 부패 압력이라는 것은 다음의 상황에서 정부 공무원들이 선물이나 뇌물을 요구하는지를 이용하여 측정하였다. 즉 기업들이 상수도 및 전화선 설치를 요청했을 때, 사업체 등록을 할 경우, 사업장에 대한 소방 점검 시, 그리고 각종 인허가 과정에서 부패를 경험했는지 여부이다. 분석 결과 예상대로 ICT의 발전 정도는 기업이 느끼는 부패 압력을 줄이는 데 도움이 되었다. 또 정부가 다각화되어 있고, 사적 재산권이 잘 보호되는 환경에는 ICT 발전이 부패를 억제하는 효과가 더 컸다. 그러나 외국계 회사이거나 지하경제가 잘 발달된 국가에서는 이러한 효과가 덜 뚜렷했다(〈그림 4-1〉). 즉 제도 환경이나 경쟁 환경의 차이에 따라 ICT 발전의 반부패 효과가 달라진다는 것이다.

이상의 연구 결과를 보면 기술의 발전이 부패를 일관되게 줄이는 것이 아니라 기업의 내, 외부 상황에 따라 그 효과가 달라질 수 있다는 것을 알 수 있다. 그렇다면 어떤 경우에는 기술의 발전이 부패를 줄이지 않고 오히려 조장하는 경우도 있다는 것인가? 유엔개발계획(UNDP)의 보고서는 이러한 우려에 대해서 자세하게 설명하고 있다. 즉 소수의 세력이 권한을 오용하거나 인권을 탄압하고 기득권의 부패를 공고하게 하는 데 기술을 사용할 수 있다는 것이다. 중국에서 택시를 타는 경우 앞자리 조수석 유리창 구석에 작게 보이는 마이크를 확인할 수 있다(〈그림 4-2〉). 미국 국무부는 베이징 올림픽 당시 중국을 찾는 미국인들에게 택시에서 어떠한 비밀 대화도 하지 말라고 권고했다.[4] 베이징의 7만여 대의 택시의 대시보드에는 원격으로 활성화할 수 있는 마이크가 있는데 이 장치는 GPS장치까지 설치되어 있어 택시의 위치 정보와도 연동할 수 있다고

4) https://gizmodo.com/every-taxi-in-beijing-bugged-with-gps-tagging-microphon-5033674

그림 4-2 중국 택시에 달려있는 마이크5)

사진 설명: 베이징의 택시에는 원격으로 활성화할 수 있는 마이크가 부착되어 있다. 이 장치에는 GPS 장치까지 설치되어 있어 택시의 위치 정보와 연동하여 차량 내 고객의 음성 정보를 수집할 수 있다고 한다.

한다. 베이징 경찰은 강도와 같은 범죄에 노출되어 있는 운전기사를 보호하기 위한 것이라고 주장하지만 이 마이크가 수집하는 고객의 음성 및 위치 정보에 정부가 접근할 수 있다는 것은 개인 정보에 대한 위협이다. 또 중국은 세계 최고의 안면 인식 기술을 가지고 있다. 안면 인식 기술은 센스타임(商湯科技), 메그비(曠視科技), 클라우드워크(雲從科技), 이투(依圖) 등 중국의 IT업체들이 선도하고 있는데 중국 정부가 후방에서 지원하고 있다는 의심을 받고 있다. 안면 인식 기술에서 핵심은 기계 학습에 필요한 데이터의 질과 양이다. 보통 이러한 얼굴 사진은 개인 정보이기 때문에 일개 기업이 대규모로 입수하여 기계 학습을 시키

5) http://www.technovelgy.com/ct/Science－Fiction－News.asp?NewsNum＝1819에서 발췌

기 어렵다. 그러나 중국에서는 정부에서 이러한 정보를 이용할 수 있는 환경을 조성하여 결과적으로 센스타임 같은 회사가 세계적 회사가 될 수 있었다. 중국의 안면 인식 기술 역량은 놀라운 수준이라고 알려져 있다. 중국에는 약 6억대 이상의 감시카메라(CCTV)가 있다. 중국에서 CCTV가 가장 많이 설치된 충칭에는 인구 1,000명당 170대의 감시 카메라가 있어 서울보다 밀도가 40배 이상 높다. AI 알고리즘을 활용하여 CCTV에 잡힌 화면을 분석하여 기본적인 신원 파악은 물론 세금을 낸 실적, 전과 등의 사회 신용 점수도 스크린에 표기할 수 있다. 외국 기자들을 위험도에 따라 빨강, 노랑, 초록 등으로 분류하는 기술도 있다고 한다. 중국 정부는 이 기술로 지명 수배자들을 검거하고 실종된 아동을 찾을 수 있는 등 긍정적인 역할을 하고 있다고 주장하지만 이렇게 어마어마한 기술을 정부에서 소유하고 있다는 것은 정부의 권한이 남용될 수 있는 위험성도 내포한다.

유엔개발계획(UNDP)의 보고서에서는 블록체인과 빅테이터 분석 기술의 부정적인 효과에 대해도 소개하고 있다. 블록체인 기술은 불법거래, 탈세 등 지하 세력의 이익을 위해 악용될 수 있으며, 특히 부패한 정치인들의 돈세탁을 돕는 데 사용될 수 있다. 또 중앙은행의 디지털화폐(Central Bank Digital Currency)는 거래 활동을 1원 단위로 감시할 수 있어 개인의 경제적 자유를 과도하게 억제할 수 있다. 국민들의 행동을 미시적으로 감시할 수 있는 수단을 정부에서 소유한다면 국가 독재는 더욱 공고화 될 수 있다. 빅데이터 분석 역시 권위주의 국가의 힘을 강화시키는 데 악용될 수 있다. 2016년 가디언의 기자 해리 데이비스(Harry Davies)는 케임브리지 애널리타카(Cambridge Analytica)라는 회사가 페이스북 계정자의 정보를 사용하여 개인 정보를 광범위하게 수집하고 있다는 것을 폭로했다. 또 이 정보가 미국 공화당의 선거 캠페인에서 사용되었다는 의심까

표 4-1 정보기술과 민주주의 발전 정도에 따른 국가 구분 사례

	ICT 발전이 큰 경우	ICT 발전이 더딘 경우
민주화된 국가	Cell 1(예: 미국)	Cell 4(예: 일본)
권위주의 국가	Cell 2(예: 중국)	Cell 3(예: 이디오피아)

표 설명: ICT 발전이 반드시 국가 부패를 줄이는데 도움이 되는 것은 아니다. 권위주의 국가에서 국가가 ICT 이용을 독점하고 감시하는 경우에는 오히려 부패 권력 유지에 도움이 될 수 있다.

지 보도된 바 있다. 현대 인터넷 사용자들의 기록은 모두 거대 SNS 회사에게 감시되고 기록된다. 미국조차도 이러한 정보가 투명하게 사용되지 못하고 있다는 증거가 계속 폭로되고 있다. 민주주의 사회에서도 정보의 독점, 기술 독재에 대한 우려가 고조되고 있다면 부패한 국가에서 벌어질 수 있는 부작용은 더 설명할 필요가 없을 것이다.

〈표 4－1〉과 같이 나는 ICT와 민주주의 발전 정도에 따라 세계 국가들을 4가지 유형으로 분류해 보았다. 위 사례에서 살펴본 것처럼 Cell 2에 해당하는(ICT 발전이 크고 권위주의 성향을 가진) 국가에서 기술의 발전 부정적인 효과가 가장 우려된다고 볼 수 있다. 개인정보에 기반한 빅데이터를 국가가 소유하고 감시하는데 사용한다면 민주주의는 위협을 받을 수 있으며 결과적으로 관료와 엘리트 정치인에 의한 부패가 심화될 수 있다. Cell 1에 해당하는(ICT 발전이 크고 민주화된) 국가에서도 ICT기술 발전에 주의를 기울여야 한다. 이들 국가에서는 국가의 감시보다도 해당 기술을 독과점하고 있는 IT 공룡들의 전횡이 문제된다. 민감한 사회 이슈에서 글로벌 주요 SNS는 회사의 이익을 저해하거나 창업자들의 가치관에서 벗어나는 정보를 가짜 정보라는 굴레를 씌워 삭제하고 있으며 심지어 계정을 차단하는 경우도 있다. 민주주의 국가에서도 소수의 테크 기업이 여론을 감시하고 통제할 수 있는 힘이 있는 셈이다. 이들 기업들은 또 국

가 안보라는 명목으로 개인 정보를 국가에게 은밀히 제공할 위험도 있다. 결국 정도의 차이가 있을 뿐 ICT 기술의 독점은 민주주의 국가든 아니든 국가 부패에 위협요인이 되는 건 마찬가지이다. 그렇다면 Cell 3이나 Cell 4은 어떨까? 실제로 일본은 지금도 현금을 많이 사용하고 인터넷 상거래보다 오프라인 가게에서 물건을 구입하는 비중이 높은 국가 중 하나이다. 이런 국가에서 ICT 도입은 부패 개선 및 정치 발전에 어떠한 영향을 미칠까? 또 이디오피아와 같이 정치 및 기술 발전이 모두 열악한 국가에서는 ICT 도입을 어떻게 바라보아야 할 것인가? 개인적인 생각으로는 Cell 3에 해당하는 국가에서는 그나마 기술 발전이라도 도모하는 것이 이대로 있는 것보다는 낫지 않을까 싶다. 기술 개발이 일자리를 만들어내고 그것이 경제 발전의 단초가 될 수 있기 때문이다. 정리하자면 ICT의 발전은 일반적으로 국가 부패를 막는 데 활용할 수 있다. 그러나 국가와 일부 거대 기업이 그것을 오용하고 독점하는 경우에는 오히려 부패 상황을 악화시킬 수도 있다는 위험성도 유념해야 한다. 기술이 만능은 아닌 것이다.

02 바게닝 파워와 뇌물

영화 '대부'에는 여러 명장면이 등장한다. 그 중에 하나는 장의사가 대부에게 복수를 요청하는 장면이다. 영화에는 이름이 나오지 않지만 원작 소설에 의하면 아메리고 보나세라(Amerigo Bonasera)라는 인물이라고 한다. 보나세라는 성공한 장의사로 아메리칸 드림을 이룬 인물로 묘사된다. 어느 날 이 사람의 딸이 불량배들에게 심하게 구타를 당했는데도 가해자들은 법정에서 집행유예로 풀려나게 된다. 미국 시장과 제도를 신봉하며 살던 보나세라는 처음으로 법의 불공정함에 분노하게 된다. 그래서 마피아 대부인 비토 콜레오네의 딸 결혼 피로연에 찾아와서 사적 복수를 부탁하게 된다. 그러나 비토는 평소에 보나세라가 자기와 거리를 두고 상납금을 바치지 않았음에 서운함을 내비치면서 거절한다. 그러나 복수에 목말랐던 보나세라는 대부에게 복종할 것을 맹세하게 되고 대부는 결국 부하들을 시켜 불량배들에게 폭력을 가하게 한다. 이 영화를 보면 당시 지하 경제의 다양한 군상들과 질서를 엿볼 수 있다. 마피아는 관할 구역의 사람들에게 동일한 세율로 돈을 뜯은 것이 아니다. 마피아 조직의 힘이 필요한 사람들이 알아서 찾아와 보호를 요청하거나 해결사가 되어 줄 것을 부탁하고 그 대가로 일정 금액을 상납한 것으로 보인다. 대부가 처음 어둠의 세계에 발을 들여놓을 때의 일화도 흥미로운데 당시 그 지역의 깡패 두목인 파누치가 보호금 명목으로 월 200달러를 요구할 때에도 비토는 너무 많다면서 직접 흥정을 시도한다. 비토는 두 친구들에게 각각 50달러씩 거두어서 파누치에게 100달러만 내놓으면서 나중에 돈을 구하면 내겠다고 한다. 이렇게 범죄 조직들은 상대를 봐가면서 상납을 요구하며 금액도 상대방의 처지에 따라서 차등적으로 부과되는 것을 알 수 있다. 돈을 뜯기는 측에서도 어느 정도는 협상이 가능하다. 이렇게 금품을 주는 쪽과 받는 쪽 사이의 미묘한 상호 관계, 권력의 차이, 또는 교섭 역량이 중요하다는 것이 이번 장의 주제이다.

뇌물의 상납자와 수뢰자 사이의 교섭 역량(bargaining power)에 대한 연구로 먼저 인도네시아 부패 사례를 소개하고자 한다. Olken과 Barron은 2005년에서 2006년 사이 인도네시아 수마트라섬 북부의 화물 트럭 운전사들이 어떤 메커니즘으로 뇌물을 내는지 조사하였다.[6] 〈그림 4-3〉에서 보듯, 아체(Aceh) 지역의 두 개의 장거리 운송 노선이 연구 대상이었다. 그 중 하나는 서부 해안을 따라 미라보(Muelaboh)에서 수마트라 섬에서 가장 큰 도시인 메단(Medan)까지 이어지는 여정이며 다른 하나는 동북쪽 해안을 따라 반다아체(Banda Aceh)에서 메단까지 이어지는 노선이다. 일반적인 트럭으로 각각 약 35시간과 24시간 정도가 걸리는 긴 여정이었다. 이 지역에서는 반군과 부패한 공무원 그리고 군인들이 검문소를 설치하여 지나가는 트럭 운전수에게 반강제적으로 금품을 뜯고 있었다. 연구자들은 2005년 11월부터 2006년 7월까지 총 304번의 트럭 왕복 여정에 동행하면서 6,000건 이상의 불법 지불을 관찰했다. 평균적으로 운전자들은 한 번의 여정 당 약 40달러, 즉 총 운임 비용의 약 13%를 뇌물 및 보호비 명목으로 지출했다. 연구자들은 이 금액이 고정된 것이 아니라 받는 쪽과 지불하는 쪽의

6) Olken, B. A., & Barron, P. (2009). The simple economics of extortion: evidence from trucking in Aceh. *Journal of Political Economy, 117*(3), 417-452.

그림 4-3 인도네시아 아체 지역의 주요 도로와 화물차 이동 경로[7)]

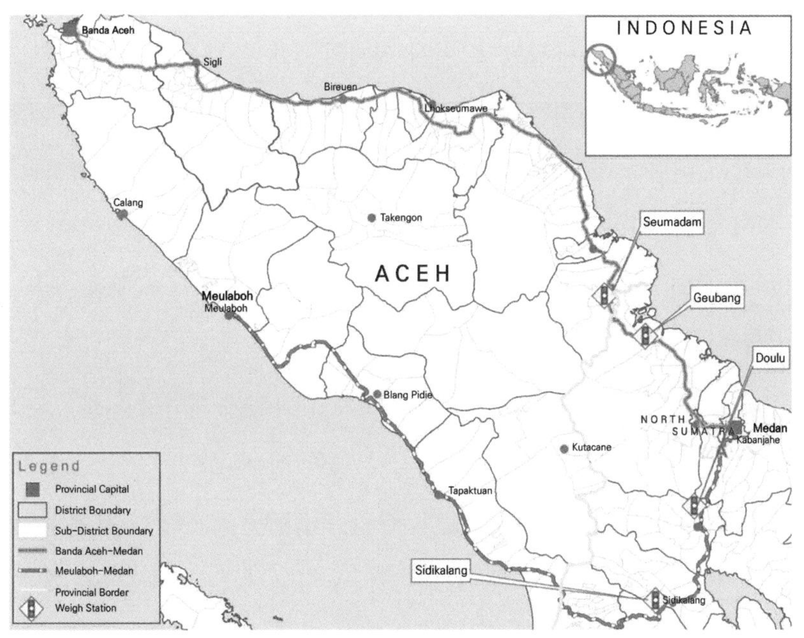

그림 설명: 인도네시아 수마트라 섬에서 가장 큰 도시인 메단(Medan)과 남서쪽 도시인 미라보(Muelaboh), 그리고 동북쪽 도시인 반다아체(Banda Aceh)까지 이어지는 화물차 이동 경로를 지도에 표시하였다. 화물차로 이동시 각각 35시간과 24시간 정도가 걸리는 긴 여정이다. 이 수송로의 곳곳에는 반강제적으로 금품을 뜯는 검문소가 존재한다.

상황과 협상에 의해서 결정된다는 것을 발견하였다. 예를 들어 최종 목적지에 가까운 검문소에서는 더 많은 금액을 내야 했다. 트럭이 도착지에 가까워질수록 출발지로 되돌아가는 것은 큰 손해이므로 많은 뇌물을 요구해도 어쩔 수 없이 내야 하기 때문이다. 또 트럭에 실린 제품의 가치에 따라서도 뇌물을 차등적으로 요청했다. 비싼 제품을 실어 나르는 트럭은 높은 지불 의사가 있기 때문에 더 많은 돈을 요구 할 수 있었다. 또 검문소마다 뇌물을 받았다는 확인증을 써

7) Olken, B. A., & Barron, P. (2009). The simple economics of extortion: evidence from trucking in Aceh. *Journal of Political Economy*, *117*(3), 417–452.

주기도 했다. 그래야 다음 검문소에서 증명이 되기 때문이다. 반면 인도네시아의 수도 자카르타와 그 주변에서도 비슷한 뇌물 상납이 벌어지고 있었지만 아체 지역과는 내는 방식이 달랐다. 아체 지역의 수송 경로는 주로 하나의 긴 도로로 연결되어 있다. 따라서 주요 길목에 검문소를 설치하면 운전사 입장에서는 회피하기 어렵다. 반면에 수도 지역의 도로는 매우 복잡하므로 딱히 길목이라는 것이 없다. 따라서 뇌물 상납은 등록 차량에 대한 월 고정액인 경우가 많았으며 그 금액 총액도 아체 지역보다 적었다. 이 경우에는 뇌물을 받는 쪽의 교섭력이 상대적으로 작다고 볼 수 있을 것이다.

이렇게 기업과 정부의 교섭 역량 즉 바게닝 파워에 의하여 뇌물 공여의 메커니즘이 결정된다. 이와 같은 맥락에서 부패한 정부는 모든 기업들을 동일한 정도로 착취하지 않는다고 할 수 있다. 나와 동료들의 2023년 연구에서는 기업이 처한 지위에 따라서 정부가 다르게 접근한다는 것을 실증적으로 보여주었다.[8] 정부 입장에서는 기업으로부터 안전하고 지속적으로 돈을 뜯어야 한다. 그러나 기업마다 서로 다른 정치적, 경제적 협상력을 지니고 있다. 따라서 다른 조건이 같다면 부패한 정부(즉 부패한 정치인과 공무원)는 상대적으로 더 취약하고 더 수세에 몰려 있는 기업들을 중심으로 착취하는 것이 적은 비용으로 최대 이익을 얻을 수 있다. 약점이 있고 절박한 기업들이 다루기 쉬운 상대란 의미이다. 나는 이것을 포식자 이론(predator theory)으로 해석한다. 사자와 호랑이 같은 육식 포식자들이 먹이를 쫓을 때에는 무리 중 가장 약한, 즉 다쳤거나 어려서 잘 뛰지 못하는 상대를 집중으로 노린다. 육식 포식자들은 단거리 선수들이다. 그래서 달린 거리가 길어지면 쉽게 지쳐서 더 이상 먹이를 잡을 수 없다. 부패

8) Lu, J., Choi, S. J., Jiménez, A., & Bayraktar, S. (2023). Bribery in emerging economies: an integration of institutional and non-market position perspective. *Asia Pacific Journal of Management, 40*(1), 205-242.

한 공무원들도 마찬가지이다. 강한 협상력을 가졌거나 정치적 뒷배를 가진 기업들은 버거운 상대가 될 수 있다. 예를 들어 영향력 있는 전관(前官)이 경영자로 참여하고 있는 공기업이나 국제적인 명성이 있어서 언제든지 해당 국가를 이탈할 수 있는 다국적 기업들로부터는 쉽게 뇌물을 뜯기 어렵다. 이 연구에서는 2006년부터 2018년 사이 33개국 1만여 개 기업을 대상으로 한 세계 은행의 설문지를 분석하였다. 여기에는 각 기업이 처한 제도적 환경을 얼마나 불리하게 여기는지에 대한 문항들이 존재한다. 첫 번째는 정부가 법령이나 규정을 해석하는데 변덕스러운 정도, 두 번째는 경제적 규제가 얼마나 불확실한지에 대한 정도, 세 번째는 사법 시스템이 사유재산을 얼마나 잘 지켜주는지에 대한 정도, 네 번째는 법률 제도가 사적 다툼을 얼마나 공정하게 중재해주는지에 대한 정도를 묻는다. 첫 번째와 두 번째는 정부 측면에서의 제도 환경의 불안정성(Private Property Protection), 그리고 세 번째와 네 번째는 사법 측면에 있어서의 불안정성(Contract Protection)과 관련이 있다. 나와 연구진은 기업마다 정부 및 사법 시스템의 불안정성을 느끼는 주관적 정도가 다르다는 것에 착안하여 한 국가 안에서 개별 기업이 처한 상대적 지위를 계산하였다. 어떤 기업은 제도 환경이 매우 불리하다고 여길 수 있고 반대로 어떤 기업은 같은 제도 환경 안에서도 특별한 어려움이 없다고 느낄 수도 있다. 이러한 상대적 위치를 〈그림 4-4〉에서 단순화하여 보여준다. 예를 들어 국가 A와 국가 B에 각각 다섯 개의 기업이 있다고 가정해보자(국가 A의 기업은 원으로, 국가 B의 기업은 삼각형으로 표시된다). 그리고 세로축은 각 기업이 경험하는 제도 환경의 불리함을 측정한다. 평균적으로 국가 A에 속한 기업들은 B국가보다 주관적으로 느끼는 제도 환경이 더 열악하다. 그러나 같은 국가 안에서 적지 않은 차이가 있다. A_3 기업과 B_4 기업은 절대적인 수치상으로는 동일한 정도로 제도적인 열악함을 경험하지만

그림 4-4 기업이 처한 상대적인 지위와 제도 환경의 불리함[9)]

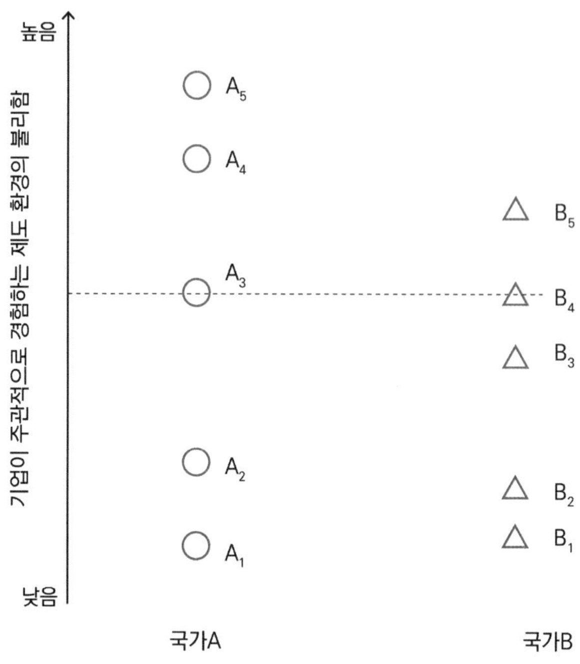

그림 설명: 국가 A와 국가 B에는 각각 다섯 개의 기업이 있다. 세로축은 기업이 주관적으로 경험하는 제도 환경의 불리함(Amount of political hazards)을 측정한다. A_3 기업과 B_4 기업은 절대적인 수치상으로는 동일한 정도로 제도적인 열악함을 경험하지만 한 국가 안에서의 상대적 순위는 다르다. B국에서 B_4는 2번째로 열악하고 A국에서 A_3는 3번째로 열악한 위치이다. 이 경우 B_4는 A_3에 비해 상대적으로 취약한 상태에 있으며 따라서 부패한 정부의 먹잇감이 되기 쉽다.

한 국가 안에서의 상대적 순위는 다르다. 즉 B_4가 A_3보다 상대적으로 더 불리한 상황이라고 볼 수 있다. A 국가에서 A_3은 중간 정도의 위치에 있지만 B_4는 B국가 안에서 상대적으로 더 열악한 위치에 있다. 이런 상황에서는 부패한 A국가의 공무원들과 정치인들이 A_3를 상대할 때보다 B국가의 공무원과 정치인들

9) Lu, J., Choi, S. J., Jiménez, A., & Bayraktar, S. (2023). Bribery in emerging economies: an integration of institutional and non−market position perspective. *Asia Pacific Journal of Management, 40*(1), 205−242.

이 B_4를 상대하는 것이 더 쉽다. 부패한 공무원들과 정치인들을 육식 포식자에 비유한다면 이 B 국가에서 B_4나 B_5는 무리 중 가장 약한 상대이다. 나아가 우리 연구진은 기업이 속한 국가의 제도 환경의 절대적 열악함(political constraints, legal system development)과 기업 개인이 느끼는 제도 환경의 상대적 열악함 정도(relative private property protection, relative contract protection)가 서로 시너지를 낸다는 것을 발견했다. 제도적으로 후진국에 속하면서 동시에 그 국가에서 상대적으로 열악한 위치에 시달리는 기업들이 정부의 가장 손쉬운 먹잇감이 된다는 것이다. 여기서 먹잇감이라는 것은 부패한 정부로부터 뇌물을 요구 받는지 여부로 측정하였다. 그렇다. 부패한 공무원과 정치인은 모든 기업을 동일하게 착취하지 않는다. 상대적으로 만만한 상대를 찾아내서 더 가혹하게 쥐어짠다. 부패한 환경에서도 기업들이 바게닝 파워, 즉 협상력을 갖추어야 하는 이유이다. 한 기업인은 이런 이야기를 해주었다. 그는 처음부터 지레 겁을 먹고 공무원들에게 뇌물을 바칠 필요가 없다고 했다. 그러면 부패한 공무원은 이 기업은 툭 건드려도 돈이 나오는 '돈나무'라고 생각하고 수시로 와서 뇌물을 달라고 행패를 부린다는 것이다. 물론 처음에는 뇌물을 내지 않아 여러 가지 어려움이 있을 수 있을 것이다. 그러나 장기적으로는 포식자에게 약한 상대로 찍히는 것이 더 피곤해질 수 있다는 교훈이다.

03 정치적으로 파워가 있는 경영인은 낙마하기 쉬울까?

최고 경영진의 교체(CEO turnover)는 경영학의 주요한 연구 분야 중 하나이다. 일반적으로 최고 경영진의 교체 사유는 다음과 같다. ❶ 기업의 성과가 낮은 경우, ❷ 내부 파워게임에서 밀려나는 경우, ❸ 임기가 끝나는 경우, ❹ 건강상 이유가 그것이다. 보통의 경우 1번을 경영진 교체의 주요한 사유로 생각하기 쉽다. 성과 지표는 분기별 또는 연간으로 계속 공표가 되기 때문에 과거의 성과나 비슷한 경쟁 기업과 비교하기 용이하다. 성과가 좋지 않은 경우 경영진에 대한 교체 압력이 커진다. 2번에 대한 연구에서는 주로 정보 비대칭에 관심을 가진다.[10)] 예를 들어 전임 CEO가 급하게 물러난 경우 차기 후보들에 대해 충분히 검토할 시간이 부족하다. 따라서 졸속으로 초빙하는 경우가 많은데 이 경우에는 정보 비대칭 문제가 커진다. 일반적으로 노동 시장에서는 어떤 인물이 적임자인지 탐색하고 정보를 축적해가는 시간이 필요하다. 충분한 시간의 투여 없이 새로운 인물이 채용된 경우에는 신임 경영자는 내부적으로도 적응하기 어려워 임기를 채우지 못하고 그만 두는 경우가 많다. 구인자와 구직자 사이에 정보 비대칭 문제가 짧은 시간에 적임자를 고르는 데 방해가 되기 때문이다. 한편 최근에는

10) Zhang, Y. (2008). Information asymmetry and the dismissal of newly appointed CEOs: An empirical investigation. *Strategic Management Journal*, *29*(8), 859−872

부패, 정치적 연결, 정부의 영향 등 비시장적 요인에 대한 관심이 커지고 있다. 기존 연구에서는 정치적인 연줄이 있는 경영자들이 더 잘 승진하고 오랫동안 지위를 누린다고 주장한다. 이것은 우리의 일반적인 상식과 부합한다. 왜냐하면 정치적으로 파워가 있는 경영인들은 그 자체가 기업에게는 중요한 정치 자산이기 때문이다. 정부의 입김이 센 국가에서 정치적인 이유로 임원이 채용되는 것은 비일비재하다. 누크테크(Nuctech, 威視)는 후진타오 전 주석의 아들인 후하이펑(胡海峰)을 사장으로 영입한 후 한동안 승승장구했다. 누크테크는 쯔광(紫光), 보아오(博奧) 생물 등을 거느린 칭화대학교 산하의 자회사이다.[11] 칭화대학교 수리학(水利學)과 졸업생이자 당시 최고권력자인 후진타오 주석의 아들이 운영하는 누크테크는 중국 내 147개 공항에 설치할 액체 폭발물 검색 스캐너 공급 계약을 따낼 수 있었다. 계약 규모는 수십억 위안으로 알려졌다. 정치적인 파워가 있는 경영자를 자르기 어렵다는 것은 연구자들의 실증 조사를 통해서도 드러난다. 예를 들어 Cao와 동료들은 정치적으로 연결된 CEO는 덜 자주 해임된다는 것을 발견하였다.[12] 이 연구에서는 2002년부터 2010년까지 상하이와 선전 시장에 상장된 민영 기업 475개에서 발생된 2,616번의 최고 경영진 교체를 분석하였다. 전관이거나 전직 군인 출신 또는 전국인민대표대회 전국위원회(NPC National Committee)와 중국인민정치평의회 전국위원회(CPPCC National Committee)에 가입되어 있는 경영자는 그렇지 않은 경우보다 해임될 가능성이 35% 정도 줄어들었다.

---

11) 칭화홀딩스는 칭화대학이 관리하는 대학 기업이다. 중국에서는 이를 교판기업 (University-run Enterprise, 校辦企業)이라고 한다. 대학의 영리 사업이 제한된 한국과 달리 중국에서는 대학들이 직접 사업체를 운영하는 것이 가능하여 베이징대학이나 칭화대학은 많은 자회사들을 거느리고 거대한 비즈니스를 운영하고 있다.

12) Cao, X., Pan, X., Qian, M., & Tian, G. G. (2017). Political capital and CEO entrenchment: Evidence from CEO turnover in Chinese non-SOEs. *Journal of Corporate Finance, 42*, 1-14.

그러나 이것과 반대되는 연구 결과도 보고되고 있다.13) 정치적인 자산을 보유했다는 이유로 기용된 자는 그 자산이 고갈되는 경우 회사는 더 이상 그 경영자가 필요 없게 된다. 처음부터 경영 능력보다는 정치적 연결을 활용하고자 발탁하였기 때문에 그 정치적 자산의 가치가 떨어지는 경우 해고될 가능성이 급격하게 높아진다. 정치적 자산이라는 것은 영원불변하는 것이 아니다. 봐주는 뒷배가 실각한다면 정치적 자산의 가치도 사라질 수밖에 없다. 이러한 논리는 관료들의 해임에도 동일하게 적용될 수 있다. Ang은 시진핑 정권의 반부패 캠페인에서 누가 주로 낙마했는지 연구하였다.14) 이것을 알아보기 위해서 그녀는 시급 당서기 331명이 2012년부터 2017년까지 어떻게 교체되었는지 조사하였다. 시급 당서기의 해임에 가장 큰 영향을 미치는 것은 정치적 후견인의 낙마 여부였다. 여기서 후견인은 시 당서기를 임명하는 성 정부의 당서기이다. 한국에서 국회의원들이 시의원 공천에 직간접적으로 관여하는 것처럼 중국에서 시 당서기는 그 상위 정부인 성 정부의 서기가 결정하는 경우가 많다. 성 정부의 서기가 정치적인 이유 또는 부패 혐의로 쫓겨날 경우 그 영향권하의 시급 당서기들도 같이 옷을 벗는 경우가 많다는 것을 의미한다.

한국에서의 사정은 어떠할까? 이를 실증적으로 알아보기 위하여 나는 2013년부터 2019년까지 한국의 공기업 사장의 교체 데이터를 수집하였다.15)

---

13) 최성진, 이강표, & 이병희. (2012). Political Connection and CEO Turnover Patterns of Chinese Listed Companies. 한중사회과학연구, 10(3), 327-349

14) Ang, Y. Y. (2020). China's gilded age: The paradox of economic boom and vast corruption. Cambridge University Press.

15) 조사 대상 공기업 명단은 다음과 같다. 한국가스공사, 한국광물자원공사, 한국남동발전, 한국남부발전, 한국동서발전, 한국서부발전, 한국석유공사, 한국수력원자력, 한국전력공사, 한국지역난방공사, 강원랜드, 인천국제공항공사, 한국공항공사, 부산항만공사, 인천항만공사, 한국조폐공사, 그랜드코리아레저, 한국마사회, 한국가스기술공사, 대한석탄공사, 한국전력기술, 한전KPS, 제주국제자유도시개발센터, 주택도시보증공사, 한국감정원, 한국도로공사, 한국철도공사, 한국토지주택공사, 여수광양항만공사, 주식회사 에스알, 울산항만공

내가 주목하는 시점은 2017년 5월이다. 박근혜 대통령은 임기를 다 채우지 못하고 2016년 12월에 탄핵되었고, 2017년 5월 문재인이 대통령으로 취임했다. 일반적으로 공기업 사장의 임기는 3년이지만 새로운 정부가 들어서면 기존 정권에서 임명된 공기업 사장은 임기를 다 채우지 못하고 물러나는 경우가 많다. 공기업 임원의 임면(任免)에 정부가 관여하기 때문이다. 정권이 바뀌면 정권 교체에 공이 있는 사람들에게 자리를 마련해주는 경우가 많다. 조선시대 개국 공신들에게 벼슬을 주던 관행이 현대에도 이어져 내려오는 셈이다. 대통령이 직접 임명하는 공공기관장의 개수는 200개가 넘는 것으로 알려져 있다. 형식적으로 장관이 임명하지만 대통령의 영향이 미치는 정부 부처 국·실장급 등 자리가 350개 이상이고, 고위공무원이나 부처 산하기관 임원 등 사실상 대통령이 임명할 수 있는 자리가 무려 1만 8,000여 개가 넘는다고 한다. 그 중에서 공기

사, 해양환경공단, 한국방송광고진흥공사, 한국수자원공사, 사립학교교직원연금공단, 국민체육진흥공단, 한국언론진흥재단, 한국무역보험공사, 국민연금공단, 근로복지공단, 기술보증기금, 중소벤처기업진흥공단, 신용보증기금. 예금보험공사, 한국자산관리공사, 한국주택금융공사, 공무원연금공단, 한국재정정보원, 한국교육학술정보원, 한국장학재단, (재)우체국금융개발원, (재)한국우편사업진흥원, 우체국물류지원단, 정보통신산업진흥원, 한국과학창의재단, 한국방송통신전파진흥원, 한국연구재단, 한국인터넷진흥원, 한국정보화진흥원, 연구개발특구진흥재단, 한국국제협력단, 국제방송교류재단, 아시아문화원, 한국관광공사, 농림수산식품교육문화정보원, 농림식품기술기획평가원, 축산물품질평가원, 한국농수산식품유통공사, 한국농어촌공사, 대한무역투자진흥공사, 한국가스안전공사, 한국광해관리공단, 한국디자인진흥원, 한국산업기술진흥원, 한국산업기술평가관리원, 한국산업단지공단, 한국석유관리원, 한국에너지공단, 한국원자력환경공단, 한국에너지기술평가원, 한국전기안전공사, 한국전력거래소, 건강보험심사평가원, 국민건강보험공단, 사회보장정보원, 한국노인인력개발원, 한국보건복지인력개발원, 한국보건산업진흥원, (재)한국보육진흥원, 한국건강증진개발원, 국립생태원, 한국환경공단, 한국환경산업기술원, 한국고용정보원, 한국산업안전보건공단, 한국산업인력공단, 한국장애인고용공단, 한국청소년상담복지개발원, 한국청소년활동진흥원, 한국건강가정진흥원, 한국교통안전공단, 국토교통과학기술진흥원, 한국국토정보공사, 한국시설안전공단, 한국철도시설공단, 한국해양교통안전공단, 한국수산자원공단, 해양수산과학기술진흥원, 한국해양수산연수원, 한국승강기안전공단, 중소기업기술정보진흥원, 소상공인시장진흥공단, 창업진흥원, 한국소비자원, 시청자미디어재단, 독립기념관, 한국보훈복지의료공단, 도로교통공단, 한국소방산업기술원, 한국임업진흥원, 한국산림복지진흥원, 농업기술실용화재단, (재)한국특허전략개발원, 한국기상산업기술원

업 경영자 자리는 많은 이들이 선망하는 곳이다. 공기업의 특성상 성과 경쟁이 덜하고 꽤 높은 보수와 대우[16]를 약속 받기 때문이다. 따라서 정권이 바뀌면 대통령과 정부 여당은 자기 측근들을 공기업 사장이나 감사 등의 자리에 심으려고 한다. 그래서 이전 정부에서 임명된 공기업 사장들에게 유무형의 압박을 가하여 조기 사퇴시키는 경우가 있다. 하지만 정권 교체 후에 모든 공기업 사장이 물갈이 되는 것은 아니다. 내가 알고 싶은 것은 정권이 바뀐 후 공기업 사장의 교체에 영향을 미치는 요인들이다. 파워가 있는 공기업 사장은 정권 교체 후에도 자리를 지킬 수 있을까? 그렇다면 어떤 파워가 중요할까? 이것이 핵심 연구 질문이다. 나는 비정상적인 조기 교체를 "낙마(落馬)"라고 이름 붙였다. 즉 2017년 5월 문재인이 대통령이 되었으니 임기를 채우지 못하고 그 해 2017년 5월에서 12월 사이에 자리에서 물러난 공기업 사장을 '낙마'라고 정의해 보았다. 2017년 5월 이전에 기관이 폐쇄되거나 이후에 신설된 경우는 제외하였다. 그리고 중요 변수 정보를 알 수 없는 경우도 분석에서 제외하였다. 그 결과 최종적으로 258개의 케이스가 분석에 사용되었다. 샘플 데이터 상 공기업 사장의 평균 나이는 60.8세이며 거의 대부분이 남성이었다. 전체의 약 20%가 낙마로 분류되었다. 공기업 사장은 내부에서 승진하는 경우와 외부에서 영입되는 경우 두 가지로 나누어진다. 조사 대상의 공기업 사장은 약 90%가 외부 출신으로 분류되었다. 주요 공기업 사장 자리는 공신들에게 나누어주는 일종의 낙하산으로 볼 수 있는 대목이다(〈그림 4-5〉).

다음으로 공기업 성과가 낙마에 영향을 미치는지 조사하였다. 이러한 연구 질문에 답하기 위하여 로짓 회귀분석을 진행하였다. 그리고 정치적인 파워의 영향력을 알아보기 위하여는 세 가지 조건을 변수화 하였다. 먼저 주무 관청 출

16) 일반적으로 개인 비서와 운전기사 그리고 각종 판공비를 포함한다.

그림 4-5 주요 공기업 사장 통계

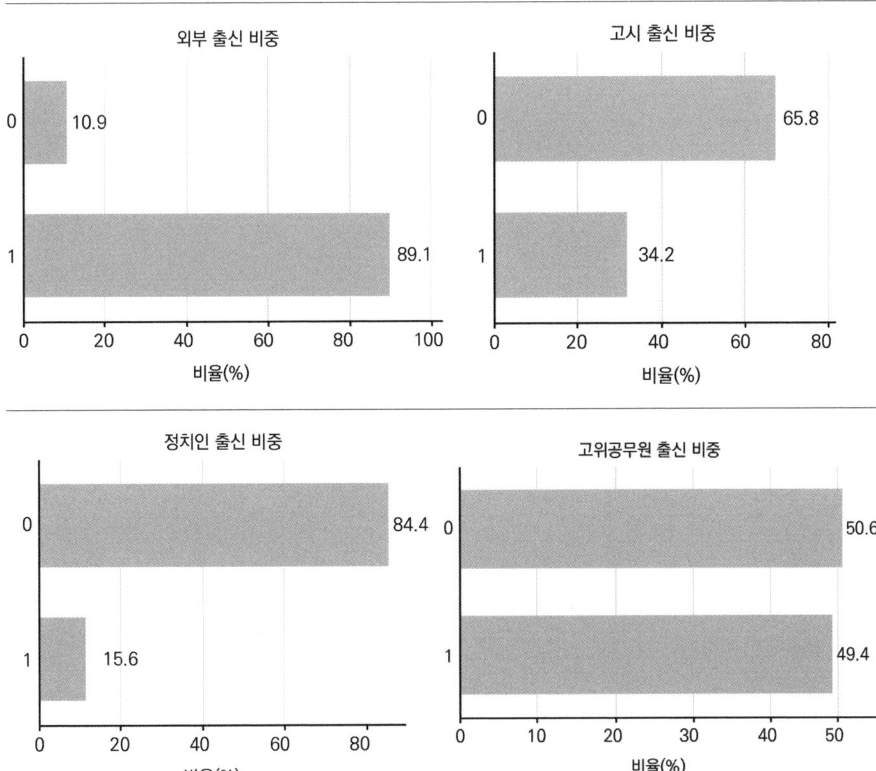

그림 설명: 각 그래프에서 0은 '아니오', 1은 '네'를 의미한다. 공기업 사장 중에서 외부에서 임명된 경우는(내부 승진이 아닌 경우) 전체의 89.1%를 차지한다. 한국 공기업 수장은 1) 고시 출신(34.2%), 2) 정치인 출신(15.6%), 또는 3) 전직 고위 공무원 출신(49.4%)인 경우(중복 포함)가 많다.

신인지 여부이다. 예를 들어 농림축산식품부는 한국마사회의 주무 기관이며, 한국수자원공사은 주무 기관인 환경부의 감독을 받는다. 따라서 주무 기관 출신의 공무원이 해당 공기업에 낙하산으로 내려올 경우 정치적 파워가 세다는 가정이 가능할 것이다. 다음으로 고시 출신 여부를 조사하였다. 한국에서 고시로 분류되는 시험은 행정고시, 사법고시, 외무고시가 있는데 이러한 엘리트 공무원

표 4-2 정권 교체 후 공기업 사장 낙마에 영향을 미치는 요소들

종속변수=공기업 사장 낙마	Model 1	Model 2	Model 3	Model 4
주무 관청 출신	-1.675* (0.767)			-3.188* (1.274)
고시 출신		-0.191 (0.761)		2.129 (1.127)
정치인 출신			1.533 (0.987)	1.328 (0.963)
회사 연혁	0.018 (0.019)	0.012 (0.017)	0.008 (0.016)	0.015 (0.020)
매출	0.000 (0.000)	-0.000 (0.000)	-0.000* (0.000)	0.000 (0.000)
사장 나이	0.124* (0.058)	0.172* (0.068)	0.198** (0.067)	0.163* (0.072)
사장 임기	-0.076** (0.026)	-0.080** (0.024)	-0.094** (0.030)	-0.089** (0.032)
외부 인사 출신	-0.059 (1.006)	-0.646 (1.028)	-1.113 (0.998)	-0.910 (1.038)
보조금	0.000 (0.000)	0.000* (0.000)	0.000* (0.000)	0.000 (0.000)
공기업 성과	0.032 (0.299)	0.083 (0.304)	0.035 (0.334)	0.017 (0.273)
공기업 유형 더미	Yes	Yes	Yes	Yes
R-Square	0.260	0.206	0.227	0.311
N	96	96	96	96

* $p<0.05$, ** $p<0.01$

표 설명: 정권 교체 후 이전 정부에서 임명된 공기업 사장이 교체(낙마)되는 것에 영향을 미치는 요소에 대한 회귀분석이다. 계수값이 음(−)인 것은 상대적으로 덜 교체(낙마)된다는 것을 의미하며 별(*) 표시가 있는 것은 그 계수들의 값이 통계적으로 유의미하다는 것을 나타낸다. 이전 정부에서 임명된 공기업 사장의 정치적 파워는 세 가지로 구분할 수 있다. ① 주무 기관 출신, ② 고시 출신, ③ 정치인 출신이 그것이다. 그 중에서 주무 기관 출신 전직 공무원인 경우에는 정권 교체의 외풍에도 불구하고 덜 낙마한다. 그러나 나머지 유형의 정치적 파워는 낙마 여부에 영향을 미치지 못하는 것으로 드러났다.

시험에 합격하면 단숨에 고위직(보통 5급)에 임용되며 그들 사이의 강력한 네트워크를 통해 이익을 공유한다. 마지막으로 정치인 출신을 살펴보았다. 정당에서 활동가로 일하다가 집권한 후 일약 공기업 사장으로 영전하게 된 경우이다. 정치인 출신의 경우 집권당과 연결되어 있기 때문에 이 역시 정치적 영향력이 강하다는 가정이 가능하다. 이 세 가지는 서로 배타적이지 않고 중복될 수 있다. 즉 어떤 사람은 고시 출신이면서 동시에 정당에서 활동하던 정치인 출신일 수 있다. 조직 내부 출신이 공기업 사장으로 승진한 경우도 드물지만 존재했다(약 10.9%). 〈표 4－2〉의 분석 결과 재미있는 결론을 도출할 수 있었다. 먼저 공기업의 성과는 공공기관 경영평가로 측정하였는데 S등급(탁월), A등급(우수), B등급(양호), C등급(보통), D등급(미흡), E등급(아주 미흡)의 6단계로 구분된다. 분석 결과 공기업 성과는 낙마에 통계적으로 유의미한 영향을 주지 못했다. 즉 공기업을 잘 운영했는지 여부는 낙마와 관련이 없다는 것이다. 다음으로 정치적 파워를 세 가지로 분류하여 살펴본 결과 오직 주무 관청 출신만 5% 유의 수준으로 낙마를 줄이는 요소로 작용하였다. 주무 기관 출신이 낙하산으로 공기업 사장이 된 경우에는 정권 교체가 이루어지더라도 상대적으로 낙마할 가능성이 적다는 것이다. 한편 사장의 나이는 많을수록 낙마할 가능성이 커진다. 다른 조건이 같다면 나이가 많으면 물러나라는 외부 압력이 커질 가능성이 있다. 반면에 해당 기관에서의 임기가 길수록 낙마 가능성은 작아진다. 해당 기관에서 오랜 기간 사장으로 재직하면서 내부적으로 네트워크가 고도화되고 외부에서 이런 사람을 자르기에 부담스러워진다는 것이다. 이를 정리하자면 정권 교체 후 낙마할 가능성이 가장 큰 유형의 조합은, ❶ 나이가 많고, ❷ 임용된 지 얼마 되지 않았으며, ❸ 주무 기관 출신이 아닐 경우이다. 상당히 높은 비율(약 20%)로 정권 교체 후 임기를 채우지 못하는 공기업 사장들이 많다는 사실을 비추어 볼 때, 공기업 사장

임면은 정치적 외부 상황에 크게 좌우된다는 것을 확인할 수 있었다. 특히 마사회와 같이 이권이 많이 얽혀 있거나, 한국철도공사와 같이 규모가 큰 경우는 정권 교체 이후 신속하게 전임자가 낙마되고 새 정권에서 후임자를 임명하는 모습을 보여주었다. 주무 기관 출신 공무원이 낙하산으로 내려올 경우 정권 교체에도 불구하고 상대적으로 덜 잘린다는 사실은 공기업의 성격상 주무 기관과의 매끄러운 관계가 중요함을 의미한다. 주무 관청 출신의 경우 일종의 로비스트로서 역할을 수행하는데 이 경우 리더로서 중요성이 조직 내부에서 인정될 수 있다는 것이다. 결론적으로 정치적으로 파워가 있는 경영자는 일정 기간 동안 기업에게 유의미한 이익을 가져다 줄 수 있지만 후원자가 힘을 잃을 경우 낙마할 가능성도 동시에 커진다는 역설을 발견할 수 있다. 결론적으로 한국 공기업의 경우 낙하산으로 임명된 최고 경영진의 정치적 파워가 낙마 가능성을 반드시 감소시키는 않았다. 관료적 연줄(주무 기관 출신 여부)만이 외부의 정치 외풍을 이겨낼 수 있는 역할을 한다는 점이 특히 흥미롭다. 경영자의 정치 파워는 동전의 양면과 같은 셈이다.

04

정치제도와 기업의 부패

인간이 사회적 동물인 것처럼 기업 역시 외부 환경에 영향을 받는 조직이다. 제도, 법, 문화, 역사적 환경 등이 기업의 행동과 전략에 지대한 영향을 미친다. 어떤 기업은 이러한 환경에 순응하고, 어떤 기업은 응전하면서 최적의 결과를 도모한다. 제도이론(institutional theory)은 이러한 외부 상황하에서 조직이 어떤 길을 걸어 나가는지를 이해하는 데 이론적인 단초를 제공하였다. DiMaggio와 Powell에 따르면 기업은 외부의 불확실성에 대응하여 우선적으로 정당성(legitimacy)을 확보하려고 한다. 이러한 목적으로 같은 환경에서 활동하는 다른 기업의 행태를 모방하여 닮아가는 동형화(isomorphism) 현상이 발생한다고 한다.[17] 우리는 흔히 지멘스, 구글과 같은 서구의 회사는 태생부터 일관적으로 윤리적인 것으로 착각하기 쉽지만, 해외의 낯선 환경에 동형화되면서 여러 가지 부끄러운 스캔들에 연루된 적이 있었다. 1847년 창업된 지멘스는 독일의 경제 성장과 함께하면서 자국에서 가장 존경 받는 기업 중 하나로 꼽혀왔다. 그러나 2006년 지멘스는 아르헨티나, 중국, 나이지리아, 이라크, 러시아 등에서 사

17) Paul J. DiMaggio, Walter W. Powell. (1983), The Iron Cage Revisited: Institutional Isomorphism and Collective Rationality in Organizational Fields, *American Sociological Review*, *48*(2), 147–160.

업을 하면서 해당 국가 정치인, 공무원에게 거액의 뇌물을 제공하였고, 분식회계 및 공금횡령 등의 부패 사건과 연루되면서 기업 이미지에 큰 손실을 입었다. 자국에서는 대단히 진보적이고 권력에 굴복하지 않는 당당한 모습을 보여주는 미국의 거대 테크 기업들도 정작 중국 정부의 검열에는 약한 모습을 보여주고 있다. 뉴욕타임즈(NYT) 등 보도에 따르면 애플은 중국 정부가 불편해하는 앱을 무더기로 삭제한 바 있다. 2018년 6월부터 2020년 6월까지 중국 정부의 앱 삭제 요청 중 91%를 수용한 반면, 다른 국가에서는 이 수용률이 40%에 불과했다. 또 애플은 중국 아이폰 고객의 데이터를 중국과 중국 국영 기업이 관리하는 서버로 옮기는 데 동의하기까지 하였다. 이러한 저자세 덕분인지 몰라도 애플은 중국 시장에서 승승장구하였고 막대한 수익을 달성할 수 있었다.[18] 미국의 테크 기업들이 평소에는 다른 제조업 중심의 기업들을 비판하면서 ESG 활동에 선봉에 서 있지만 실제 이면에는 이런 어두운 모습들이 도사리고 있는 것이다. 제도이론에 따르면 새로운 시장에서의 외부 압력에 대응하기 위한 전형적인 동형화 과정으로 설명할 수 있을 것이다. 이 장에서는 이렇게 기업들이 외부 환경에 영향을 받으면서 각종 대관 행동과 부패에 연루되는 현상을 알아볼 것이다.

먼저 로비의 영향력에 대해서 알아본 나와 동료들의 2015년 연구[19]를 중심으로 외부 정치 제도의 역할과 동형화 압력을 살펴보자. 많은 기업들이 제도 환경을 유리하게 변경시키고 정부와의 호의적인 관계를 유지하기 위해서 로비 활동에 참가한다. 로비 활동은 기업의 본사가 위치한 국가에서만 일어나는 것이 아니라 많은 경우에 해외 국가를 대상으로도 이루어진다. 미국 법무부가 로

---

18) https://www.chosun.com/international/international_general/2021/10/16/YI5NXJB37RE27OOO2GTSNH74XQ/

19) Choi, S. J., Jia, N., & Lu, J. (2015). The structure of political institutions and effectiveness of corporate political lobbying. *Organization Science*, *26*(1), 158–179.

비 정보를 공개하고 있는 웹사이트인 FARA(Foreign Agents Registration Act; www.fara.gov)에 의하면 미국 정부를 대상으로 가장 활발하게 로비를 하는 국가는 다름 아닌 한국이다. 한국에 이어 일본, 아랍에미리트, 이스라엘 순으로 미국에서 로비를 많이 하고 있다. 로비의 대상은 미국 의회 의원들과 공무원뿐만 아니라 언론사 및 연구소 등 다양하다. 기업들은 해외 사업을 운영하며 공장이 진출해 있는 현지 국가 여러 군데에서 동시에 로비 활동하는 경우가 일반적이다. 한편 국가마다 다른 정치적, 제도적, 문화적 환경을 가지고 있는데 이러한 차이가 외국 기업의 로비 활동의 효과성에 어떠한 영향을 미칠지에 대한 것이 이 연구의 핵심 주제이다. 나는 그 중에서 정치 다각화와 로비의 관계에 대해서 관심을 가졌다. 기존 연구에 의하면 로비에 대해 두 가지 관점이 대립한다.[20] 첫 번째는 소위 진입 관점(Entry Point)으로 기업이 속한 정치 구조가 다각화(decentralization) 되어 있으면 해당 기업에게 호의적인 정책 입안자들을 쉽게 찾을 수 있다고 주장한다. 1장에서 잠시 다루었듯이 정치적 의사결정을 한 명이 하는 경우 이 독재자에게 접근하지 못하는 한 중요한 대관 업무를 성사시키지 못할 것이다. 반면에 정치적 의사결정에 많은 이해당사자들(시민단체, 여야 정치세력, 언론사, 지방정부 등)이 개입되어 있는 경우에는 기업들은 그 중에서 기업의 견해와 일치하는 세력을 찾아 로비 등을 추진하는 데 도움을 받을 수 있을 것이다. 두 번째는 반대 관점(Veto Point)인데 정치 구조가 다각화 되어 있으면 최종적인 정책 결정에 제동이 걸릴 가능성이 늘어나기 때문에 기업의 로비 활동이 성공하기 어렵다고 주장한다. 여야의 입장이 첨예하게 대립되어 있거나, 또는 시민단체나 이익단체가 개입되어 민감한 법안 통과가 어렵다면 자사의 이익을 위해 추진하는

---

20) Macher, J. T., & Mayo, J. W. (2015). Influencing public policymaking: Firm–, industry–, and country-level determinants. *Strategic Management Journal, 36*(13), 2021–2038

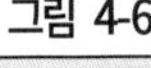

그림 4-6 국가 정치의 분권화 정도와 로비 영향력 사이의 관계[21)]

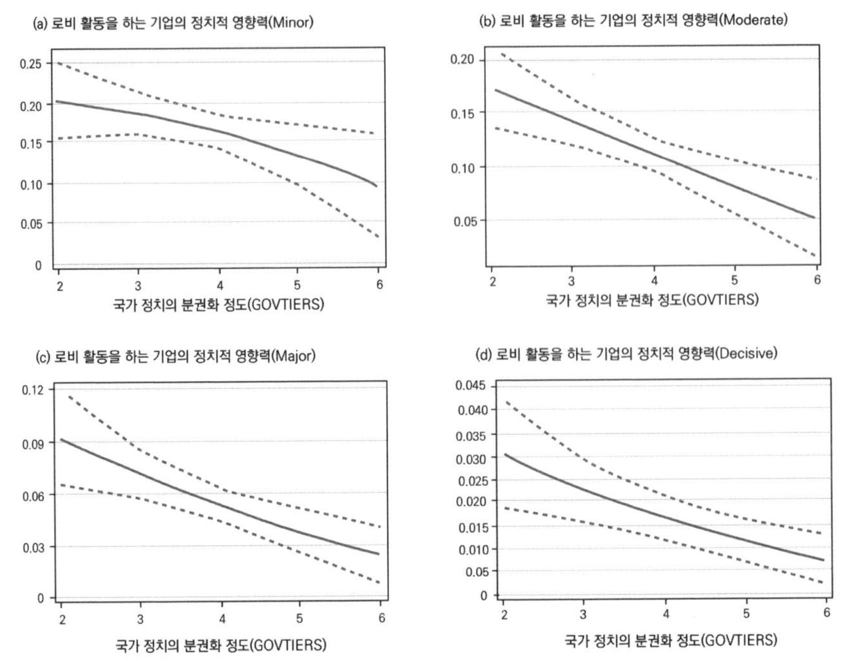

그림 설명: 각 표의 X축은 기업이 속한 국가의 정치 체계가 얼마나 다각화되었는지를 의미한다. 다각화 지표의 하나로 중앙정부 밑에 몇 개 수준의 지방정부가 있는지를 의미하는 'GOVTIERS'를 사용하였다. 예를 들어 중앙 정부와 지방 정부 2개만이 존재할 경우 GOVTIERS 값은 2이며, 중앙정부 밑에 성정부, 시정부, 현정부가 존재하는 국가에서의 GOVTIERS 값은 4이다. 즉 GOVTIERS 값이 클수록 중앙정부를 견제할 수 있는 지방 정권의 다각화 정도가 높다는 것을 의미한다. 점선은 로비 활동을 하는 기업과 그렇지 않은 기업 간 예측 확률 차이가 통계적으로 유의미하게 0과 다른 경우의 95% 신뢰 구간을 나타낸다. GOVTIERS 값이 커짐에 따라 로비 활동을 하는 기업이 정치적 영향력(Decisive, Major, Moderate, Minor)을 행사할 가능성이 낮아진다는 것을 보여준다.

기업 로비 역시 실패할 가능성이 커진다. 나와 동료들은 세계은행의 설문을 활용하여 38개국 3,104개 기업을 실증 분석하였다. 결론적으로 이 연구는 반대

21) Choi, S. J., Jia, N., & Lu, J. (2015). The structure of political institutions and effectiveness of corporate political lobbying. *Organization Science*, *26*(1), 158–179.

관점(Veto Point)의 주장대로 실증되었다. 〈그림 4-6〉에서 보듯, 국가의 정치 제도가 지방 분권화 되어 있을수록 로비의 효과는 감소된다. 나아가 이 관계는 연방정부체제에서 덜 뚜렷하게 나타났다.

한편 정부 다각화가 부패를 오히려 조장한다는 연구도 존재한다. Fan과 그의 동료들[22]은 정부가 분권화되어 있을수록 기업이 더 자주 뇌물을 공여한다는 것을 발견하였다. 다른 조건이 동일하다면 지방 정부의 수입이 국가 GDP의 15%를 차지하는 국가(예: 핀란드)의 기업들이 뇌물 공여를 할 확률은 지방 정부의 수입이 국가 GDP의 5%에 불과한 국가(예: 룩셈부르크)보다 약 14% 높았다. 또 지방 정부 계층이 다섯 개인 국가(예: 우간다)에서 기업들이 뇌물 공여를 할 확률은 지방 정부 계층이 하나에 불과한 국가(예: 슬로베니아)보다 32% 정도 더 높았다. 즉 지방 분권화가 고도화 된 정치 구조에서는 오히려 뇌물을 경험한 기업들이 더 많다는 것을 의미한다. 이는 진입 관점(Entry Point)의 주장과 일치한다고 볼 수 있다. 분권화될수록 기업에 호의적인 그리고 동시에 부패한 관료나 정치인들을 찾기 용이하기 때문에 뇌물이 더 성행한다는 것이다. 또 분권화된 정부 구조에서는 공무원들의 대리인 비용이 커지며 이에 따라 책임감이 떨어져 부패에 더 관대하게 될 수도 있다. 어떤 경우는 공무원들과 정치인들이 더 약탈적으로 기업을 착취하기 위하여 지방 정부 단위를 늘리고 지방 정부의 규모를 더 확장시킬 수도 있다. 다만 이 결과는 개발 도상국에서만 유의하게 나왔으며 선진국에서는 이 차이가 통계적으로 유의미하게 도출되지 않았다. 비슷한 맥락에서 정치적 양극화가 기업의 정치적 행동을 촉진한다는 연구도 있다.[23] 나는

---

22) Fan, C. S., Lin, C., & Treisman, D. (2009). Political decentralization and corruption: Evidence from around the world. *Journal of Public Economics, 93*(1-2), 14-34.

23) Lee, J. Y., Jiménez, A., Choi, S. J., & Choi, Y. H. (2022). Ideological polarization and corporate lobbying activity: The contingent impact of corruption distance. *Journal of Business Research, 141*, 448-461.

동료들과 함께 정치적으로 양극화된 국가에서 기업들이 로비 활동에 적극적으로 나선다는 것을 발견하였다. 여기서 정치적 양극화는 주요 정당들이 경제적, 사회적 이슈에서 차이를 보이는 정도로 측정하였다. 최근 정치적 양극화는 미국은 물론 한국에서도 심해지고 있다. 특히 SNS의 발전에 따라 개인들은 자신의 정치적 지향성과 비슷한 사람들의 의견들 위주로 선별적으로 노출된다. 인터넷이라는 열린 사회의 도구가 오히려 정치적으로 폐쇄적인 개인들을 양산하는 셈이다. 정치적으로 양극화될수록 정치적인 불안정성이 커지고 그 혼란을 비집고 들어가 기회를 도모하려는 기업들의 로비가 더 성행한다는 것이다.

정리하자면 기업이 속한 정치 환경의 구조는 기업이 정치 행위에 참여하는 정도와 효과를 좌우하는 중요한 조절변수가 된다. 본사가 위치한 국가에서 청렴하고 책임 있는 행동을 하던 기업이라도 해외에 진출했을 경우에는 해당 국가의 제도 환경에 적응하면서 부패한 정치 행위에 참여하는 동질화 함정에 빠질 수 있다. 또한 정치 구조의 다각화가 로비의 영향력은 줄일지라도 뇌물과 같은 부패 행위는 늘릴 수 있다는 두 개의 모순된 연구는 지방 분권이 가지는 다층적이고 복잡한 현실을 반영한다고도 볼 수 있다.

05 부패와 ESG

부패와 ESG는 어떤 상관관계가 있을까? 비윤리적 기업으로 손가락질 받는 기업들은 사회적 기여를 더 많이 하려고 할까? 먼저 죄악(sin) 기업이라는 개념부터 알아보자. 죄악 기업이라는 것은 비윤리적인 제품을 만들고 사행성을 조장하여 사회 전반적으로 부정적인 파급효과를 초래하는 기업을 의미한다. 흔히 주류, 무기, 도박, 사행성 게임, 담배 등을 본업으로 하는 기업들이 죄악 산업으로 분류될 수 있다. 죄악 기업들은 사회적 비판에 대응하여 공헌 활동을 더 하려는 유인이 있다. 예를 들어 담배를 생산하는 British American Tobacco(BAT)는 영국 노팅엄대학교 및 더럼대학교 등에 수십억의 기부를 통해 기업의 사회적 책임을 위한 연구 센터를 만든 바 있다. Philip Morris International은 담배 연기 없는 미래를 만든다는 목표로 친환경 R&D에 막대한 돈을 투자하고 있다. 라스베가스의 Wynn 카지노에서는 호텔에 태양광 패널을 설치하여 향후 전체 사용 전력의 100%를 재생에너지로 사용한다는 목표를 가지고 있다. 스포츠 베팅 회사인 FanDual은 버지니아주에서 흑인 학생 비중이 가장 높은 대학 5개를 선정하여 약 100만 달러를 기부하였다. 한국에서도 카카오게임즈가 ESG위원회를 만들어서 어린이 코딩 캠프 등 디지털 교육에 신경을 쓰고 있다. 그 결과 2023년에 카카오게임은 엔씨소프트와 함께 한국ESG기준원 평가에서 종합 A등급을 받았다. 자신들에 대한 부정적인 이미지를 희석시키기 위해서 "착한" 일을 하려는 것은 역사적으로도 흔한 전략이다. 부자로부터 훔친 재물을 백성들에게 나누어 주어 의적이라고 칭송 받는 홍길동 설화도 그러한 사례로 볼 수 있다. 흥미로운 것은 실제 홍길동은 주로 도적으로서 사리사욕을 채웠으며 특별히 백성들에게 도움이 될 만한 일을 하지 않았다는 사실이다. 정사(正史)에서 홍길동은 조선왕조실록 연산군 편에 등장한다. 홍길동의 아버지 홍상직은 하급 무관을 지낸 양반이었다. 홍길동의 형인 홍일동은 계유정난(癸酉靖難)에 참여하여 호조 참판까지 지냈으며 그의 딸은 성종의 후궁이 되었다. 홍길동의 집안 배경을 고려하면 그를 가난한 의적이라고 간주하기보다는 인맥과 뒷배를 활용하여 권력형 범죄를 저지른 건달이라고 보는 것이 더 적합할 것이다. 역사상의 홍길동은 무척 잔혹한 성정을 가진 것으로 보여지는데 그의 정체가 들킬까 우려하여 자신을 숨겨준 가족들을 죽인 적도 있었다. 실록에 따르면 홍길동의 도적 활동이 극심했던 충청도에서는 많은 백성들이 피난하여 농사를 짓지 못하므로 세금이 잘 걷히지 않는다고 까지 적고 있다. 이렇게 가는 곳마다 초토화시켜 버리니 당시 민간에서는 홍길동이란 이름이 욕으로 사용되기도 하였다. 그러나 홍길동이 활동하던 시기가 하필 조선왕조를 통틀어 가장 폭군이라고 불리던 연산군 시기였기 때문에 근대에 접어들어 의적이라고 각색된 소설이 만들어지게 된 것이다. 영국의 의적으로 알려진 로빈 후드도 소설에 의해서 가공된 이야기이다. 실제 로빈 후드 소설의 초기 버전에서는 가난한 사람들을 도와주었다는 에피소드는 찾아볼 수 없으며 오히려 자신을 잡으러 온 귀족들의 얼굴 가죽을 벗긴 잔혹한 인물로 그려진다. 중세에 출몰하던 떼 강도들이 로빈 후드란 이름을 참칭하고 다니면서 점차 과장된 설화로 발전하였다는 말이 있다. 이렇게 나쁜 캐릭터들이 아무리 좋은 이미지로 포장되더라도 결국에는 사회에 해악을 끼치고 있다는 본질적인 사실까지는 덮어 버리기는 어렵다. 그래서 증권가에서는 담배, 주류, 무기, 도박 등에 관계된 기업을 죄악주(sin stock)라고 규정하여 투자를 꺼리는 분위기가 있다.

최근 ESG가 강조되면서 ESG 관련 사업에 투자하는 펀드가 유행한 적이 있었다. 2020년 거대 투자회사인 블랙록의 CEO인 래리 핑크는 공개 서신을 통해 화석 연료 기업에 대한 투자를 중단할 것이며, 전체 매출의 25% 이상을 화석연료에서 버는 기업의 주식과 채권을 팔아 치우겠다고 윽박지른 바 있다. 그러나 ESG 기업에게 투자하는 펀드의 수익률이 오히려 악화되면서 점차 분위기가 바뀌기 시작하였다. 2023년 래리 핑크는 ESG가 지나치게 정치화 되고 있다면서 더 이상 ESG를 거론하지 않을 것이라고 선언하였다. 실증 분석에 따르면 죄악주의 투자 수익률은 다른 산업보다 훨씬 높다. Fabozzi와 동료들은 2008년[24)]과 2017년[25)] 연구에서 죄악주들의 수익률을 계산하였는데 사람들의 기대와 달리 시장대비 초과 수익률을 거둔 것으로 나타났다. 〈표 4-3〉에서는 죄악 산업별 연 수익률을 나타내고 있는데 각 산업의 모든 주식에 대해 가중평균을 한 결과에서도 시장 평균 수익보다 높다는 것을 알 수 있다. 〈표 4-4〉에서는 주요 국가에서 죄악주 기업들의 수익률을 표시하였는데 특히 선진국이라고 할 수 있는 미국, 스웨덴, 이탈리아, 스위스 등에서 죄악주 기업들이 더 돈을 많이 벌고 있음을 확인할 수 있다. 그 이유는 무엇일까? 먼저, 죄악주 기업들은 독과점 기업이며 높은 진입 장벽을 가진 경우가 많다. 사회적으로 부정적인 이미지를 가지고 있어서 거대 자본들이 이 시장에 대한 추격 진출을 꺼리게 되며 규

---

24) FJ Fabozzi, KC Ma, BJ Oliphant (2008), Sin stock returns, *The Journal of Portfolio, 35*(1) 82-94.

25) D Blitz, FJ Fabozzi (2017), Sin stocks revisited: Resolving the sin stock anomaly, The *Journal of Portfolio Management*, *44*(1) 105-111.

표 4-3 죄악주(sin stock) 기업들의 수익률(1970-2007)[26)]

산업	수익	연 수익률	t-value
성인산업	총수익률	18.26	(2.99)*
	시장수익률	8.3	(3.30)*
	초과수익률1	9.96	(3.08)*
	초과수익률2	1.40	(1.89)**
술산업	총수익률	13.45	(4.92)*
	시장수익률	8.18	(3.33)*
	초과수익률1	5.27	(2.50)*
	초과수익률2	7.89	(3.59)*
무기산업	총수익률	33.06	(3.89)*
	시장수익률	8.51	(3.33)*
	초과수익률1	24.55	(2.50)*
	초과수익률2	12.54	(3.25)*
게임산업	총수익률	33.5	(3.49)*
	시장수익률	7.15	(2.82)*
	초과수익률1	26.35	(3.05)*
	초과수익률2	49.15	(9.21)*
담배산업	총수익률	22.18	(5.82)*
	시장수익률	7.47	(2.85)*
	초과수익률1	14.71	(2.67)*
	초과수익률2	11.99	(3.27)*

표 설명: 총수익률은 1년 보유 기간 수익률로 측정한다. 시장 수익률(market return)은 각 주식이 거래되는 국가 시장 지수 수익률이다. 초과 수익률1(excess return1)은 주식 수익률과 시장 수익률의 차이이며. 초과 수익률2(excess return2)는 베타 조정 수익률을 초과하는 주식 수익률이다. 이 네 가지 수익률은 먼저 개별 주식 기준으로 계산된 다음 각 산업의 모든 주식에 대해 동일한 가중치를 기준으로 평균화하였다. 이 수치들은 죄악주의 수익률이 시장 평균보다 높다는 것을 의미한다.
* 및 **는 각각 1% 및 5% 수준에서의 유의성을 의미한다.

26) FJ Fabozzi, KC Ma, BJ Oliphant (2008), Sin stock returns, *The Journal of Portfolio*, *35* (1) 82－94의 〈표－4〉의 일부.

표 4-4 주요 국가에서의 죄악주(sin stock) 기업들의 수익률(1970-2007)[27]

국가	총 수익률	시장수익률	초과수익률1	초과수익률2
미국	27.46%	8.19%	19.27%	27.95%
캐나다	19.27%	8.43%	10.81%	15.57%
영국	13.02%	7.13%	5.89%	8.19%
프랑스	18.79%	9.48%	9.31%	2.24%
독일	8.18%	7.36%	0.82%	6.99%
이탈리아	22.97%	10.27%	12.70%	26.25%
스페인	12.76%	9.03%	3.73%	6.35%
네덜란드	13.80%	10.53%	3.27%	3.14%
스웨덴	26.87%	11.32%	15.55%	25.65%
스위스	21.16%	9.52%	11.64%	22.62%
호주	21.12%	8.95%	12.17%	11.13%
일본	9.50%	4.58%	4.92%	2.40%
홍콩	13.08%	12.85%	0.23%	2.41%
싱가포르	26.87%	9.10%	17.77%	7.35%
대한민국	21.11%	14.57%	6.54%	18.75%
대만	6.55%	8.96%	-2.41%	3.11%
포르투갈	9.96%	10.94%	-0.98%	1.03%

제 산업에 속하기 때문에 정부의 승인이 필요하다. 이러한 진입 장벽으로 인해 경쟁이 적어지며 다른 산업보다 이윤을 더 많이 낼 수 있는 상황이 발생한다.

두 번째로는 많은 투자자들이 도덕적 이유로 이러한 기업을 기피함에 따라 '죄악 주식'은 종종 저평가 상태에 빠진다. 특히 ESG 열풍이 투자 시장을 휩쓸면서 이러한 기피 현상이 더 심해졌으며 따라서 죄악기업들의 자본 조달 비용이 높아졌다. 이러한 이유로 초과 이윤을 낼 가능성이 오히려 커진 것이다. 래리 핑크의 고백대로 최근에는 ESG가 지나치게 정치적으로 흘러가고 있다는 비

27) FJ Fabozzi, KC Ma, BJ Oliphant (2008), Sin stock returns, *The Journal of Portfolio, 35* (1) 82–94의 〈표–5〉를 정리하였음.

판이 나오면서 죄악주 기업들을 투자 포트폴리오에 넣는 경우가 늘고 있다. 또 우크라이나와 러시아의 전쟁이 장기화됨에 따라 대체 에너지에 투자를 크게 늘린 대신 방산 산업에 투자를 줄인 유럽의 많은 나라들이 곤란을 겪게 되었다. 이에 지나치게 교조화되고 PC화된 ESG에 대한 다양한 반대 의견이 터져 나오고 있는 형편이다.

부패한 기업들이 실제로 사회공헌 활동을 많이 하는지 알아보기 위해서 나는 미국 상장 기업 데이터를 활용하여 기업의 로비 액수와 ESG 점수 사이의 관계를 조사하였다.[28] 물론 미국에서는 로비가 합법이기 때문에 로비를 많이 한다고 정치적으로 부패하다고 보기는 어렵다. 그러나 합법이라고 해서 로비가 긍정적으로 인식되는 것은 아니다. 미국 최대의 로비스트 단체인 미국로비연맹(American League of Lobbyists: ALL)에서는 단체 이름에서 로비스트(Lobbyists)를 빼려고 회원들에게 설문조사까지 진행한 바 있다. 많은 로비스트들의 명함에 로비스트가 아닌 컨설턴트(consultant)라고 적는 것도 대중의 로비에 대한 부정적 인식 때문이다. 이러한 분위기를 염두해서인지 정치 로비를 많은 하는 기업들은 부정적인 이미지를 회복하고자 ESG 활동에 적극 참여할 것이라는 가설이 가능하다. 한편 미국에서는 ESG의 일환으로 기업의 성평등(gender equality) 활동을 지수로 평가하는데 그 중에 하나가 Corporate Equality Index(CEI)이다. 2006년부터 2019년까지 로비에 참여하는 미국 상장기업 약 400여 개의의 CEI를 조사한 결과 매출액 대비 로비에 투여되는 금액이 1% 늘어날 때마다 기업의 성평등 활동 지수인 CEI가 0.77씩 늘어남을 발견할 수 있었다. 즉 로비에 활발하게 참여하는 기업들은 어두운 이미지를 불식시키고자 기업의 사회적 공헌

---

28) 나와 동료들의 논문인 “Choi, S. J., Shin, J., Kuper, P., & Zhang, L. Y. (2023). Corporate decisions on LGBT friendliness: a multi–level approach. *Management Decision*, 61(4), 996–1012”에서 사용된 데이터를 활용하였다.

그림 4-7 미국의 주 별 부패 관련 유죄 판결 건 수[29]

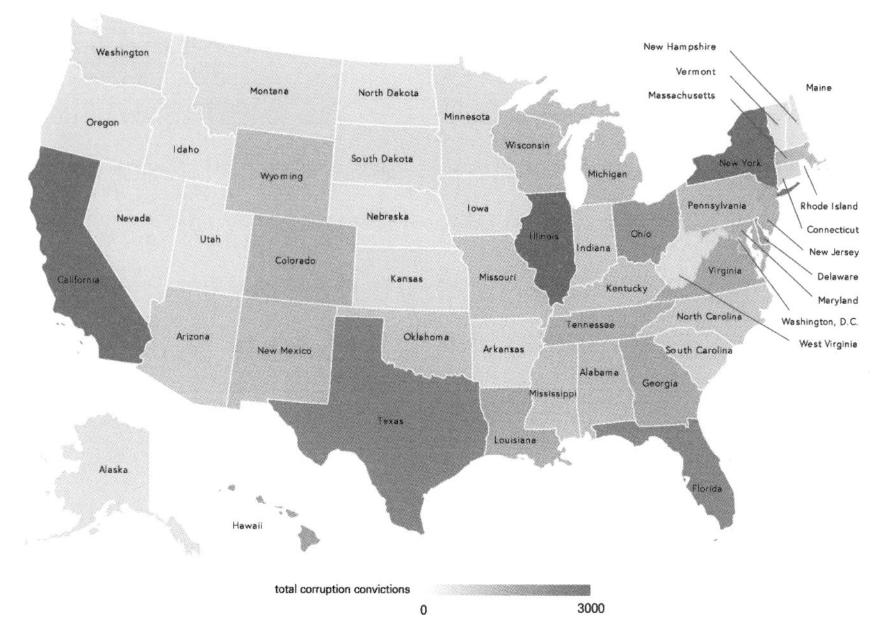

그림 설명: 1978년부터 2018년까지 미국 각 주별 부패 관련 유죄 판결 총 수이다. 진한 색깔일수록 그 수치가 높다는 것을 의미한다. 부패 유죄 판결이 2,000건 이상인 주는 캘리포니아, 플로리다, 일리노이, 뉴욕, 텍사스의 다섯 주이며, 같은 기간 동안 부패 유죄 판결이 매우 적은 주(100건 미만)로는 델라웨어, 뉴햄프셔, 유타, 버몬트, 와이오밍 주가 있다. Hoang은 그의 연구에서 부패한 주에 위치한 기업일수록 ESG 성과 공시를 자발적으로 하지 않으려는 경향을 발견하였다.

활동 또는 ESG 활동을 많이 한다는 가설이 증명된 것이다. 흥미로운 것은 개별적으로 약점이 있는 기업들은 사회 공헌 활동을 통해 벌충하려는 유인이 있지만 사회 전반적으로 부패한 경우에는 이러한 ESG 활동을 오히려 꺼린다는 것이다. Hoang은 그의 2022년 연구[30]에서 오염 물질을 많이 배출하는 기업들이

29) Hoang, K. (2022). Silent but deadly: Political corruption and voluntary ESG disclosure in the United States. *Managerial and Decision Economics, 43*(7), 2775–2793.

30) Hoang, K. (2022). Silent but deadly: Political corruption and voluntary ESG disclosure in the United States. *Managerial and Decision Economics, 43*(7), 2775–2793.

정치적으로 부패한 상황에서는 ESG 공시를 잘 하지 않으려고 한다는 것을 발견하였다. 미국에서도 주 별로 정치적 부패 상황이 다른데, 상대적으로 더 부패한 환경에서는 기업들이 ESG 활동보다는 뇌물 공여 등 다른 방식을 통해 정당성을 얻는 것이 더 유리하다는 것을 의미한다. 오염 물질을 배출하는 기업들은 사회적인 압력에 노출되는데 이런 기업들에게는 여러 가지 옵션이 가능하다. 공정한 언론과 시민 단체들이 발달되어 있는 상황에서는 사회 기여를 통해 부정적인 이미지를 탈출하려고 하지만 법 집행 과정이 불투명하고, 공정하지 않으며, 부패가 횡행하는 환경에서는 언론사, 시민단체 또는 정치인, 관리들을 매수하는 편이 더 손쉬운 해결책이 되기 때문일 것이다. 이상의 내용을 정리해보면 부정적인 이미지가 강한 기업들은 ESG와 같이 사회적으로 바람직해 보이는 활동을 적극적으로 하는 경향이 있지만, 기업이 처한 환경이 더 손쉬운 정치적 옵션(예: 뇌물 공여, 매수, 담합 등)을 제공하는 경우에는 부패 활동의 유혹에 빠지는 경향성도 보인다는 것이다. 사회적으로 무엇이 바람직한 행동인지를 정의하는 규범과 기업에 대한 공정한 제도 환경을 갖추어 나가는 것이 중요하다는 것을 알 수 있다. 부패한 상황에서 기업들에게 홀로 윤리적인 행동을 하라고 강요하는 것은 지속 가능하지 못하다는 사실을 다시 한 번 증명한다고도 볼 수 있다.

CHAPTER

05

한국의 부패

"공적인 일을 할 때 사욕을 갖지 말라."

-박태준, 포항제철 전 회장-

01

김영란법은 부패를 줄였을까?

국가주도의 반부패 정책은 성공한 사례보다는 실패한 경우가 더 많았다. 싱가포르는 최고지도자의 청렴함과 리더십으로 반부패 캠페인을 성공시킬 수 있었다. 그러나 싱가포르의 사례는 세계사적으로 대단히 예외적인 케이스이다. 대부분의 경우에는 오히려 부패가 제도화되고 지능화되곤 하였다. 국민 의식의 개선과 제반 경제, 사회적 여건이 뒷받침되지 않는 한 상명 하달식의 반부패 캠페인은 한계가 분명하다. 인도네시아의 오직박멸위원회(汚職撲滅委員會, Komisi Pemberantasan Korupsi, KPK)는 싱가포르의 탐오조사국(CPIB, Corruption Practices Investigation Bureau)과 홍콩의 염정공서(廉政公署, Independent Commission Against Corruption, ICAC)를 모델로 하여 2003년 세워졌다. 31년 동안 독재를 한 수하르토가 실각하고 난 뒤 취임한 수카르노 대통령이 인도네시아의 만연한 부패를 척결하겠다고 선언하고 만든 반부패 기관이었다. 이 기관을 선봉에 세우고 수카르노 정권은 강력한 반부패 운동을 전개하였지만 부패 관행은 별반 줄어들지 못했다. KPK에는 1명의 위원장, 5명의 위원에 700여 명의 직원들이 근무하는데 자체적인 검사와 수사관이 없어 기존의 수사 기관들과 갈등만 일으켰다. KPK가 경찰 국장의 비리 혐의를 잡고 수사를 시작하자 경찰이 오히려 KPK 위원장을 체포한 사건도 있었다. 홍콩의 염정공서도 2015년 친중파로 분류되는 행정장관 렁춘잉(Chun-ying Leung, 梁振英)의 비리 단서를 포착하고 수사하기 시작하자 염정공서의 집행처장이 외압에 의해 사임되는 일이 있었다. 한국도 2021년 공수처가 설립되어 고위공직자에 대한 독립적인 감시를 시작하였지만 정치권의 갈등으로 제대로 된 수사를 하지 못했다. 오히려 어용적으로 통제되지 않는 검찰을 길들이려고 옥상옥의 수사기관을 만들었다는 비판여론에 시달렸다. 이렇게 국민들의 충분한 공감을 받지 못하는 상태에서 검찰 총장 출신의 대통령이 당선되면서 검찰을 견제한다는 목적의 공수처는 더더욱 존재감이 없는 식물 기관으로 전락해 버렸다. 2019년에는 공수처 설치에 대한 찬성 여론이 높았지만 공수처법이 통과된 이후인 2020년 12월에는 반대 여론이 더 높아졌다는 것에서 여론의 변화를 읽을 수 있다. 시진핑 정권 이후 대대적으로 시행된 반부패 캠페인 역시 시진핑을 따르는 계파인 시자쥔(習家军)을 제외하고 주로 공청단(共青團)이나 상하이방(上海帮)과 같은 정적을 제거하는 데 이용되었다는 비판이 있다. 실제로 시진핑 주석 집권 이후 수많은 사람들이 반부패 혐의로 구금되었고 처벌되었지만 가시적으로 어떤 부분에서 부패가 줄어들었는지를 체감하기는 어렵다. 이렇게 반부패 정책은 권력 계층이 법이나 제도를 만든다고 당장의 효과를 볼 수 있는 것은 아니다.

위로부터 아래로의 반부패 캠페인이자 유래 없이 포괄적인 내용을 담고 있는 김영란법은 우리 사회를 어떻게 바꾸었을까? 대법관 출신의 김영란은 국민권익위원회 위원장 재직 당시 '부정청탁 및 금품등 수수의 금지에 관한 법률'을 제안하였다. 그녀의 이름을 따라 김영란법 또는 청탁금지법이라는 약칭으로도 불리고 있다. 처음 입안을 추진하였을 때에는 고위공무원과 정치인들을 대상으로 하였으나 그 뒤 수많은 논의를 거치면서 범위가 언론인과 사립학교 교직원까지 확대되었다. 이전에는 금품 수수의 대가성과 직무관련성을 입증해야 형사 처벌이 가능했지만 이 법률에서는 1회 100만원을 초과하는 금품을 받는 것을 무조건 처벌할 수 있게 하였다. 또 100만원 이하라도 직무와 관련되면 대가성 여부와 관련없이 과태료를 부과할 수 있게 되었다. 과거에도 비슷한 법률이 있었지만 김영란법은 종전에는 볼 수 없던 가장 광범위한 캠페인으로 반부패 정책의 큰 획을 그었다고 평가받는다. 지금까지는 뇌물을 수수해도 대가성을 입증하는 것이 매우 어려웠기 때문에 많은 부패 공무원들이나 정치인들이 처벌을 피해 나갈 수 있었다. 따라서 이런 관행을 타파하려고 만들어진 새로운 법은 국민들의 관심과 기대를 한 몸에 받을 수 있었다. 하지만 현재에는 이 법의 효용에 대해서 의구심을 갖는 사람들이 적지 않다. 주된 이유는 헌법상의 과잉 금지의 원칙에 어긋난다는 것이다. 직무와 관련이 있는 선물 거래를 이유를 막론하고 처벌하겠다고는 하지만, 왕창 해먹는 고위 정치인들이 아닌 만만한 하위 공무원이나 민간 부분의 사인(私人)들을 주된 타깃으로 하고 있으며 따라서 과잉 입법이라는 것이다. 그리고 과연 어디까지가 용인이 되는 선물과 접대인지에 대해서 아직도 확실하게 정리된 것이 없다.

이를 해석하는 권익위는 매번 언론과 정권의 눈치를 보면서 우왕좌왕하는 모습을 보여주었다. 스승의 날, 생화 카네이션 선물은 안 되지만 학생들이 만든 종이꽃은 가능하다고 권익위가 해석한 것은 불법과 합법 사이의 애매함과 자의성을 드러낸 사례였다. 또 학부모가 유치원과 어린이집에 다니는 자녀들의 생일을 위해 케이크와 과자 등을 준비하는 행위는 불법이 아니라고 해석하여 직무 관련성의 기준이 과연 무엇이냐는 의구심을 자아냈다. 사회 상규상 예외적으로 허용되는 것들이 상당히 많은데 이것들은 권익위의 자의적인 판단이 아니냐는 것이다. 김영란법에서 제시하는 음식물, 선물, 경조사비 한도는 처음에는 각각 3·5·10만원으로 시작하였지만 농축산 업계의 수입이 줄어든다는 핑계로 농축산물 선물에 대해서는 10만원까지 허용하게 된 것도 불필요한 논란을 초래했다. 농촌에 지역구를 둔 국회의원들의 입김이 개입된 결과였기 때문이다. 우리 농촌을 살리고자 우리나라에서 생산한 농축산물 원료가 50% 미만으로 포함된 제품은 10만원으로 상향된 기준에서 제외한다고 발표하였다. 그러나 이는 선물을 받으면 포장지를 뜯어보고 국산농축산물의 원료가 어느 정도 들었는지 확인해야 한다는 의미로 법의 안정성과 일관성이 깨진 셈이다. 그 중에서도 국민들에게 가장 거센 비난을 받은 부분은 "선출직 공직자는 공익 목적으로 제3자의 고충민원을 들을 필요가 있다"는 취지로 국회의원에 대한 대관 행위에 예외를 둔 것이다. 국회의원을 처벌 대상에서 완전히 제외한 것은 아니지만 국회의원에 대한 면책 조항을 만든 셈이다.

법을 다루는 직종이면서, 때로는 불투명한 수임료를 받는 변호사들을 뺀 것에 대해서도 비판이 있었다. 한국 사회에서 국회의원은 사실상 권력에 정점에 있다. 내각제적 요소가 우리 정치에 포함되어 있어 무소불위의 권력을 휘두르는 집단이라고 할 수 있다. 그리고 그 중 상당수가 변호사 등 법률가 출신이다. 명확한 통계를 구하지 못하였으나 신문의 토막 기사를 참조해보면 김영란법 시행 이후에도 의원실로 배달된 명절 선물의 양은 크게 달라지지 않았다. 국회의원에 대한 각종 청탁 문자가 언론사의 카메라를 통해 대중에게 노출되었지만 그 누구도 처벌 받지 않았다. 법을 만들고 다루는 국회의원들과 변호사들이 정작 자신들은 이 법에서 벗어난 것이다. 반면에 법적으로 사인 (私人)에 불과한 언론인, 교원 등을 국가 통제의 대상으로 잡아버렸다. 김영란 씨가 이 법을 제안했을 때의 취지에서 상당히 후퇴한 셈이다.

그렇다면 기업들이 느끼는 김영란법의 효과는 어떨까? 나와 동료 연구자들은 김영란법이라는 반부패 정책이 기업의 선물 관행을 어떻게 바꾸었는지 연구하였다.[1] 실증 분석을 주로 하는 연구자 입장에서는 김영란법과 같은 현상은 매우 흥미로운 연구 대상이다. 보통의 사회과학 연구에서는 제도 변화가 어떤 결과를 초래하는지에 대한 인과관계를 명쾌하게 규명하기 어렵다. 많은 변수들이 서로 영향을 주고받으면서 얽혀 있어 통제하기 어렵기 때문이다. 그러나 이렇게 어떤 제도가 시행된 전과 후의 상태를 단절적으로 구분할 수 있다면 인과 관계를 탐구하는 것이 훨씬 용이해진다. 마치 실험실에서 대조군과 비교군을 통제하여 분석하는 것에 비견하여 이러한 사회 실험을 준실험설계(quasi-experimental design)라고 한다. 한편 부패 연구에서 가장 큰 관건은 부패 행위를 어떻게 탐지하거나 측정하냐 하는 것이다. 부패 행위를 직접 현장에서 잡아서 그 금액과 빈도를 관찰하지 않는 이상 사실 어떤 대안의 방법도 불완전하다. 다만 이 연구에서는 기존 연구[2]에 따라 기업의 재무재표상에 보고되는 업무추진비나 대외업무활동비를 기업의 사례금, 선물비, 교제비의 대리 변수(proxy)로 사용하였다(이하 접대비로 지칭). 세법상 업무추진비는 사실상 접대비로 간주되며, 기업 등이 업무와 관련해 특정인에게 무상으로 지출한 비용이 포함된다. 김영란법은 2016년 9월 28일부터 효력이 시작되었으므로 2015년 4분기부터 법 발효 이후인 2017년 1분기까지의 상장 기업 777개를 조사 대상으로 삼았다. 〈표 5-1〉과 〈표 5-2〉에는 각각 CJ대한통운과 우리은행의 재무제표 일부가 제시되어 있다. CJ대한통은 2017년 1분기 약 24억을, 우리은행은 약 110억을 접대비로 집행한 것을 알 수 있다.

---

1) Choi, S. J., Jung, S., & Yim, H. R. (2021). Impact of anti-corruption legislation on corporate entertainment expense and performance. Economic Computation and Economic *Cybernetics Studies and Research*, *55*(2), 143-158

2) Lindgreen, A. (2004). Corruption and unethical behavior: report on a set of Danish guidelines. *Journal of Business Ethics*, *51*, 31-39; Sun, F. (2016). How to manage client entertainment in China. *Business Horizons*, *59*(4), 401-410.

표 5-1 CJ대한통운의 2017년도 1분기 재무제표 일부

15. 판매비와관리비

단위: 천원		
계정과목	당분기	전분기
급여	40,585,617	34,378,232
퇴직급여	5,099,828	5,789,207
복리후생비	8,984,249	9,151,588
행사비	264,228	387,762
여비교통비	2,970,457	2,592,407
통신비	799,584	894,342
세금과공과	1,293,314	1,542,600
도서인쇄비	879,977	374,227
수도광열비	1,217,284	1,062,370
수선비	887,033	927,370
임차료	2,988,698	1,760,200
대외업무활동비	2,382,184	2,484,367
소모품비	1,211,367	627,984

표 5-2 우리은행의 2017년도 1분기 재무제표 일부

40. 일반관리비 및 기타영업손익

단위: 백만원				
과목			제184(당)기 1분기	제183(전)기 1분기
종업원급여	단기종업원급여	급여	328,157	322,045
		복리후생비	99,430	86,965
	퇴직급여		37,085	39,547
	해고급여		-	386
	소계		464,672	448,943
감가상각비 및 상각비			49,547	71,926
	임차료		80,411	79,408
	세금과공과		29,101	27,364
	용역비		48,807	57,459
	전산업무비		14,388	17,189
	통신비		15,479	14,945
	업무추진비		11,050	11,508
	광고선전비		7,446	13,020

표 설명: 대외업무활동비와 업무추진비는 기업의 사례금, 선물비, 교제비 등을 포함한다.

그림 5-1 조사대상 기업들의 분기별 접대비의 계절 효과

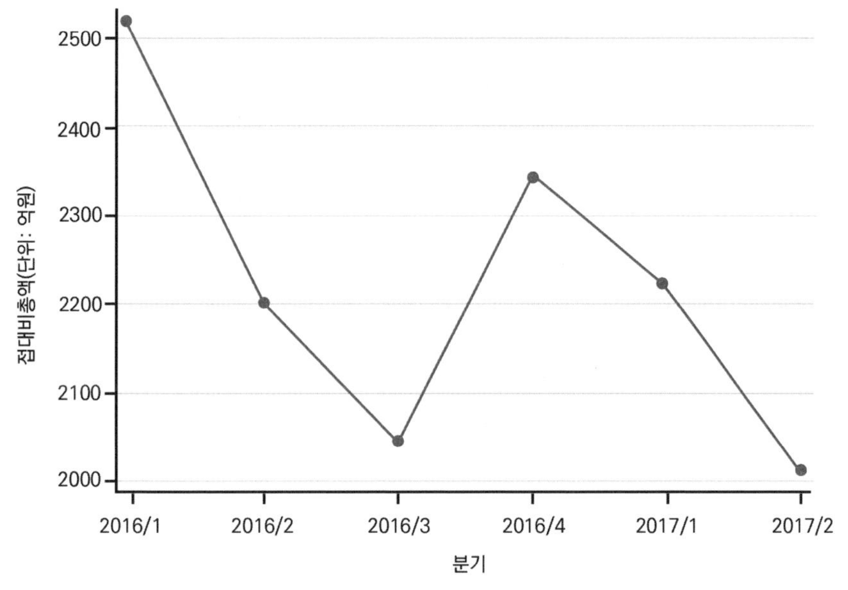

그림 설명: 기업의 접대비는 계절적 영향을 받는다. 대관 비용이 집중되는 추석과 연말 연초에 기업들의 접대비 지출이 늘어나는 사이클을 보인다.

〈그림 5-1〉에서 보듯이, 접대비는 계절적 패턴을 보인다. 김영란법이 시작된 이후인 2016년 4분기 기업들의 선물비 지출 총액은 여전히 높은 수준이다. 보통 소위 떡값이라 부르는 선물이 추석, 연말 연초에 몰려있기 때문이다.

기업의 접대비가 직전연도 동분기(YoY) 대비 증가하면 1, 아니면 0이라고 정의하여 이것을 통계 분석의 종속변수로 사용하였다. 설명변수로는 김영란법의 시행 이후면 1, 이전이라면 0으로 정의하여 코딩하였다. 추가로 기업의 서로 다른 조건 두 가지를 조절변수로 고려하였다. 먼저 재벌인지 여부와 다음으로 규제 사업에 속하는지 여부이다. 〈표 5-3〉에 로짓회귀분석 결과가 정리되어 있다. 김영란법의 발효 이후에 접대비를 줄인 회사들이 유의미하게 늘어났다. 그리고 그 경향은 대기업집단 이거나 금융 등 규제 산업의 경우에 더 뚜렷하게

표 5-3 김영란법과 접대비 감소에 대한 회귀분석 결과[3)]

	Model 1			Model 2			Model 3		
	Coefficient	Std.	Sig.	Coefficient	Std.	Sig.	Coefficient	Std.	Sig.
김영란법 이후	-0.699	0.072	***	-0.598	0.076	***	-0.544	0.078	***
김영란법 이후×재벌				-0.959	0.228	***	-0.919	0.228	***
김영란법 이후×규제 산업							-0.685	0.248	***

표 설명: 김영란법 이후 접대비를 감소시킨 기업이 늘어났으며, 재벌과 규제산업에 속한 기업의 경우 이 경향성이 더 뚜렷하다.

나타났다. 그럼 왜 대기업과 규제 산업에 속하는 기업들이 상대적으로 김영란법에 더 민감하게 반응했을까? 대기업의 경우 사회 이슈에 크게 타격을 입을 수 있기 때문에 브랜드 이미지 관리 측면에서도 예민하게 관리하기 때문일 것이다. 최근 갑질 사건 등에서 보듯, 언론 노출도가 높은 대기업은 민감한 사회 이슈에 가급적 얽히려 하지 않는다. 그래서 불확실한 소나기를 일단은 피하고 보자는 위험 회피적인 결정을 했을 것이다. 한편 규제 산업에 속한 기업은 정부 의존도가 높다. 따라서 정부 시책에 반대해서는 사업이 되지 않으니 정부가 추진하는 법에 적극적으로 순응했다는 해석이 가능하다. 이렇게 김영란법이 시작된 직후 접대비를 줄인 기업들의 수는 의미 있는 수준으로 늘었지만 줄어든 그 금액은 크지 않았다. 김영란법 발효 전 기업당 평균 접대비는 2억 9천 2백만원이었는데 발효 후에는 2억 7천 2백만원으로 불과 2천만원 정도 줄어드는 것에 불과했다. 김영란법 발효 5년이 지난 2021년에 조사한 기업의 총 접대비는 11조 4천억원 정도이다. 이는 2020년 대비 2.6%(약 3천억원) 감소한 수치지만, 이전 3년간 접대비 평균과는 큰 변화 없는 11조원대에 머물고 있다는 사실이 이

3) Choi, S. J., Jung, S., & Yim, H. R. (2021). Impact of anti−corruption legislation on corporate entertainment expense and performance. *Economic Computation and Economic Cybernetics Studies and Research*, 55(2), 143−158

표 5-4 김영란법에 대한 관련자 인터뷰

소속	직위	인터뷰 내용 요약
정부 출자 은행 A	차장	김영란법에 의하여 공무원들에 대한 심리적인 종속이 줄어들었으며 효과가 의심스러운 상당한 교제비용을 줄일 수 있어서 업무 효율이 늘어났다.
정부 출자 은행 B	차장	사내에서 이제는 경조사비 한도를 안 지키는 분위기다. 김영란법은 사문화되었다고 생각한다. 최근 바뀐 기준에 대해서 잘 모르겠고 더 이상 관심도 없다.
정부 출자 은행 C	과장	거래처에서 들어오는 한도 넘는 농축산물 선물들이 집으로 배달되더라도 반납하지 않고 그냥 먹거나 가족들에게 나누어 주는 직원들이 많다.
중소기업	최고 경영자	법의 취지는 이해하나 업무상 필요한 교제비를 합법적으로 소비할 수 없어 영업이 어려워졌다.
중견기업	본부장	우리 회사에서는 김영란법을 잘 이해하고 있으면 이를 잘 지키고 있다.
대기업 계열사 A	상무	법에 저촉되지 않기 위해서 회식이나 외부 만남을 가급적 삼가하고 있다.
대기업 계열사 B	과장	우리 회사는 하청 기업에 대해서 윤리적인 기준이 원래부터 높았기 때문에 김영란법에 의해서 딱히 영향을 받지 않았다. 그러나 김영란법이 기준으로 삼는 접대 한도 기준을 준용하여 사용할 수 있어서 좋았다.
법무법인	파트너 변호사	우리 분야에서는 김영란법에 의해서 별로 영향을 받지 않는다.
대학교 A	교수	학생들이 생수 한 병을 강의 시작 전에 올려놓는 경우가 있는데 이것이 김영란법에 의해서 저촉된다면 어떻게 돌려줘야 하는지 해석하기 어려울 때가 많다. 사소한 걸로 시간과 행정력을 낭비하는 것 같다.
대학교 B	교수	학교에서 김영란법 관련 공문과 사례가 자주 전파되는데 복잡해서 굉장히 번거롭다. 예를 들어 외부에서 사례비를 받지 않고 강의를 하는 것까지도 일일이 다 신고하라고 하는데 까먹고 나중에 신고하니 주의를 받았다. 억울하다는 생각이 들었다.
서울시	주무관	김영란법의 세부 기준이 계속 바뀌어서 헷갈린다. 현장에서는 잘 지키지 않는 것 같다.
언론사 A	기자	법 시행 직후에는 조심했으나 이제는 식사 및 차 접대는 이해 당사자들에게도 잘 받는 분위기다.
언론사 B	기자	우리는 여전히 접대를 받는다. 차이점은 예전에는 2차, 3차(여성 접대부 포함)까지 접대를 받던 것을 가급적이면

소속	직위	인터뷰 내용 요약
		식사만 얻어먹고 마무리하는 편이다. 과거에는 선물을 그냥 받았으나 지금은 그 자리에서 뜯어서 확인은 해 본다.
언론사 C	기자	법 시행 이후에도 사용기를 올리기 위해서 무상으로 제품을 제공받거나 사용료 없이 써보는 일이 비일비재하다.
소속 없음 A	일반 국민	방송국에서 PD들이 간접 광고를 해주면서 금품을 받는 일이 여전히 있다고 들었다. 처벌되는 것을 두려워하는 분위기도 아니다.
소속 없음 B	일반 국민	국회의원들이 가장 부패했지만 김영란법으로 처벌되었다는 뉴스를 본 적이 없다. 소시민들은 왜 지켜야 하는지 모르겠다.

표 설명: 솔직한 답변을 얻기 위하여 소속은 익명으로 처리하였다.

를 증명한다.[4] 이상의 계량적 분석 결과를 정리해보자면 김영란법은 기업들의 접대비를 줄이는 데 일단 도움이 되었다고 볼 수 있다. 그러나 실제 감소한 규모는 미미한 수준이며, 대기업이나 규제 산업에 속한 기업들처럼 여론과 정부 눈치를 많이 보는 기업들을 중심으로 그 효과가 나타났다. 어쩌면 2016년 이후 기업들의 로비와 뇌물 공여가 장부상 드러나지 않은 지하로 숨어들어 갔을 수도 있다는 추측이 가능하다.

계량분석에서 놓칠 수 있는 것이 현장에서 일하고 있는 사람들의 목소리이다. 이에 나는 기업의 최고 경영인들, 공기업 및 사기업의 임직원들, 그리고 일반 국민들이 김영란법의 효과를 어떻게 인식하고 있는지에 대한 인터뷰를 실시하였다. 그 중에서 핵심적인 것들만 〈표 5-4〉에 정리하였다. 질적 연구에서 추천하는 방식에 따라 선입견을 배제하기 위해서 유도 질문을 지양하고 자유로운 분위기에서 심층 인터뷰를 실시하였다. 일부는 전화 통화나 온라인 화상 통신을 통해서 인터뷰를 진행하였으며 일부는 대면으로 만나서 이야기를 나누었다. 이러한 인터뷰를 통해 다양한 의견을 들을 수 있었다. 김영란법이 기존의 불합

4) http://www.taxtimes.co.kr/news/article.html?no=257296

리한 대관 관행을 없애는 데 긍정적인 역할을 하였다는 평가를 한 사람도 있었으나, 일부는 김영란법은 이제 사문화된 법이라고 말하거나 더 이상 현장에서는 지키는 분위기가 아니라는 응답을 하기도 하였다.

특정 법이 완벽할 수도 없으며 또 모두를 만족시킬 수는 더더욱 없을 것이다. 그러나 문제는 김영란법을 자의적으로 해석하고 관리하는 권익위와 정치권에 있다고 생각한다. 장관급인 권익위 위원장은 대통령이 임명하기 때문에 친정부적 성향일 수밖에 없는 한계가 있다. 2023년에 임명된 위원장은 대검찰청과 고검장을 거친 명망 있는 검사 출신이지만 대선 선거 캠프에서 일한 대통령의 지인으로 알려져 있다. 또 문재인 정부에서도 여당 국회의원 출신이 권익위원장을 오랫동안 역임한 바 있다. 권력에서 누구보다 독립적이어야 할 기관이 사실상 어용 기관의 성향을 띠게 되는 이유이다. 2018년 평창올림픽에서 대한체육회가 소관 상임위 소속 국회의원 28명에게 국가대표 롱패딩 등 약 260만원대 물품을 선물한 적이 있었다. 청탁금지법 제8조 제1항에 따르면 공직자들은 1회 100만 원 또는 1년에 300만 원을 초과하는 금품을 받을 수 없게 되어 있다. 또 금액과 관계없이 이해당사자로부터는 선물을 받을 수 없다. 그러나 권익위는 패딩 건을 사회 상규에 따른 예외 사항으로 해석했다. 김영란법 제정 초기 교사와 학생 사이에 캔커피를 주고받는 것도 불법이라고 선언했던 권익위의 강단은 권력의 핵심에 있는 국회의원들 앞에서만큼은 한없이 작아진 것이다. 대한체육회는 교육문화체육관광위원회의 관리 감독을 받는 이해당사자이기 때문에 스포츠 의류 제공은 불법이 되어야 마땅했다. 그걸 보고 많은 국민들이 실망했다. 두 번째, 권익위에는 경영학자들 또는 경제학자들이 거의 없고 사실상 순수 관료, 정치인 또는 법률가들 위주로만 구성되어 있다는 점도 문제이다. 미국과 싱가포르 같은 선진국의 반부패, 반독점 기관에는 민간 출신 범죄 전문가들은 물론 통계 및 경제학자들이 상당수 포진되어 있어 부패 및 불법 행위를 과학적, 계량적으로 탐지해내려고 노력하고 있다. 또 법원은 이들이 찾아낸 데이터를 적극적으로 증거로 받아들인다. 그러나 한국의 권익위는 어찌 보면 늘공(공채로 시작해서 정년 퇴직까지 공직을 천직으로 여기는 '늘상 공무원') 조직이라고 볼 수 있다. 또 권력으로부터 낙하산으로 내려온 위원장의 지시에 순응하는 순한 조직이기도 하다. 싱가포르의 탐오조사국과 같은 강력한 법집행자의 느낌은 없다. 무엇보다 또 과학적으로 3, 5, 10만원 기준이 왜 만들어졌는지에 대해서도 국민들을 설득하지 못했다. 김영란법에 대한 국민들의 불신이 계속 커지고 있으며 이러한 불만이 결국 우리 사회가 이 법을 사문화된 법으로 간주하게 하는 이유인 것이다.

02

정치인과 공무원들에게 뇌물을 주는 방법

한때 사과박스는 정치인에게 주는 뇌물의 대명사로 사용된 적이 있었다. 그러나 현금을 이용한 거액의 뇌물 전달은 금융실명제 이후에 본격적으로 나타난 현상이다. 김영삼 대통령은 지하경제를 축소하고 금융 거래와 과세의 투명성을 높이기 위하여 1993년 8월 12일 금융실명제를 발표하고 전격적으로 실행하였다. 금융실명제는 우리 경제를 선진화시킨 이정표로 인정될 만하다. 이전까지는 차명 계좌가 일반적이었기 때문에 뇌물을 주고받는 것이 굉장히 수월했다. 심지어 차명으로 통장을 개설하고 도장과 비밀번호를 함께 건네주는 것이 보편적인 뇌물 공여 수단이었다. 이 경우 수사 대상에 오르더라도 현실적으로 자금 추적을 하기 어려웠다. 지금으로는 상상하기 어렵지만 뇌물을 수표로 전달하는 것도 예전에는 그다지 위험하지 않았다. 다만 거액이며 신규 발행된 수표의 경우 은행을 거쳐 돈세탁 하는 것이 다소 복잡해서 비교적 소액인 헌수표(10만원이나 100만원)가 불법 자금으로 애용되기도 했다. 헌수표라는 것은 발행한 지 오래되어 여러 사람들의 손을 거쳐간 수표로 당시의 금융 수사 기술로는 자금 추적이 까다로웠다고 한다. 기업들이 대선 캠프에 정치 자금을 제공할 때에 헌수표를 구해서 전달했다는 것이 당시 검찰 기록에도 나온다.[5] 김대중 전 대

5) https://www.kyongbuk.co.kr/news/articleView.html?idxno=852120

통령의 둘째 아들이 돈세탁을 할 때에도[6] 헌 수표가 사용되었다고 한다. 수표는 일반적으로 6개월 이내에 행사하도록 되어 있으나 실제로는 그 시효를 넘어도 은행에서 받아주었기 때문에 소액의 헌수표가 마치 현금처럼 사용된 것이다. 헌수표를 획득하는 방법은 크게 두 가지인데 첫 번째는, 대형 금은방, 유흥업소, 건설회사 등에서 구하는 것이고 두 번째는 은행원과 짜고 은행에 들어온 정상적인 헌수표를 출처가 구린 헌수표와 맞바꾸는 것이다. 물론 금융실명제 이전에도 부패 수사를 맡은 검찰이 어느 정도까지는 불법 자금을 추적하는 노하우가 있었기 때문에 조심스러운 사람들은 자금 세탁에 더 공을 들이기도 했다. 예를 들어 증권시장에서는 거액의 돈이 오갔기 때문에 불법 자금이 증시에 들어갔다 세탁되어 나오는 방법이 흔히 사용되었다. 또 사채 시장에서 헌수표를 새수표로 바꾸어 주는 브로커들을 활용하는 방법도 있었다. 이 과정에서 브로커들은 5% 정도를 수수료, 즉 할인을 받았다. 이를 속칭 와리깡(割り勘)이라고 했다. 이보다는 빈도가 적었으나 특히 거액의 뇌물을 전달할 때에 양도성예금증서(certificate of deposit, CD)가 사용되기도 했다. 금호그룹 박성용 회장이 각 20억원짜리 양도성예금증서를 노태우 대통령에게 전달한 적이 있었다.

이런 상황에서 금융실명제는 뇌물 유통의 방식을 근본적으로 바꾸었다. 즉 기존의 통장, 수표, CD 등은 더 이상 사용할 수 없었으니 안전한 현금을 사용할 수밖에 없게 된 것이다. 금융실명제 초기에는 금괴도 사용됐다. 그러나 금융감독원이 금은방에서 금을 사는 고객의 이름을 적어서 보관하라는 지침을 내리면서 금괴를 활용한 뇌물은 크게 줄었다. 그래서 당시로는 가장 고액권인 1만원짜리 지폐가 뇌물 전달 수단으로 선호될 수밖에 없었다. 정태수 한보그룹 회장은 정치인들에게 돈을 건네줄 때에 사과박스에 2억원, 골프 가방에 1억원, 약

---

6) https://www.seoul.co.kr/news/newsView.php?id=20020514003001

표 5-5 다양한 뇌물 용기와 최대로 담을 수 있는 현금의 액수

용기	1만원 기준(만원)	5만원 기준(만원)
티슈상자	1,000	5,000
드링크류 상자	1,700	8,500
간고등어 상자	3,000	15,000
케이크 상자	4,000	20,000
곶감 상자	2,000	10,000
와인 상자	800	4,000
007 서류가방	5,000	25,000
20kg 사과박스	24,000	120,000
골프백	30,000	150,000
여행용 캐리어	50,000	250,000

표 설명: 용기 모양은 다양할 수 있으나 일반적인 크기를 상정하였다.

상자에 1천만원을 담아 주었다고 한다. 거액의 돈을 현금으로 줘야 하니 어떤 용기에 담을 것 인지와 어떻게 전달해줄지가 세간의 관심사가 되었다. 〈표 5-5〉에 정리한 것처럼 용기의 종류에 따라 들어갈 수 있는 현금의 최대 금액이 결정되었다. 사과박스에는 최대 2억 4,000만원, 여행용 캐리어에는 5억원, 간고등어 상자에는 3,000만원, 드링크류 상자에는 1,000만원, 일명 007 서류가방에는 5,000만원 정도가 들어가는 것으로 알려졌다. 2009년 5만원권이 나온 이후에는 같은 용기에 약 5배의 금액을 넣을 수 있게 되었다. 부피가 큰 현금이 든 용기를 은밀하게 전달하기 위한 방법도 가지각색이다. 일반적으로는 특급호텔 주차장에 두 대의 차량이 나란히 주차하고 트렁크에서 트렁크로 옮기는 방법이 많이 사용되었다. 한보그룹의 뇌물 사건에서는 회장과 정치인이 호텔 객실에서 이야기를 나누는 동안 호텔 주차장에서 운전기사가 사과 상자를 옮겨

실었다. 사과상자가 뇌물의 대명사로 알려지면서 이렇게 상자를 옮기는 것도 이목을 끌게 되었다. 그래서 미리 주차장에 현금을 실은 차량을 주차 해놓고 자동차 열쇠와 자동차 번호가 적힌 쪽지를 주는 경우도 있었다. 2002년 한나라당의 대선 캠프에서 기업에게 정치 자금을 받을 때에는 2.5톤 탑차에 2억 4천만원씩 담긴 상자 62개와 1억 2천만원을 담은 1개 상자 등 총 63개 상자를 실은 트럭과 화물칸 열쇠를 고속도로 휴게실 주차장에서 전달 받았다. 그러나 현금으로 뇌물을 받는 것도 무조건 안전한 것은 아니다. 최근에는 전산망이 발달되고 과학 수사가 크게 진전됨에 따라 현금을 주고받는 것도 어느 정도는 추적이 가능하다. 2022년 자택에서 3억원의 현금이 발견된 민주당 노웅래 의원은 출판 기념회에서 모은 후원금과 7년 전 부친상에서 받은 부조금이라고 항변했지만 그 책은 당시 기준으로 약 4,000부 정도 밖에 판매가 되지 않은 것으로 알려져 최종 인세 수익은 약 1,000만원을 넘을 수 없다. 또 검찰은 발견된 현금의 띠지와 일련번호를 조사한 결과 대부분 2~3년 전에 발행된 현금이라고 주장하여 양측의 논쟁이 있었다. 한국은행이 신권 납품을 위해 5만원짜리 지폐 100장을 띠지로 묶고 10다발을 비닐로 포장한 5,000만원은 이른바 관봉(官封)이라는 형태로 시중은행에 내려 보내진다. 한국은행에서 나온 따끈따끈한 신권 뭉치인 셈인데 여기에는 품명, 기호, 수량 및 포장번호 정보가 들어있다. 일반인들 손에 들어가는 경우는 거의 없고 보통 청와대나 권력자가 입수하여 부정하게 사용되는 경우가 많다. 이 경우도 관봉에 적힌 정보와 현금의 일련번호가 추적의 단서가 될 수 있다.

최근에는 현금을 넘어 뇌물의 형태가 다양화, 지능화되고 있다. 암호화폐 시장은 불투명하기 때문에 기업 상장, 홍보, 입법 로비를 대가로 사전에 발행된 코인 물량을 전자 지갑에 송금하는 방식이 사용되기도 한다. 가상화폐 거래소

FTX 창업자는 계좌 동결을 풀기 위해 중국 공무원들에게 약 4천만 달러를 가상 화폐로 전달했다는 혐의를 받았다. 해외에서 공부하거나 체류 중인 정치인 자녀의 유학비와 생활비를 지원해주는 부패도 흔하다. 또는 자신이 영향력을 행사하는 재단에서 유력 정치인 자녀들에게 장학금을 지급하는 일도 일종의 뇌물 공여로 사용될 수 있다. 노골적으로 현금을 전달하는 대신 불법과 합법을 넘나드는 교묘한 방식으로 지원하기도 한다. 고위 공무원들이 대기업 소유의 호텔이나 리조트에 예약할 경우 무상으로 방을 업그레이드 해주거나 과일 바구니나 각종 서비스를 잔뜩 주는 것도 비일비재하다. 또는 엘리트 공무원들의 보고서를 대신 써주거나 필요한 각종 데이터를 제공해주는 일도 있다. 국내 대기업 중에서는 해외 엘리트 공무원들을 초청하여 중요 산업시설 견학을 알선해주고 숙박과 식사를 후원해주기도 한다. 이는 외견상 완벽하게 합법적으로 보이고 심지어 국가에 도움이 되는 정보를 제공했다는 명분도 주장할 수 있다. 그러나 이 역시 합법을 가장한 뇌물의 영역에 들어가야 한다. 왜냐면 이러한 엘리트 공무원들이 고위 공무원으로 승진한 후 도움을 준 대기업들에게 유리한 정책을 만들 가능성이 크기 때문이다.

그렇다면 국민들의 성향에 따라 주요하게 사용되는 뇌물의 형태가 달라질 수 있을까? 이에 대한 답을 하기 위하여 나는 전 세계 국가들을 네 가지 유형으로 나누었다. 그에 앞서 먼저 두 가지 변수를 고려해야 한다. 첫 번째는 국민들이 뇌물을 주고받는 것을 어떻게 생각하는지에 대한 정서이다. The World Values Survey(WVS)에서 수집하는 데이터 중에서 뇌물을 주는 것에 대한 관대함 정도(Corruption tolerance)를 사용하였다. The World Values Survey 는 1981년부터 매 5년마다 약 80여 개국 국민들을 대상으로 환경, 일, 가족, 정치, 사회, 문화, 종교, 도덕, 민족성, 직업과 소득 등에 대한 가치관을 조사하고 있다. 그 중 근

그림 5-2 뇌물을 주는 것에 대한 관대함 정도(Corruption tolerance)와 부패 정도(Corruption level) 사이의 관계7)

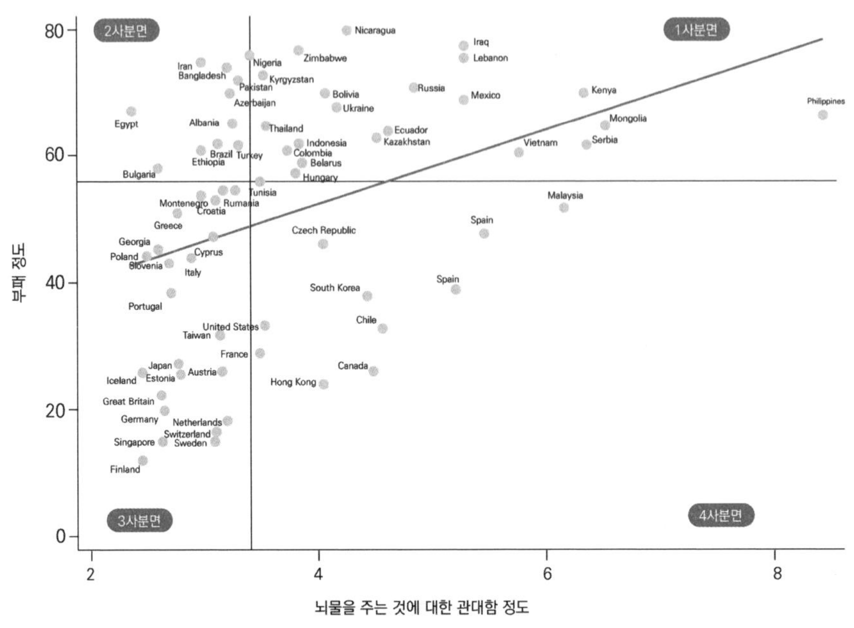

그림 설명: X축은 뇌물을 주고받는 것을 국민들이 얼마나 관대하게 인식하냐 하는 정도(Corruption tolerance)이며 Y축은 실제 해당 국가의 부패함 정도(Corruption level)이다. 이 두 변수는 대체적으로 서로 정(+)의 상호 관계가 있다. 반면에 뇌물을 주고받는 것에 대해서 엄격하지만 전반적인 부패 정도는 높은 구간(2사분면, 예: 이집트)과 뇌물 주는 것에 대해서는 관대하지만 부패한 정도는 낮은 구간(4사분면: 한국)에 속한 국가들도 있다. 각각을 네 개 사분면으로 나눈 기준은 변수의 중간값이다.

무 중 뇌물을 받는 것이 정당화되는지를 10점 척도로 묻는 항목이 있다. 이 점수가 낮으면 뇌물을 받는 것을 용인하지 않는 성향이고 높으면 뇌물을 관대하게 인식한다고 볼 수 있다. 두 번째는 일반적으로 국가의 부패 정도를 측정하는

7) McGee, R. W., & Benk, S. (2023). Gender and attitudes toward bribery. In The ethics of bribery: Theoretical and empirical studies (pp. 169–184). Cham: Springer International Publishing 의 Attitudes toward bribery Index와 Corruption Perception Index(CPI)를 이용하여 계산

Corruption Perception Index(CPI)를 사용하였다. 이 지수가 높을수록 깨끗한 국가이므로 100에서 이 값을 빼서 보다 직관적인 Corruption level 변수를 만들었다. 이 수치가 높을수록 부패한 국가를 의미한다. 예측대로 Corruption tolerance(뇌물에 대한 관대함)와 Corruption level(부패 정도)은 강력한 정(+)의 상관관계($p<0.01$)가 있다. 뇌물에 관대한 국민들이 많을수록 부패가 심할 수밖에 없다는 뜻이다. 〈그림 5−2〉를 보면 우상향하게 표시된 추세선을 볼 수 있다. 흥미로운 것은 뇌물에 대한 관대함은 낮은데도 국가의 전반적 부패는 높은 국가가 있고, 반대로 뇌물에 대한 관대함은 높은데 국가의 전반적인 부패 수준은 낮은 국가들이 있다. 이런 국가들은 일종의 아웃라이어인 셈이다. 〈그림 5−2〉를 보면 왼쪽 상단(2사분면)에 있는 국가들과, 오른쪽 하단(4사분면)에 있는 국가들이 그런 예외이다(〈표 5−6〉). 나는 〈표 5−7〉에서 이러한 아웃라이어 국가들을 각각 "위선"과 "문화"로 이름 지어 구분해보았다. 먼저 "위선" 유형의 국가(2사분면)에서는 사람들은 뇌물을 주고받는 것을 혐오하고 잘못이라고 인식하고 있음에도 부패 수준은 높다. 이런 나라에서는 남들의 이목을 끌 수 있는 노골적인 뇌물 공여보다는 비현금성 뇌물이나 지하경제 등을 활용한 간접적인 부패가 빈번할 것이라고 예상해볼 수 있다. 이집트, 브라질, 터키, 이란 등이 이

표 5-6 뇌물을 주는 것에 대한 관대함 정도(Corruption tolerance)와 부패 정도(Corruption level)에 따라 4가지로 분류된 국가들 사례

	뇌물에 대한 관대함이 낮다	뇌물에 대한 관대함이 높다
전반적인 부패 수준이 높다	**2사분면:** 이집트, 브라질, 터키, 이란	**1사분면:** 러시아, 인도네시아, 멕시코, 이라크
전반적인 부패 수준이 낮다	**3사분면:** 영국, 일본, 핀란드, 싱가포르	**4사분면:** 한국, 스페인, 말레이시아, 슬로바키아

표 설명: <그림 5-2>를 이용하여 대표적인 국가들을 구분하여 정리한 것이다.

표 5-7 뇌물을 주는 것에 대한 관대함 정도(Corruption tolerance)와 부패 정도(Corruption level)에 따라 4가지로 분류된 문화와 주로 사용되는 뇌물 형식

	뇌물에 대한 관대함이 낮다	뇌물에 대한 관대함이 높다
전반적인 부패 수준이 높다	위선(비현금)	관행(현금)
전반적인 부패 수준이 낮다	윤리	문화(비현금, 현금)

표 설명: 뇌물에 대해 관대하고 실제 부패 수준이 높은 국가를 '관행'이라고 하고, 같은 상황에서 부패가 낮은 국가는 '문화'라고 이름지었다. 한편 뇌물에 대해 관대함이 낮지만 부패가 높은 국가는 '위선', 같은 상황에서 부패가 낮은 국가는 '윤리'라고 이름지었다. 괄호 안에는 그러한 문화에서 자주 사용되는 뇌물 수단을 표시하였다.

런 유형에 포함된다. "문화"에 속하는 국가(4사분면)에서는 역사적이거나 종교적이든 여러 복합적인 요인으로 뇌물을 주는 것이 관습적으로 자연스럽게 인식된다. 한국에서 일상적인 뇌물이 떡값이나 촌지 등의 부드러운 용어로 불리는 것도 이러한 이유일 것이다. 흥미로운 것은 한국에서 뇌물에 대한 관대함 정도는 4.43으로 3.21인 중국보다 높다. "문화"에 속한 국가에서 전반적인 부패 수준이 낮은 것은 어떻게 이해해야 할까? 인과관계에 대해서는 논란의 여지가 있지만, 촌지 문화에도 불구하고 경제가 급격하게 성장한 경우에는 제도의 발전에 따라 실제의 부패 문제가 상당히 개선되었을 수도 있다. 한국, 홍콩, 칠레 등이 그런 이유로 설명될 수 있을 것이다. 이런 나라에서의 주된 뇌물 수단은 현금과 비현금성 선물 모두 가능할 것이다. 뇌물에 대해서 관대한 편이니 드러내면서 주는 현금도 자주 사용되겠지만, 동시에 반부패 제도의 발전으로 인해 발각 위험성도 상존한다. 따라서 무기명 상품권 등 비현금성 뇌물이나 부정한 장학금 등 한층 교묘해진 방식으로 발전했을 수도 있다. 단순히 부패한 국가냐 아니냐를 가르는 정보는 많이 공개되어 있고 체감상 이해하기도 쉽다. 그러나 부패한 국가 안에서도 부패를 받아들이는 인식과 실제로 부패를 행사하는 관행에 있어서는 상당한 차이를 보일 수 있다. 이러한 미묘한 차이를 이해하는 것

은 해당 국가 정책 담당자들이 효과적인 반부패 정책을 세우는 데 중요한 단초가 될 것이다. 이는 다국적 기업의 해외진출 및 대관 전략을 수립하는 데도 도움이 될 것이다.

03 한국의 간접뇌물 구조

1998년 김대중 대통령의 집권 이후 대기업들의 로비 형태는 크게 변화하였다. 첫 번째 특징은 여야에 대한 일종의 균형 로비다. 1998년 이전에는 정권 교체를 경험해보지 못했기 때문에 집권 세력인 우파에 대한 선거 자금 및 정책 자금을 지원하는 방식이 대기업의 주된 로비 형태였다. 하지만 1998년 최초의 정권 교체 이후로는 기업들은 현재의 여야 구도가 언제든지 바뀔 수 있다는 것을 경험하였다. 만약에 기업들이 한쪽 정치 세력에 100 정도의 로비 자금을 지원해야 한다면 다른 편에도 적어도 50~100은 주어야 한다는 것을 깨달았다. 한쪽만 편파적으로 지원하다가는 기대치 않게 새롭게 들어선 정권하에서 심대한 보복을 당할 수 있기 때문이다. 균형 로비는 지방 자치 시대에 더 중요해졌다. 대통령은 우파 정당 출신이지만 기업의 본거지가 있는 지역에서는 좌파 정당 출신이 시장이나 도지사가 당선될 수 있다. 한국에서는 지방 분권이 고도화됨에 따라 광역 자치 단체장의 권한과 위상이 크게 높아졌다. 또 지방 토호 세력 때문에라도 로비를 분산시킬 수밖에 없는 구조도 만들어진다. 토호 세력들은 지역의 경제, 경찰, 법원 등을 장악하면서 영향력을 행사하기 때문에 이들 세력을 거치지 않고는 비즈니스가 어려운 경우가 많다. 토호 세력들은 여야 정치 지형과 별개로 해당 지역 부패의 온상이 된다. 특히 지역 법관들이 토호들과 손을 잡고 부패에 연루되는 경우가 많다. 참고로 지방 법원에서 근무하는 판사를 '향판(鄕判)'이라고 한다. 서울 지역에 근무하는 판사를 '경판(京判)'이라고 하고 그 중에서 계속 남아 있는 경우를 '백판(白判)'이라고 하는데 대법관까지 가능한 일종의 엘리트 코스인 셈이다. 김대중 정부에서 최초로 향판이 대법관이 될 정도로 향판은 출세에서 소외되는 경우가 많았다. 향판들은 그만큼 열등감이 있기 때문에 일종의 보상심리로 토호 세력과 결탁하여 부패에 가담하는 경우가 많았다. 향판 출신 변호사들이 마지막으로 근무한 법원에서 개업 뒤 1년 동안 수임한 형사 항소심 판결을 분석해보니 피의자들이 별다른 이유 없이 감형을 받은 경우가 무려 51%에 달했다는 조사 결과도 있다.[8] 빈번한 정권교체, 지방자치 그리고 지방 토호 세력의 영향력 때문에 기업들은 다양한 정치 세력에 줄을 대는 균형 로비를 해왔다.

두 번째 특징은 재야 및 시민단체를 활용한 간접 로비이다. 한국의 정치 지형이 바뀌는 것과 발맞추어 선거법 역시 많은 변화를 거듭하였다. 이에 따라 기존의 방식대로 직접적인 로비를 하고 뇌물을 공여하는 것은 상당한 위험이 따르게 되었다. 실제로 대선 이후 많은 기업 총수들이 불법 로비 혐의로 실형을 살게 되었다. 노골적으로 돈이 든 사과박스를 전달하고 정치인들을 접촉하는 것이 어렵게 된 것이다. 하지만 이런 상황에서도 기업들은 여전히 로비에 대한 가치를 인식하고 있었다. 도덕적 우월성을 주장하는 진보 정권에서도 기업들은 정도의 차이가 있을 뿐 로비를 해서 얻는 혜택이 적지 않았다. 따라서 기업은 시장 경쟁력을 늘리는 전략 이외에도 비(非)시장 전략을 통해 집권당 및 정부와의 기존 관계를 잘 유지하고 동시에 잠재적 정치 세력에게도 줄을 대는 노력이 필요했다. 이와 같은 상황에서 기업들에게 돌파구가 된 것이 간접 로비 또는 간

8) https://weekly.chosun.com/news/articleView.html?idxno=2051

그림 5-3 한국의 간접 로비 구조

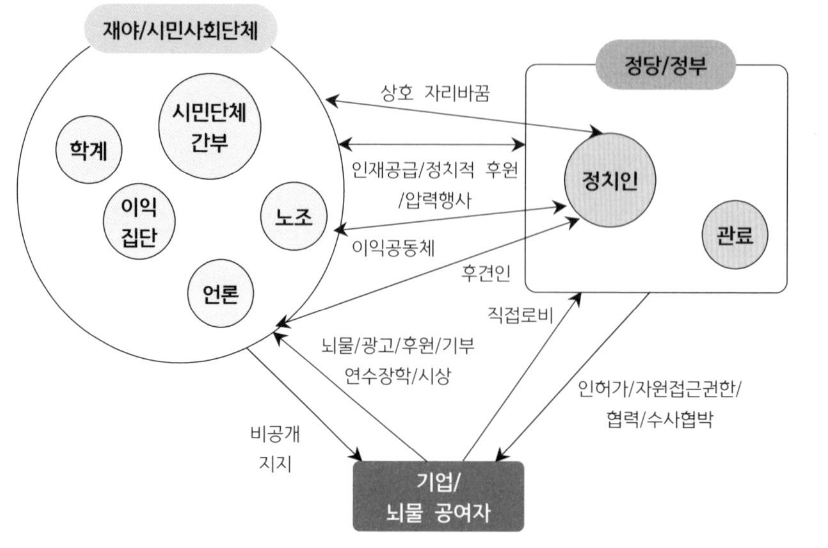

그림 설명: 그림 설명: 사회가 고도화되고 법률적 감시 체계가 발전함에 따라 뇌물 공여 의도가 있는 기업들은 직접 로비보다는 간접 로비를 선호하게 되었다. 재야, 시민단체는 정당과 정부에 인재를 공급하고 아젠다를 만들면서 정치적인 영향력을 행사한다. 따라서 기업들은 이들을 지원함으로서 간접적으로 정당과 정부에 로비를 할 수 있게 되었다.

접 뇌물(indirect lobby or indirect bribery)이다. 〈그림 5-3〉에서 간접 로비 구조를 도식화하였다. 여기에는 크게 세 개의 세력이 있다. 기업, 재야-시민사회, 정당-정부가 그것이다. 기존 비시장 연구에서는 주로 기업과 정당-정부의 직접적인 연결 관계에 집중하였다. 기업들이 어떻게 관료 및 정치인을 구워 삶아 내 편으로 만드는가, 또는 기업이 어떻게 정부가 초래하는 불확실성을 최소화할 것인가에 대해서 연구하였다. 그러나 사회가 점차 발전하게 되면서 기업 주변의 이익 단체나 이해당사자의 중요성이 커지게 되었다. 최근 경영학 연구에서는 이런 이해당사자(stakeholder)의 역할이 크게 강조되고 있다. 미국의 경우에는 주로 언론이나 이익단체가 대 정부 로비의 간접적인 창구로 활용되고 있다. 한국의 경우에는 조금 다른 양상을 보이는데 언론이나 이익단체와 함께 시민단체, 노조, 학계 등도 정당과 정부에 강력한 영향력을 행사한다. 한국은 다른 어느 나라보다 교수, 시민단체, 기자 출신 정치인들이 많다. 따라서 이러한 직군은 정치권에 인재 공급의 저수지로서 역할을 한다. 따라서 기업들에게는 유력한 로비 대상이 된다. 이들은 집필 활동이나 기사 작성 또는 시위 활동을 통하여 정치인이나 관료들에게 영향력을 행사하기도 한다. 정치인 입장에서는 재야 및 시민사회 단체와 이익을 공유하고 정책 아젠다를 공동으로 만들면서 이들과의 후견인 관계를 공공연히 드러낸다. 실제로 한국의 대형 노조는 정당과 맞먹는 정치적 파워를 가지고 있으며 이들에게 대한 지지를 얻어내는 것이 선거에서 중요하다. 대기업은 이러한 한국적 상황에서 재야 및 시민단체를 적극 후원함으로써 정치인과 관료들에 원하는 청원을 대신하게 할 수 있게 되었다. 이들에 대한 합법적인 지원으로 법률적 위험을 줄이고 새로운 사업 기회를 도모하려 하는 것이 한국형 뇌물 및 로비 구조의 핵심이다. 그렇다면 어떤 합법적인 지원 방법이 있을까?

첫 번째는 미디어에 대한 공식적인 광고 집행이다. 경제 논리에 따르면 신문 발행 부수(ABC)에 비례하여 광고비를 집행해야 하는데 실제로는 부수에 관계 없이 진보와 보수를 표방하는 언론사에 균형 있게 배분하는 경향을 보인다. 신문사의 매출과 영향력은 반드시 정비례하지 않기 때문이다. 이는 특히 1998년 이후 나타난 현상이다. 어떤 언론사가 기업을 때리는데 선봉에 서면 해당 언론사에 대한 광고비 지출을 줄이거나(위협) 오히려 늘리면서(회유) 탄력적으로 대응하기도 한다. 광고비를 미끼로 대기업이 우위에 서기도 하고, 반대로 커다란 약점이 잡힌 대기업이 언론사의 공격으로 수세에 몰리기도 한다. 이러한 상대적 위치는 시대적 상황에 따라 또는 양자의 협상 역량에 따라 계속 변화한다.

언론에 대한 또 다른 후원 방법은 해외 연수 장학금이다. 일부 대기업의 경우 좌우 성향의 언론사 기자들을 무론하고 자금을 살포하여 해외 체재비, 활동비 등을 대고 있다. 모 대기업의 후원을 안 받고 해외 연수를 간 경우는 영향력이 없는 기자라는 소리를 들을 정도였다. 시상을 통하여 상금을 지원하는 경우도 빈번하다. 재야 및 시민사회단체 출신을 기업에 영입하여 로비스트로 사용하는 경우도 있다. 대기업들은 공익 기금을 조성하여 시민단체를 재정적으로 지원한다. 모 대기업의 경우에는 막대한 자금을 사회에 환원한다는 명목으로 기금 운영이나 모니터링에 과정에 시민단체 간부들을 포함시켜 그들을 사실상 후원하고 있다. 막대한 집행 자금 역시 시민 단체의 정파적 이해관계에 따라 차등적으로 흘러 들어가고 있다. 교수들에게는 기업들이 연구비 지원이나 해외 연수를 지원하는 방식으로 자기 편으로 만드는 노력을 한다. 이렇게 기업들이 재야, 학계, 시민단체를 지원하는 것은 외관상으로는 사회 기부, ESG 활동, 나눔, 봉사 활동 등으로 포장되어 거의 완벽하게 합법적이다. 그러나 실상은 이들이 가진 연결 고리를 활용하여 정당이나 정부에 로비를 하는 창구로 간접 활용하는 것이다.

나는 이것을 신(新) 사림 정치 구조라고 비유하고 싶다. 사림(士林)은 원래 시골에서 공부를 하던 문인이나 학자를 의미하는 말이나, 16세기 이후 조선의 정치를 좌지우지 했던 실세가 되었다. 이들은 조선의 건국에 직접적으로 협력하지 않았기 때문에 훈구파(勳舊派)들과 대립하였고, 지방에 낙향하여 중소 지주 세력을 이루었다. 훈구파에 비하여 경제적 기반이 취약하였으나 서원과 향약을 통해 지역 사회에서 강력한 영향력을 행사하였다. 이렇게 이들은 농촌을 기반으로 세력을 키우면서 점차 무시할 수 없는 정치 세력으로 등장하게 된다. 중앙 정치 무대에 나서는 자들도 생겨나게 되면서 일부는 당파를 형성하기도 하였다. 그 와중에 훈구파 및 또는 다른 파벌의 사림들과 치열하게 경쟁하면서 때로는 숙청되거나 처형되기도 하였으나 지역적 기반을 바탕으로 다시 세력을 회복하기를 반복하였다. 주로 시골에 안거하고 지내고 있지만 이들은 언제든지 발탁되어 중앙의 정치인이 될 수 있었기 때문에 지방 관아에서도 눈치를 볼 정도였다. 사림은 수시로 상소를 올려 여론을 전달하고 중앙에 압력을 행사하였다. 나는 이러한 사림의 전통이 한국 사회에 남아 한국형 간접 뇌물 구조의 매개체 역할을 하고 있다고 생각한다. 재야, 시민단체는 일반적으로 확실한 지역 기반이 있으며, 선명한 당파성이 존재한다. 패거리를 지어 중앙 정치에 인재를 공급하며, 여러 수단을 통해 정치인 및 관료들에게 압력을 행사한다. 여러모로 조선의 사림과 닮아 있다고 볼 수 있다. 문제는 대기업들이 합법을 가장하여 정당과 정부에 로비를 하고 뇌물을 간접 전달하는 통로로 이들 신사림들을 이용하는 데에 있다. 기업들은 ESG라는 이름으로 막대한 자금을 투여하지만 의도가 순수하지 못하니 자원이 왜곡될 수밖에 없고 사회적으로 바람직한 결과를 얻을 수 없게 된다. 또 시민 사회 단체의 순수성과 독립성을 훼손하고 기업 의존성을 늘려 궁극적으로 한국 정치 문화를 망가트리고 있다.

04 지하경제와 부패

흔히 부패는 정부의 관료, 정치인들과 기업인들 사이에서 벌어지는 일로 생각하기 쉽다. 그러나 비(非)시장 전략이라고 불리는 학문의 영역에서는 보다 광의의 부패를 포함한다. 실제로 세계은행에서 조사하는 World Bank Enterprise Survey(WBES)에서는 부패를 측정하면서 사적 영역에서 벌어지는 갈취, 계약 미이행, 불공정에 대한 광범위한 설문을 포함한다. 〈그림 5-4〉에서 분류한 기업의 비시장 전략은 크게 네 개로 구분된다. 그림에서 가로축은 기업 정치 행위의 대상이 정부인지 아니면 민간 기관인지 여부를 의미하며, 세로축은 불법성 여부를 나타낸다. 여기서는 (D)영역에 해당하는 사적 주체들 사이의 부패를 다루고자 한다. 논의를 한정하기 위하여 이 장에서는 주로 조폭들이 어떻게 보호비를 갈취하고 그들만의 경제적인 기반을 조성하는지를 알아보고자 한다. 자료는 관련 논문,[9] 인터뷰, 언론사 기사[10] 그리고 다양한 익명 진술 등을 바탕으로 수집되었다.

한국에는 몇 개의 조폭이 있을까? 경찰청이 파악한 자료에 따르면 2022년 기준으로 전국에 206개의 조직 폭력 조직이 있으며 여기에 5,197명의 조직원이

9) 조병인·손창완. (2007). 폭력조직의 생존기반에 관한 연구. 형사정책연구, 1271-1317
10) https://www.asiae.co.kr/article/2022022313264772260

그림 5-4 정치 행위를 합법성과 대상에 따라 구분한 도식표

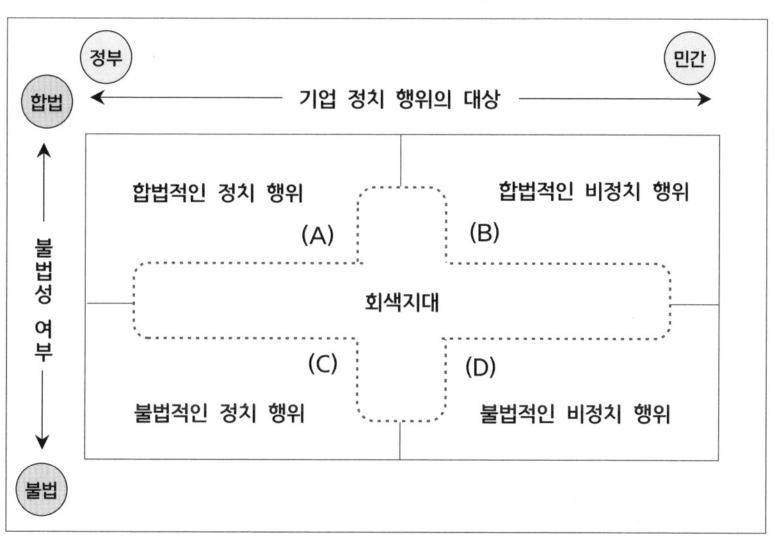

그림 설명: 가로축은 정치 행위의 대상이 정부인지 아니면 민간기관인지 여부를 의미하며, 세로축은 불법성 여부를 나타낸다. (A)의 사례로는 기업의 합법적인 정치 자금 제공이 있으며, (B)의 경우에는 기업 사이의 정략결혼 등이 있다. (C)의 사례로는 기업의 불법적인 대정부 로비 활동이 있으며, (D)의 경우에는 기업 및 사적 주체들 사이의 갈취, 폭력 등을 포함한다. 최근에는 불법과 합법 사이의 경계가 모호하기 때문에 회색 영역(Grey areas)에 대해서도 관심이 커지고 있다.

활동하고 있다. 2006년 기준으로는 491개파 10,193명의 조직원들이 있었으니 폭력조직의 수와 조직원이 수는 16년 만에 거의 절반으로 줄어든 셈이다. 그러나 노골적인 폭력을 행사하면서 금품을 갈취하는 생계형 조폭이 기업형 조직으로 변모한 케이스가 많아 오히려 지능화되었다고도 볼 수 있다. 2006년 자료에서는 유흥업소 갈취(52.2%), 청부 폭력(32.9%), 불법 도박(27.4%), 불법 사채업(7.1%), 마약(5.2%), 성매매(3.3%), 부동산 개입(2.2%)의 순서로 범죄 개입률을 보이는데,[11] 2022년에는 이 중에서 도박과 마약, 그리고 사기 범죄 비중이 크게

11) 범죄 개입률은 적발된 조직폭력의 범죄 유형을 백분율로 나타낸 것으로 중복을 포함하기에 총 합은 100%를 넘는다.

늘었다. 특히 경제 범죄(38%)가 크게 늘어난 데에는 동남아 등을 기반으로 하는 불법 사설 토토, 리딩방, 온라인 카지노 등이 폭발적으로 성장했기 때문이다. 또 문재인 정부 이후 마약 유통이 눈에 띄게 늘어 여기에 기생하는 범죄 조직의 수익도 크게 증가한 것으로 파악된다. 그렇다면 조폭들이 징수하는 보호비는 어느 정도일까? 언론에 보도된 자료를 근거로 〈표 5-8〉에 정리하였다. 보호비를 갈취하는 수뢰자는 주로 조폭이 가장 많지만 독립적으로 활동하는 건달, 학교 불량 서클, 심지어 대학교 학생회도 있었다. 지방 대학의 총학생회를 장악하고 자동판매기, 축제 수입 등으로 갈취하는 것이 일반적인 캠퍼스 조폭의 유형으로 조사되었다. 시장경비원, 건설노조, 경찰도 보호비를 명목으로 금품을 강탈하는 경우도 있었다. 보호비는 가장 적은 경우 월 4,000원에서 많은 경우에는 수천만 원에 달하는 경우도 있었지만 관리하는 업소에서 대략 매달 100~200만 원 정도를 뜯는 경우가 가장 많았다. 건설 현장과 성인오락실과 같이 단기적으로 많은 이익이 발생하는 경우에는 더 큰 보호비가 청구되었다. 기존 연구[12]에 따르면 피해자의 일부만(29.2%)이 경찰에 신고했다고 밝혔으며 대부분은(70.8%) 조폭에 의한 피해를 당했더라도 신고하지 않았다. 신고하지 않은 이유에 대해서는 가장 많은 응답자가 피해가 심각하지 않거나(33.7%), 개인적으로 해결해서(29.6%)를 꼽았으며 보복이 두려워서(9.2%)가 뒤를 이었다. 또 조직폭력수사에 협조하겠다는 의사가 있는 비율은 59.1%였으며 40.9%는 없다고 했다. 대검찰청 연구보고서에 따르면 우리 국민들 중 약 22.9%가 조폭에 호감이 있다고 느꼈으며 무려 64.8%가 조폭은 의리가 있고 남자답다고 답했다. 한국 영화계에서 지속적으로 조폭들을 미화하는 작품을 만들고 있고 SNS에서 전직

12) 조병인·손창완. (2007). 폭력조직의 생존기반에 관한 연구. 형사정책연구, 71(3), 1271-1317

표 5-8 갈취 유형 및 보호비 규모13)

수뢰자	피해자	금액	검거연도	지역	출처
조폭	해상유 판매업자	매달 150~200만원	2023년	부산	https://newsfeed.dispatch.co.kr/2239713
조폭	성매매 업소	매달 200만원	2011년	부산	https://www.nocutnews.co.kr/news/852382
조폭	유흥업소	매달 200만원 + 공짜술	2009년	경기	https://news.kbs.co.kr/news/view.do?ncd=2004066
조폭	보도방	매달 60만원	2009년	제주	https://www.headlinejeju.co.kr/news/articleView.html?idxno=193015
개인 폭력배	보도방	매달 평균 100만원~142만원	2020년	울산	https://www.yna.co.kr/view/AKR20200708083400057
조폭	건설현장	매달 평균 667만원	2023년	경기도	https://m.kmib.co.kr/view.asp?arcid=0018129087&code=61121111&sid1=soc
조폭	성인오락실	매달 평균 3,000여 만원	2006년	미공개	https://www.breaknews.com/48231
조폭	카페	매달 30만원	2022년	미공개	https://m.wikitree.co.kr/articles/751893
조폭	유흥주점	매달 50만~100만원	2008년	부산	https://www.ilyosisa.co.kr/news/article.html?no=145175
시장 경비원	남대문 시장 상인, 노점상, 음식물쓰레기 위탁업체, 요구르트 배달원	매달 4,000원~50만원	2012년	서울	https://go.seoul.co.kr/news/newsView.php?id=20120112009012
건설 노조	형틀목공, 타워크레인기사 등	매달 3만원~30만원	2019년	서울	https://plus.hankyung.com/apps/newsinside.view?date=20190429&face=A003&orgId=001421327
조폭	오피스텔 성매매업소	매달 수십만원	2022년	제주	https://news.kbs.co.kr/news/view.do?ncd=5554799
고등 학교 여학생	학교 후배	매달 8만원	2004년	부산	https://www.nocutnews.co.kr/news/17286
조폭	중고생 일진	매달 6만원	2012년	경기	https://www.seoul.co.kr/news/newsView.php?id=20120305800100&date=2012-03-05
조폭	고속도로 휴게소 노점상	매달 400만원	2010년	경기	https://www.sisafocus.co.kr/news/articleView.html?idxno=45377
조폭	성매매업소	매달 수십만원	2019년	대구	https://www.kookje.co.kr/news2

수뢰자	피해자	금액	검거연도	지역	출처
					011/asp/newsbody.asp?code=0500&key=20190703.99099001143
경찰	성매매업소	매달 몇 십만 원~ 수백만 원	미상	미상	https://news.sbs.co.kr/news/endPage.do?news_id=N1005314734
경찰	성매매업소 포주	매달 최대 150만원	2000년	서울	https://www.mk.co.kr/news/all/2750686
조폭	유흥업소, 안마시술소	매달 100만원 이상	2010년	경남	https://www.idomin.com/news/articleView.html?idxno=318867
대학 단과대 학생 회장	대학생	매달 17만원	2023년	대전	https://m.khan.co.kr/national/incident/article/202306151329001
한인 갱단	한인 업주	매달 400~800달러	2018년	미국 조지아	https://atlantachosun.com/news/129503
조폭	유흥업소	매달 300~500만원	2010년	서울	https://www.dailian.co.kr/news/view/231901

표 설명: 금액은 해당 연도 기준이라 실제 가치는 현재와 다를 수 있다.

조폭들이 이미지 세탁을 하고 있어 당분간 이러한 인식이 사라지지 않을 것으로 예상된다.

조폭의 활동은 지역 경제를 위협한다. Van Dijk는 국가별 조직범죄지수(Composite Organized Crime Index, COCI)와 거시 경제 지표 사이의 상관관계를 조사하였다.[14] 이 연구에 따르면 한국의 조직 범죄 지수는 약 21 정도이며 헝가리, 라트비아, 일본과 비슷한 수준이다. 〈그림 5-5〉에서 보듯, 조직범죄지수는 일인당 GDP와 음(-)의 상관관계를 보인다. 조직 범죄는 지하 경제의 규모를 늘리며, 생산에 대한 투자를 방해하며, 지속 가능한 경제 성장을 추진하는 국가의 능력을 훼손시킨다. 다중회귀분석 결과에서도 이와 비슷한 패턴이 나타났다.

13) 각 언론기사

14) Van Dijk, J. (2007). Mafia markers: assessing organized crime and its impact upon societies. *Trends in Organized Crime*, *10*, 39-56

그림 5-5 조직 범죄 지수와 일인당 국민 소득 사이의 상관 관계[15]

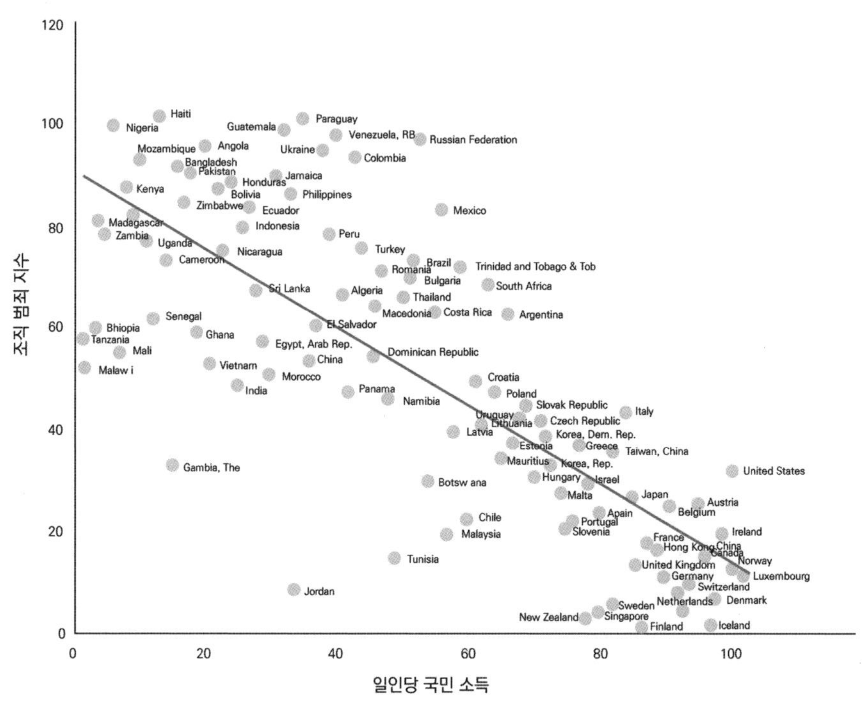

그림 설명: X축은 일인당 국민 소득이며 Y축은 조직범죄 지수를 의미한다. 국가의 조직범죄 지수는 일인당 GDP와 음(-)의 상관관계를 보인다. 즉 조직 폭력의 정도가 심할수록 국민 소득은 낮아진다. 또는 국민 소득이 낮을수록 조직범죄 폭력 지수가 높아진다고도 해석할 수 있다.

조직범죄지수, 부패 지수, 법 제도, 경찰 역량을 독립변수로 하고 일인당 GDP를 종속변수로 했을 때에도 조직범죄지수는 일인당 GDP를 낮추는 것으로 나타났다.

더 흥미로운 것은 조폭의 경영 활동은 그 자체로도 비효율적이다는 발견이다. Calamunci와 Drago는 마피아가 운영하던 회사가 법정관리에 들어가 마피

15) Van Dijk, J. (2007). Mafia markers: assessing organized crime and its impact upon societies. *Trends in Organized Crime*, *10*, 39-56

그림 5-6 마피아가 관리하던 기업이 법정관리에 들어간 이후 성과추이[17]

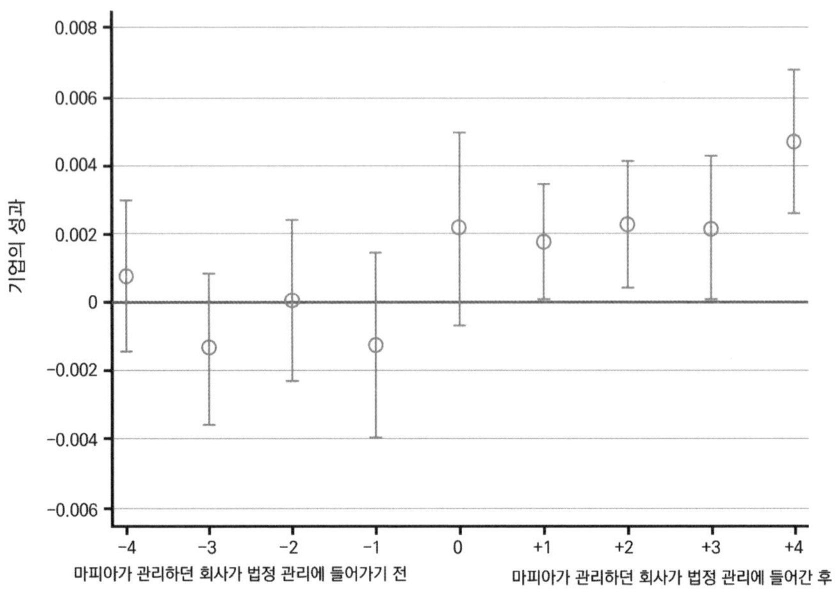

그림 설명: X축은 0을 경계로 마피아가 관리하던 회사가 법정 관리에 들어간 전 4년과, 법정 관리에 들어간 이후 4년을 의미하며, Y축은 기업의 성과이다. 기업 성과는 EBITDA(Earnings Before Interest, Taxes, Depreciation, and Amortization; 이자비용, 세금, 감가상각비, 무형자산상각비 차감 전 이익)로 측정하였다. 마피아의 관리를 벗어난 직후부터 4년차까지 성과가 개선되는 것을 확인할 수 있다.

아의 손에서 벗어나면서 성과 지표가 개선된다는 것을 발견했다.[16] 그들은 2004년부터 2016년까지 이탈리아 남부의 네 개의 가장 큰 지역, 즉 아풀리아, 칼라브리아, 캄파니아, 시칠리아에 있는 기업들에 대한 데이터를 수집했다. 〈그림 5-6〉에서 보듯, 마피아가 관리하던 회사가 법적 관리 상태로 진입한 다음 4년 동안 기업의 성과는 평균적으로 약 2.2% 올라갔으며, 매출도 약 0.7% 증가

16) Calamunci, F., & Drago, F. (2020). The economic impact of organized crime infiltration in the legal economy: Evidence from the judicial administration of organized crime firms. *Italian Economic Journal, 6*, 275-297

했다. 또 일종의 파급효과가 일어나 마피아 회사들이 더 많이 법정관리에 들어갈수록 이러한 긍정적 효과가 더 커진다는 것을 발견했다. 즉 국가에서 조폭 회사를 많이 때려잡을수록 다른 기업에게 미치는 효과도 더 좋아진다는 것이다. 조폭들의 갈취는 국가 경제를 좀먹고 있으며 심지어 조폭들이 운영하는 기업 역시 비효율에 시달린다는 사실을 확인할 수 있다. 조폭이 장악한 국가 경제가 저성장에 늪에 빠질 수밖에 없는 이유이다.

17) Calamunci, F., & Drago, F. (2020). The economic impact of organized crime infiltration in the legal economy: Evidence from the judicial administration of organized crime firms. *Italian Economic Journal, 6*, 275–297.

UNDERGROUND ECONOMY
CHAPTER
06
어떻게 부패를 줄일까?

“위엄은 청렴한데서 생기고 신의는 충성된데서 나온다.”

-정약용-

01

부패 함정에 빠지지 않는 국가의 특징

지금까지 부패의 다양한 유형과 특징에 대해서 살펴보았다. 이제 우리 사회는 이러한 부패를 어떻게 통제하고 양성화(합법화)시켜 사회적 비용을 최소화할지를 고민해야 할 것이다. 이것을 토론해보기 전에 먼저 부패의 악순환에서 벗어난 나라의 특징에 대해서 정리를 해보려고 한다. 처음부터 부패에서 자유로운 국가는 거의 없을 것이다. 세계를 지배했던 로마나 미국도 한때는 뇌물과 매관매직이 횡행했었다. 로마군의 근간인 백인대장은 노역을 면제 받고 휴가를 신청하기를 희망하는 부하들에게 뇌물을 받는 것이 일상적이었다. 원로원 의원과 대지주는 면세의 특권을 누렸으며 보통의 지주들도 뇌물을 바치고 토지 등급을 강등시켜 세금 감면을 받았다. 남북 전쟁 이후 미국의 자본주의가 급속하게 성장하던 시기를 도금 시대(鍍金時代)[1]라고 한다. 이 시기에는 트러스트, 담합, 그리고 기업과 정부의 결탁이 성행했다. 빈부의 격차가 극심해졌고 석유, 철도, 철강 분야를 독점한 일부 자본가들의 영향력은 하늘을 치솟았다. 관건은 부패의 비정상에 빠졌다가도 다시 일어날 수 있는 국가와 국민의 저력이다. 우

1) 1873년 마크 트웨인과 찰스 두들리 워너가 쓴 소설인 〈Gilded Age〉를 한자로 번역한 것이 도금시대이다. 1865년 남북 전쟁이 끝나고 1873년부터 불황이 오는 1893년까지 미국은 공업 국가로 빠르게 발전하였는데 이 시기에는 탐욕스러운 재벌들(트러스트)이 시장을 장악하면서 담합과 부패가 성행했다.

리는 흔히 중산층이 출현하고 법률 제도가 발전하면서 부패의 질곡에서 자연스럽게 벗어날 수 있다고 생각한다. 그러나 한번 부패의 악순환에 빠져버리면 그 함정에서 벗어나는 것은 굉장히 힘들어진다. 심지어 경제적으로 어느 정도 부유해지더라도 말이다. 조직 폭력 세력에게 국가 시스템이 잠식되어 버린 사례들을 살펴보자. 이탈리아는 G7 국가에 포함될 정도로 선진국으로 분류할 수 있지만 여전히 마피아와 지하경제의 부패로 악명이 높다. 이탈리아 정부는 1990년대 초부터 마피아와의 전쟁을 선언하고 광범위한 노력을 기울였지만, 마피아의 영향력은 현재에도 건재하다. 마피아의 근절이 어려운 주된 이유는 이탈리아의 정치 및 경제 엘리트들이 마피아와 밀접하게 연결되어 있기 때문이다. 이탈리아 마피아는 정치인들은 물론 기업인들에 대해도 영향력을 행사하면서 정치 및 경제 분야에 깊숙하게 개입하고 있다. 상원의원, 고위 공무원, 판사 및 총리 측근까지도 마피아에 매수되어 있는 경우가 흔하기 때문에 마피아는 이탈리아 제도에 고착화되었다고 말할 수 있다.

일본에서도 한 때 야쿠자의 영향력이 대단했다. 전후 미군정 시대와 1950년대에 야쿠자 조직들은 노조 파업 방해, 좌익 행사장 습격 등의 대가로 이권 사업에 진출하기 시작했다. 파친코, 매춘업, 성인물 제작 등의 음지 산업에서 자본을 축적하고 건설업, 대부업, 연예 프로덕션, 영화 사업에 진출하여 수천 개의 합법적인 회사를 소유할 정도였다. 전성기 시절 야쿠자들은 경시청 단속을 비웃으면서 정치권과 끈끈한 관계를 과시하곤 하였다. 그러나 전국적으로 세력을 떨치던 일본 야쿠자의 영향력은 현재 크게 축소되고 말았다. 야쿠자가 관리하던 사업들과 정치권과의 부패의 연결고리도 와해되고 있다. 지난 몇 십 년 동안 일본에서는 도대체 무슨 일이 있었을까? 첫 번째 계기는 1991년 도입된 "폭력단 대책법"이었다. 이 법을 통해 정부는 야쿠자 조직들을 지정폭력단으로 규정하고 집중적으로 감시할 수 있게 되었다. 이전에는 직접적으로 위법한 행동을 한 조직원들만을 개별적으로 처벌하였다. 그러다 보니 조직의 수뇌부들은 법을 두려워하지 않고 자유롭게 활보하고 다녔다. 그러나 1991년 이후부터는 야쿠자 자체를 불법으로 간주하고 각종 제재를 가할 수 있게 되면서 이들의 세력이 꺾이는 계기가 마련되었다. 2011년부터는 더 강력한 폭력단 배제 대책이 시행되었다. 야쿠자에 가입된 조직원들이 평시에 불법행동을 하든 하지 않든 관계없이 폭력단에 속했다는 이유만으로 정상적인 사회 생활을 할 수 없게 하는 것이 그 골자이다. 야쿠자 조직원으로 지정되면 은행 계좌를 만들 수도 없으며 자동차 등록, 휴대폰 개통은 물론 심지어 목욕탕, 골프장 출입까지 금지된다. 경제적, 사회적 활동에서 완전 배제되면서 야쿠자 본인은 물론 가족들까지도 고통을 받게 되었다. 이러한 폭력단 배제 조치는 "초법적" 조치라고 할 수 있다. 그러나 일본 정부는 이 정도의 강력한 조치가 아니면 야쿠자들에 국가가 잠식된 현상을 뿌리 뽑기 어렵다고 판단한 것이다. 야쿠자는 한때 일부 청소년들의 선망의 대상이었지만 한 순간에 패배자 또는 외톨이 신세로 전락해 버렸다. 야쿠자로 한번 찍히면 정상적으로 살 수가 없으며 심지어 대중에게조차 손가락질 당하게 되면서 야쿠자 세력은 놀랍도록 빠르게 쪼그라들었다.

이런 낙인 찍기는 미국의 KKK단[2] 퇴출 과정에서도 관찰할 수 있다. 미국에서 KKK단은 전성기에 약 200만명의 회원을 거느릴 정도로 규모가 컸다. 주요 폭력 사건을 주도하면서 유행처럼 번져나가 정부에서도 골칫거리였다고 한다. 그런데 낙인 찍기의 방식으로 KKK단의 정당성을 단숨에 무너트릴 수 있었다. 스테트슨 케네디(Stetson Kennedy)라는 기자가 KKK에 몰래 침투해서 조직에

---

2) 남북전쟁 이후 만들어진 백인우월주의 집단이다. 주로 하얀 고깔 두건을 쓰고 흑인들에게 테러를 가했다.

서 사용하는 암호와 호칭들을 공개한 것이다. 근엄한 척하던 KKK단 내부에서 사용하는 용어들은 실제로는 유치하기 짝이 없는 것들이었다. 미디어들은 앞다투어 KKK의 사인들을 희화화 하여 조롱거리로 낙인 찍어버렸고 이것이 결국 KKK단의 몰락을 촉진했다는 것이다. 미국의 마피아 소탕 작전도 이와 비슷한 면이 있다. 한때 시카고와 뉴욕 등 대도시를 중심으로 백주 대낮에 총격전이 발생하는 일이 흔했다. 지하 경제의 상당 부분을 마피아들이 장악하고 정치권에 검은 돈을 공급할 정도로 전성기를 누리던 시절이 있었다. 특히 금주법 시절에는 대중들이 원하는 술을 공급한다는 역할, 즉 로빈후드와 같은 해결사 이미지를 과시하면서 사회적 정당성까지 확보하고 있었다. 연방 정부에서는 마피아를 물리적으로 뿌리 뽑기 위해 경찰력을 강화했지만 결과는 만족스럽지 못했다. 그런데 전환점은 의외의 곳에서 나왔다. 미국 국세청 IRS(Internal Revenue Service)가 마피아의 자금 흐름을 샅샅이 조사하면서 마피아 간부들을 경제사범으로 기소하기 시작한 것이다. IRS은 자체 무장 조직도 거느리고 있을 정도로 강력한 정부 기관이다. 유명 마피아 두목인 알 카포네(Al Capone)가 몰락한 것도 IRS의 조사 덕분이었다. FBI도 두려워하지 않는 마피아 간부들도 IRS의 집요한 세무 조사에는 두 손을 들 수밖에 없었다. 이는 두 가지 효과를 가져왔다.

먼저 일본의 폭력단 배제법처럼 거리에서 범죄와 부패를 저지르는 조무래기 조직원뿐만 아니라 그 배후의 간부들과 두목들을 직접 목표로 했다는 것이다. IRS는 범죄 조직 간부들의 탈세 증거에 대해 아무리 사소한 것이라도 그냥 넘어가지 않았다. 다음으로 지하세계의 영웅의 이미지가 있었던 미국 마피아들의 꼴이 우스워졌다는 것이다. 돈 몇 푼 때문에 세금을 내지 않은 치졸한 인간들이라는 이미지가 낙인 찍혔다. 미국 대중이 마피아를 보는 눈이 달라지게 되는 계기가 된 것이다. 이렇게 일본과 미국에서는 낙인찍기 캠페인과 정부의 초법적인 대응으로 한때 무적으로 통하던 조폭의 부패 생태계가 효과적으로 억제될 수 있었다. 그러나 이런 경우는 세계사적으로도 예외적인 사례이다. 대부분의 국가에서는 전국 단위의 조직 폭력단에게 한번 잠식되면 이를 돌이키기가 매우 어렵다. 멕시코와 콜롬비아와 같은 국가에서는 마약 카르텔의 영향력이 국가의 권력과 비견될 정도로 강력하다. 이런 국가에서 조직 폭력의 특징은 대중들과 공생 관계를 맺고 있다는 공통점이 있다. 국가 시스템이 제대로 작동하지 않으니 조직 폭력단이나 테러 세력들이 거점 지역에서 치안을 유지하는 역할을 대신한다. 빈부의 격차가 크기 때문에 청소년들이 범죄 카르텔에 들어가고 싶어 한다. 또 빈민들과 농부들 역시 변변한 수입이 없으니 마약 경작과 관련된 사업에 참여할 수밖에 없다. 따라서 민생이 마약 카르텔에 전적으로 종속되는 것이다. 마약 카르텔은 한편으로는 폭력을 사용하여 공포심을 불러일으키고 또 다른 한편으로는 지역 사회에 기부하는 위선적인 모습을 보여주면서 국민들에 대한 가스라이팅에 성공한 것이다.

반면 같은 개발도상국이지만 전국구 조폭의 영향력이 감소한 케이스로 필리핀과 중국을 들 수 있다(〈표 6-1〉). 두테르테 필리핀 대통령은 조폭들을 현장에서 사살해도 된다고 명령할 정도로 초법적인 정책을 선포하였다. 그리고 중국의 경우에도 조폭 진압에 군인까지 동원할 정도로 적극적으로 대응하고 있다. 그 결과 최근 필리핀과 중국에서는 전국 단위의 조직 폭력의 영향력이 눈에 띄게 감소하였다. 물론 아직도 지방 단위의 군소 조폭들은 여전히 활개를 치면서 지하 세계의 부패 메커니즘을 주무르고 있지만 적어도 중앙 무대까지는 넘보지 못한다. 이상의 사례들을 종합해보면 부패의 척결은 단순히 정부의 반부패 법률 제정으로 해결되는 것이 아니라 다양한 요소들에 의해서 영향을 받는다는 걸 알 수 있다. 특히 국가별로 독특한 정치 체계, 경제 발전 정도, 문화적

표 6-1 전국구 조폭 영향력을 해소한 나라와 그렇지 못한 나라들

	선진국	개발도상국
전국구 조폭 영향력 유지	이탈리아	멕시코, 콜롬비아
전국구 조폭 영향력 감소	일본, 미국	필리핀, 엘살바도르

표 설명: 선진국으로 분류되는 이탈리아에서는 아직도 중앙 정치계에 영향력을 행사하는 마피아 세력이 건재하다. 반면에 일본과 미국은 한 때 조직폭력이 활개를 쳤으나 이른바 낙인찍기와 정부의 초법적 대응으로 현재에는 그 기세가 꺾였다.

인 차이 등이 반부패 정책의 효과를 조절하고 있다. 그렇다면 부패를 때려잡는 데 있어서 구체적으로 어떤 것들이 중요할까? 아직까지는 가설에 불과하지만 부패를 제어할 수 있는 국가의 특징에 대해서 논의를 전개해보려고 한다.

첫째, '기록'의 사회이다. 현대 사회에서 공표와 기록의 힘은 생각보다 세다. 위에서 서술한 KKK단, 미국 마피아 사례처럼 부패 세력을 낙인 찍어 버리면서 일격을 날렸는데 이것도 일종의 공개적인 기록의 힘이라고 볼 수 있다. 기록은 신뢰 사회의 기반이다. 미국을 흔히 신용(크레딧) 사회라고 한다. 미국 사회에서 개인의 도덕과 정직은 신용이라는 이름으로 일일이 기록된다. 개인이 집을 사거나 차량을 구매할 때, 집세를 내고 정부에 세금을 내는 모든 것들이 신용 점수로 기록되어 장기간 보존이 된다. 크레딧이 좋지 않으면 경제 생활을 제대로 할 수가 없다. 이런 사회에서는 함부로 다른 사람을 속이거나 거짓말을 하기 어렵다. 거짓말이 드러나면 크레딧에 기록되며 사회에서 매장이 되기 때문이다. 닉슨 대통령이 워터게이트 사건으로 사임한 것도 도청 행위 자체가 아니라 그것을 감추고자 한 거짓말 때문이었다. 기록 사회에서는 거짓말에 대한 법적·사회적 처벌의 강도가 높다. 그런 사회에서는 잘못은 고치면 되지만 신뢰가 무너지는 것은 용납되지 않는다. 지금까지 여러 미국 기업들이 각종 스캔들에 휘말렸지만 대부분의 경우에는 솔직하게 고백하고 신뢰를 회복하는 방법을

채택하였다. 크레딧의 손해는 당장의 재무적 손해와는 비교도 되지 않을 정도로 막대한 것이기 때문이다. 그런 사회에서는 추천서라는 기록의 영향력이 매우 높다. 기록된 크레딧의 힘을 중시하지 않은 사회에서는 피추천인에 대한 인간적인 감정 때문에 좋지 않은 추천서를 써주기 어렵다. 그러다 보니 대부분의 추천서에는 과장이나 허위가 섞여 있다. 따라서 심사자들은 추천서를 신뢰하지 않는다. 그런 사회 분위기에서는 정직보다는 순간을 모면하기 위한 거짓이 더 이득이 되며 그것이 결국에는 부패의 토양이 된다. 기록이 효과적으로 작동하기 위해서는 미디어의 발전이라는 전제 조건도 필요하다. 미디어가 특정 세력에 편중되지 않아야 한다. 다양한 계층의 이해관계를 대변할 수 있는 미디어 생태계가 조성되어야 한다.

둘째, 장기 명성 사회(Long-term reputation-based society)이다. 대리인 이론(Agency theory)에 따르면 대부분의 개인은 자신의 이익을 위해서 조직과 공동체의 이익을 훼손할 수 있다. 이런 사회 분위기에서는 부패가 고질적으로 남아 있을 수밖에 없다. 그러나 장기 명성 사회의 특징을 가진 국가에서는 대리인의 일회성 게임(One-shot game)은 큰 이익을 남기기 어렵다. 어떤 조직을 뒤통수 치고 나갔다고 쳐도 두 번째 게임부터는 공동체의 집중 견제를 받거나 불이익을 받아 조직에서 배제될 수 있기 때문이다. 한국은 전세계적으로 비교해도 장기 명성 사회에 속한다. 일찍이 홉스테드(Hofstede)는 문화 거리(Cultural distance)라는 개념을 제시하면서 이를 측정하기 위해서 여러 변수들을 도입했다. 권력거리, 불확실성회피, 개인주의, 결과주의, 장기 지향성 등이 그것이다. 한국의 장기 지향성 정도는 75로, 인도(61), 폴란드(32), 미국(29)보다 높은 편이다. 장기 지향성이 높은 사회는 끈기와 절약을 통해 미래의 보상을 추구하기 때문에 교육열이 높다. 장기적인 명성이 중요하면 사회의 감시와 징벌에 예민해질 수밖에 없다. 한국은 아직도 원균 후손을 이야기 하는 특이한 나라다. 임진왜란 때 졸장으로 알려진 원균은 역사적 인물이지만 한국에서는 아직도 누가 원균의 직계 후손인지 논란이 된다. 한국은 본인뿐만이 아니라 후손에 대해서까지도 사회적 평가를 내리는 초장기 관계 지향 국가인 셈이다. 이런 국가에서는 비록 '나는 부패했지만 나의 후손들이나 가문의 후예들은 나처럼 되지 않기를 바라는' 인간들이 많다. 역사적 평가에 신경을 쓰게 되니 거대 재벌 오너나 고위 정치인들도 자신들의 자식들은 부패에 연루되지 않기를 희망하면서 많은 노력을 기울였던 것을 알 수 있다. 태종이 자신의 손에는 수많은 사람의 피를 묻히면서 아들에게는 정상적인 국가를 물려주고 싶었던 것도 그런 심리가 아니었을까?

셋째, 부패와 유리(遊離)된 지속적인 엘리트 유입 제도이다. 부패가 고착화된 국가의 특징 중에 하나는 계층 이동의 사다리가 없다는 것이다. 계층 이동의 기회가 없다는 것은 카르텔이 형성되기 쉽다는 것이며 따라서 썩은 것들이 고일 수 밖에 없다. 한국 사회를 지탱한 큰 힘 중에 하나는 공정한 대학입시와 고시제도라고 할 수 있다. 싱가포르는 과도하다고 평가받을 정도의 엄격한 입시제도를 통해 가난하지만 똘똘한 인재들이 사회의 리더로 자랄 수 있도록 하였다. 우리나라 역시 대학과 공무원 시험이 입시 고통을 초래하고 고시 낭인을 배출하는 부작용도 있었지만 계층 이동에 있어서 공정을 담보했던 역할은 부인할 수 없다. 군사정부 시절에도 권력형 비리를 수사하던 강골 검사들이 역사의 결정적 순간에 직을 걸고 정의에 편에 서는 경우가 많았다. 한국의 군사정부는 비록 독재를 했지만 똑똑한 학생들이 공정한 대입과 고시로 주류 사회에 들어오는 것들을 허용하였다. 공정하게 선발된, 그리고 정의감으로 무장된 신흥엘리트 계층은 결과적으로 민주화의 든든한 버팀목이 되었다. 객관적인 시험으로 걸러진 인재들이 사회의 엘리트 계층으로 계속 유입된다는 것은 특정 세력이 대를 이어 지배하는 카르텔 사회보다 훨씬 효율적으로 부패에 대처할 수 있는 사회 구조를 만들어 준다.

넷째, 공정한 사회 평가 시스템과 인센티브 제도이다. 중국은 사회주의를 하지만 인재 선발은 경쟁 기반이다. 중국은 당이 국가를 지배한다. 군대 역시 국군이 아니라 당의 무력 기관일 뿐이다. 공산당원은 인구의 약 1/10 정도가 되는데 선발 과정부터 경쟁적이다. 학업 성적이나 리더십 등을 바탕으로 외부 추천이 있어야 하며 소모임 등에 참석하는 태도 등이 모니터링되면서 끊임없는 평가를 받는다. 엘리트 당원이 된 후에는 지방이나 격오지를 돌면서 성과를 증명해야 한다. 지역의 리더로 올라선 다음에는 그 지역의 경제 성장에 대한 목표치를 수립하고 이를 경신해야 한다. 물론 과도한 경쟁이 거짓 보고를 낳거나, 혁명 원로 자녀들이 새치기를 하곤 하지만, 적어도 부패가 경제 성장을 잠식할 만큼 문제가 되지 않을 정도의 경쟁 시스템을 유지한다. 박정희 대통령은 새마을운동을 진행하면서 경쟁에 기반한 평가 시스템을 사용하였다. 집권 초 농촌 현대화를 위해서 각 지방에 동일한 금액의 예산을 배분하였는데 많은 마을에서 예산을 성실하게 사용하지 않았으며 심지어 뒤로 빼돌리는 문제가 발생하였다. 박 대통령은 평가 시스템을 바꿔서 모든 마을을 경쟁시켰다. 그리하여 상위권에 드는 마을에만 집중적으로 예산을 배치하였다고 한다. 경쟁에 의해서 예산이 배분되면서 모든 마을들이 진심을 다해서 새마을운동에 참여하게 되었다. 결과적으로 경쟁을 통해 비효율과 부패가 해결될 수 있었다. 부패의 함정에서 빠져나오지 못하는 국가에서는 경쟁의 의미가 퇴색된 경우가 많다. 경쟁을 통해 성과를 잘 내는 것보다는 상사에게 뇌물을 바치는 것이 본인의 출세에 더 도움이 되는 분위기에서는 부패의 유혹이 클 수밖에 없다.

마지막으로 국가 수준의 부패 집단을 최종적으로 통제할 수 있는 무력이다. 물론 그 무력 집단은 부패에서 자유로워야 하며 부패 척결에 소신이 있는 권력자와 법에 의해서 효과적으로 제어되어야 한다. 엘살바도르는 다른 남미의 국가들과 마찬가지로 마약, 부패, 폭력, 카르텔의 문제로 가장 위험한 국가 중에 하나였다. 그러나 나이브 부켈레(Nayib Bukele) 대통령은 2022년부터 범죄와의 전쟁을 선포하였다. 군과 경찰을 동원하여 조금이라도 조직범죄와 관련이 있는 사람들을 모조리 잡아들였다. 2015년에 세계에서 살인율(10만명당 106건)이 가장 높은 나라였던 엘살바도르의 살인율은 새 정권에서 극적으로 낮아졌다(2023년 기준 10만명당 2.4건). 갱단에 돈을 뜯기면서 사업을 하던 자영업자들의 고통도 크게 감소하였다. 물론 이러한 변화의 이면에는 성인 인구의 무려 2%가 감옥에 구금되며, 법원의 영장 없이도 심증만 가지고도 체포, 구금이 가능케 하는 초법적인 작전이 있었다. 노태우 정부가 당시 만연하던 조직 폭력과 부패에 대해서 전쟁을 선포할 수 있었던 기반에도 효율적인 경찰과 군대 조직이 있었다. 물론 무고한 사람이 잡혀 들어가는 일도 있었지만 조직폭력이 결코 국가를 이길 수 없다는 확실한 시그널을 보내는 데에는 경찰과 군대 조직이라는 막강한 무력 기관이 큰 역할을 한 것은 부인하기 어렵다. 반면에 국가 수준의 조폭과 부패에 잠식된 국가에서는 경찰과 군대가 부패했거나 심지어 무력에서 밀리는 양상까지 보인다. 더 중요한 것은 초법적인 국가 무력이 과연 반부패에 진심인 국가 리더에 의해서 통제를 받을 수 있느냐 없느냐 하는 것이다. 싱가포르는 독재를 하였지만 지도자의 리더십으로 세계적인 선진국의 반열에 올랐다. 그러나 거의 대부분의 독재자들은 부패를 차단하기는커녕 그 자체가 부패의 진원지인 경우가 많다. 그 대표적인 국가가 바로 북한일 것이다. 따라서 무력에 기반한 반부패 척결은 대단히 예외적인 상황에서만 성공 가능성이 있다.

이상의 조건들을 나열하면서 보여지는 키워드들은 “기록”, “명성”, “장기”,

“신뢰”, “경쟁”, “인센티브”, “무력” 등이다. 이런 요소들이 한두 개 갖추어졌다고 해서 부패의 함정에서 빠져 나오는 것이 아니다. 역사적, 제도적 맥락에서 어떤 요소가 더 중요할 수도 있고 각 요소 사이에 긍정적이거나 부정적인 시너지가 발생할 수도 있을 것이다. 따라서 단순히 다른 나라의 사례를 억지로 벤치마킹해서는 곤란할 것이다.

02 플랫폼을 이용하여 부패를 막아 보자

"기록"과 "명성"과 관련하여 온라인 낙인 찍기를 시도한 인도의 실험이 있다. 정부에서 추진한 것이 아니라 아래로부터 위로의 시민 주도 캠페인이라고 할 수 있다. 인도는 부패 인식 지수(CPI) 기준으로 상당히 부패한 국가에 속한다. 국제투명성기구(TI)에 따르면 인도 사람들의 51%가 최근 1년 동안 뇌물을 직접 또는 간접적으로 제공한 경험이 있다고 했을 정도이다. 관공서에 CCTV를 설치하고 단속을 강화했는데도 무용지물이었다. 이러한 고질적인 현상을 고쳐 보고자 2010년 비영리 단체인 Janaagraha가 부패를 익명으로 폭로할 수 있는 온라인 플랫폼을 개발하였다. 이것이 바로 "I Paid a Bribe"(IPAB)이다.[3] IPAB의 웹페이지는 〈그림 6-1〉에서 보듯, 크게 세 개의 메뉴로 구성이 된다. 'I PAID A BRIBE"에서는 뇌물을 준 경험, 'I DID NOT PAY A BRIBE"에서는 뇌물을 요구 받았음에도 주지 않은 경험, 그리고 'I MET AN HONEST OFFICER'에서는 정직하고 청렴한 공무원을 만난 경험을 적게 되어 있다.

IPAB에는 회원가입이나 로그인 없이 어디에서, 언제, 그리고 어떤 뇌물을 경험 했는지를 폭로할 수 있다. 이러한 편리성 때문에 단기간에 폭발적으로 사

3) IPaidABribe.com으로 접속할 수 있다. Janaagraha는 인도의 비영리 단체로, 2001년에 스와티 람나탄(Ramesh Ramanathan)과 라메쉬 람나탄(Swati Ramanathan)에 의해 설립되었다.

그림 6-1 IPAB의 첫 페이지 화면4)

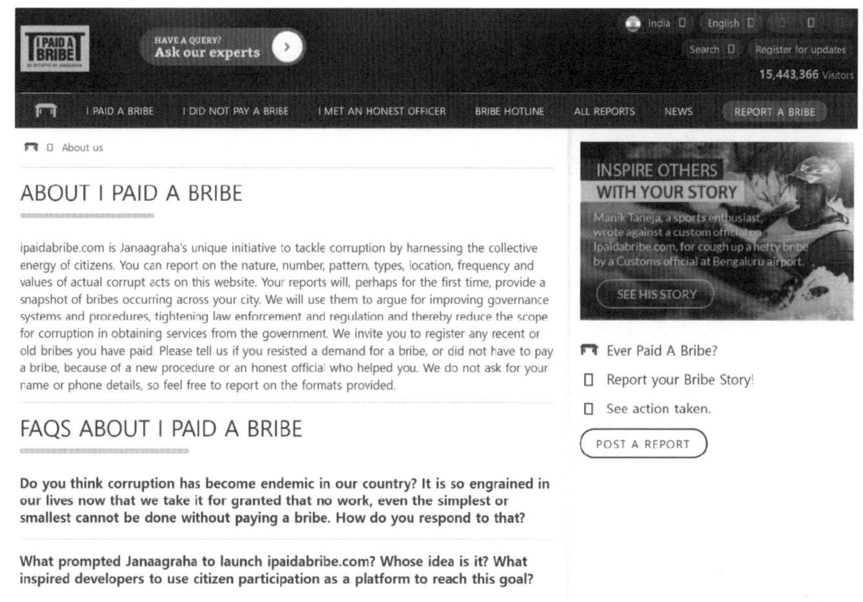

그림 설명: 웹페이지를 보면 주 메뉴에 I PAID A BRIBE(뇌물을 준 경험), I DID NOT PAY A BRIBE(뇌물을 요구 받았음에도 주지 않은 경험), I MET AN HONEST OFFICER'(정직하고 청렴한 공무원을 만난 경험)의 카테고리가 있으며 여기에 익명으로 글을 남길 수 있다.

용자가 늘었으며 인도 정부에서도 이를 의식하기 시작하였다. 예를 들어, 매닉 타네자(Manik Taneja)라는 사람이 귀국하면서 카약을 가지게 오게 되었는데 벵갈루루 국제공항에서 정해진 관세보다 훨씬 많은 돈을 요구 받았다고 한다. 결국 뇌물을 지불해야 했던 그는 다음 날 IPAB에 자신의 경험담을 올렸다. 이를 읽어 본 현지 기자가 신문에 보도하였고 세관 당국이 조사에 착수하여 부패한 세관을 적발한 적도 있었다. 그러나 이 플랫폼이 공개된 2010년부터 지금까지 인도의 부패 상황은 크게 달라지지 않았다. 인도는 CPI 점수가 대략 36~40점

4) IPaidABribe.com

대이며 순위로는 70위에서 90위권을 오르락내리락 하고 있다. 인도에서 부패는 여전히 고질적이다. IPAB 이용자도 크게 줄어들었는데, 홈페이지에 들어가 보면 몇 개월 전에 올라온 글이 가장 최신일 정도이다. 사람들이 이제 IPAB에 관심을 거의 가지지 않는다. 획기적인 반부패 플랫폼으로 각광을 받았던 IPAB는 왜 망했을까? Ryvkin과 동료들은 IPAB가 잘 작동하지 않았던 이유를 규명하기 위하여 흥미로운 실험을 진행하였다.[5] 이 실험은 일종의 역할 뇌물 게임(corruption-loaded language)으로, 14명의 실험 대상을 절반으로 나누어 시민(7명)과 공무원(7명)의 역할을 부여했다. 공무원은 임금으로 130 실험 통화 단위(ECU)를 지급 받고, 시민에게 면허를 발급하는 업무를 담당한다. 공식 면허 수수료는 20 ECU이며, 이 수수료는 공무원이 챙기지 못한다. 대신 공무원들은 공식 수수료와 별개로 뇌물을 받을지, 그리고 받는다면 얼마나 받을지를 결정할 수 있다. 〈그림 6-2〉에서 보듯, 뇌물을 받지 않는다면 'No Bribe'를 선택하고, 뇌물을 받는다면 1에서 50 ECU 사이의 금액을 요구할 수 있다. 총 10라운드 동안 게임을 진행하며, 다음 라운드에서는 공무원이 다른 사무실로 임의로 재배치된다. 공무원들의 목표는 가급적 많은 돈을 남기는 것이다. 단, 너무 많은 뇌물을 요구하면 시민들이 기피하여 뒷돈을 많이 못 모을 수 있다는 제약이 있다.

한편 시민들은 각 라운드에 80ECU를 받는다. 시민들의 목표는 최대한 돈을 덜 쓰면서 면허를 많이 받는 것이다. 시민들은 면허를 취득하면 대가로 70 ECU를 얻는다. 시민들은 뇌물이 요구된 사무실에서 공식 수수료와 요구된 뇌물을 지불하여 면허를 취득하거나, 5ECU의 고정된 검색 비용을 지불하고 다른 사무실을 방문할 수 있다. 시민들은 방문한 사무실에서 요구된 뇌물 정보를 포

---

5) Ryvkin, D., Serra, D., & Tremewan, J. (2017). I paid a bribe: An experiment on information sharing and extortionary corruption. *European Economic Review, 94*, 1-22.

그림 6-2 역할 뇌물 게임에서 공무원 역할을 하는 사람이 보는 화면6)

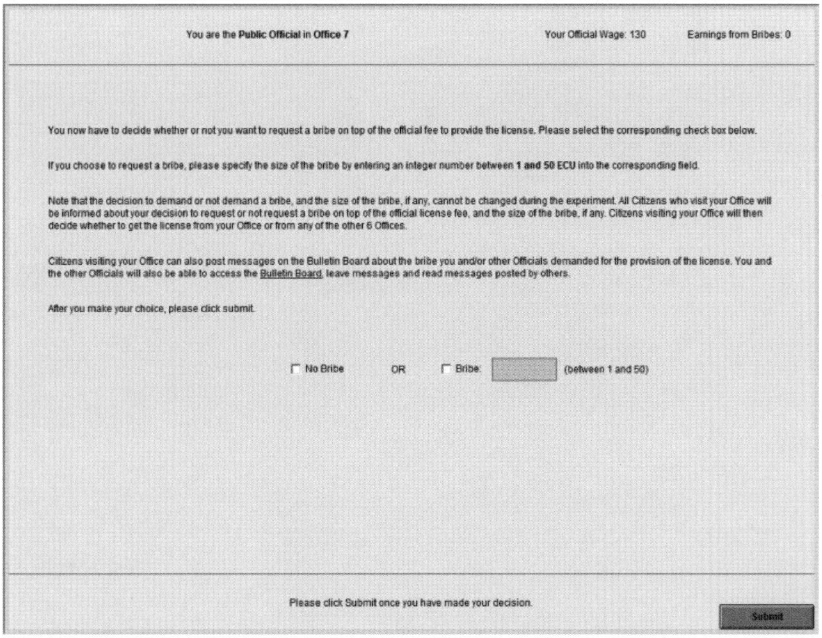

그림 설명: 해당 라운드에서 7번 사무실에 배치된 공무원 역할을 맡은 사람이 보는 화면이다. 시민에게 면허를 발급하면서 뇌물을 받을지를 결정하고, 받는다면 얼마를 받을지도 선택할 수 있다.

함한 지도를 볼 수 있으며(〈그림 6-3〉), 이미 방문한 사무실로 다시 돌아가 추가 비용 없이 면허를 취득할 수도 있다. 무작정 여러 사무실을 돌아다닌다면 적지 않은 탐색 비용을 지불해야 하고 또 그러다가 면허를 받지 못하면 해당 라운드에서 보상금을 받을 기회를 놓치게 된다. 따라서 어느 사무실 공무원이 덜 부패한지에 대한 정보가 필요하다.

연구진들은 〈그림 6-4〉와 같은 공공 게시판(Bulletin Board: BB)을 활용할

6) Ryvkin, D., Serra, D., & Tremewan, J. (2017). I paid a bribe: An experiment on information sharing and extortionary corruption. *European Economic Review*, *94*, 1-22.

그림 6-3 역할 뇌물 게임에서 시민 역할을 하는 사람이 보는 화면[7)]

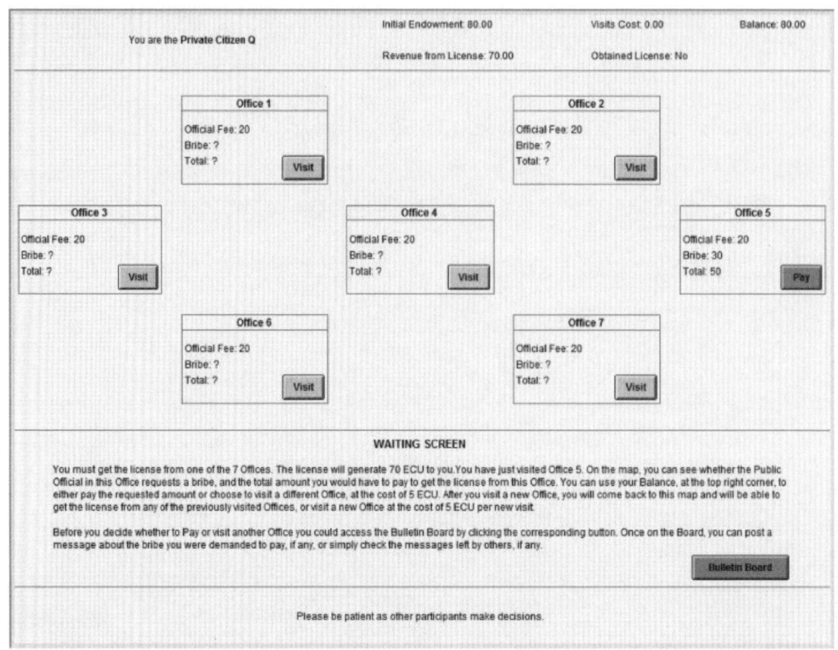

그림 설명: 시민 Q의 역할을 맡은 사람이 면허를 받기 위해서 7개의 사무실의 면허 담당 공무원 중 하나를 선택할 수 있게 되어 있다. 현재 5번 사무실 공무원을 접촉하고 있으며 여기서는 공식 수수료 이외에 30ECU만큼의 뇌물을 요구받고 있다. 다른 사무실을 둘러보기 위해서는 5ECU만큼의 탐색 비용을 지불해야 한다. 아래 오른쪽 부분에 익명 게시판에 접근할 수 있는 버튼이 있다.

수 있게 하였다. 이 익명 게시판에 어디에서 얼마의 뇌물을 내야 했는지에 대한 경험을 적게 하였다. 실제와 비슷한 환경을 만들기 위해서 거짓으로 적는 것도 허용하였다. 연구진들은 인도의 IPAB가 왜 실패했는지를 알아보기 위해서 세 가지 시나리오를 설계하였다. 첫 번째는 IPAB의 웹사이트를 모방하여 구체적인 사무실 정보 없이 뇌물 크기만을 익명으로 게시할 수 있게 하였다(BB_IPB). 두

7) Ryvkin, D., Serra, D., & Tremewan, J. (2017). I paid a bribe: An experiment on information sharing and extortionary corruption. *European Economic Review*, *94*, 1–22.

그림 6-4 역할 뇌물 게임에서 부패를 폭로할 수 있는 익명 게시판8)

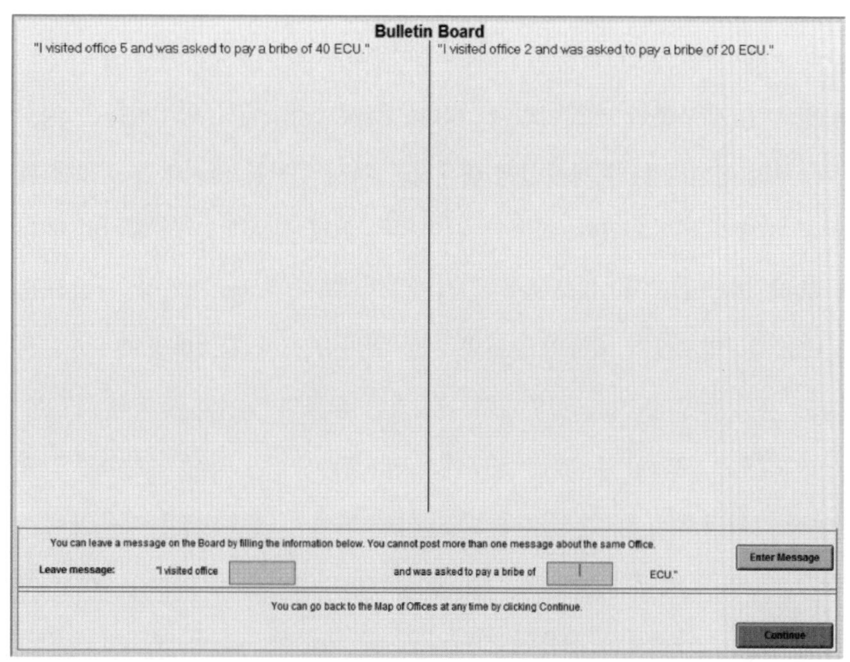

그림 설명: 구체적으로 어느 사무실에서 얼마의 뇌물을 요구 받았는지 기록을 남길 수 있게 되어 있다. 시나리오에 따라 어떤 경우에는 공무원 역할을 맡은 사람들도 여기에 허위 글을 남길 수 있다.

번째는 시민과 공무원 모두 구체적인 사무실과 뇌물의 크기를 익명으로 게시할 수 있게 하였다(BB_ALL). 세 번째는 오직 시민만이 구체적인 사무실과 뇌물의 크기를 익명으로 게시할 수 있게 하였다(BB_CIT). 거짓으로 글을 남길 수도 있다는 점 감안했을 때에 첫 번째와 두 번째 시나리오에서는 정보의 혼란을 주기 위해서 공무원들도 익명 게시판을 활용할 수 있다는 것을 의미한다.

연구 결과 'I paid a bribe' 웹사이트를 모방한 BB_IPB 시나리오에서는 공

8) Ryvkin, D., Serra, D., & Tremewan, J. (2017). I paid a bribe: An experiment on information sharing and extortionary corruption. *European Economic Review, 94*, 1–22.

무원에 의해서 요구된 뇌물 횟수와 시민들이 제공한 뇌물 금액이 유의미하게 감소하지 않았다. BB_IPB 시나리오에서는 시민들의 게시물 수가 점차 줄고 거짓 게시의 비율이 증가했다. 공무원은 특히 BB_ALL 시나리오에서 활발하게 폭로하였으며, 대부분이 거짓이었다. BB_ALL 시나리오에서 공무원들은 자신의 사무실뿐만 아니라 다른 사무실에 대해서도 거짓 정보를 게시하여 정보를 왜곡하려는 시도가 관찰되었다. 하지만 시민들은 거짓 정보를 거의 게시하지 않았다. 특히 BB_CIT 시나리오에서는 시민들의 게시 활동이 가장 활발하였다. BB_CIT 시나리오에서 뇌물의 요구와 지불이 가장 크게 감소하였으며 시민들의 수입도 가장 높았다. 오직 시민만이 구체적인 뇌물의 크기와 구체적 사무실 위치를 익명으로 고발할 수 있는 경우에서 게시판 사용이 가장 활발하였고 부패도 가장 효과적으로 줄 수 있었다. 이 실험을 통해서 연구진들은 다음의 주장을 하였다. 첫째, 부패 정보의 구체성이 중요하다는 것이다. 'I paid a bribe' 웹사이트와 유사한 플랫폼을 사용한 시나리오, 즉 단순히 뇌물을 보고하는 기능만으로는 뇌물 발생 빈도와 크기를 체계적으로 감소시키기지 못한다. 이러한 웹사이트가 사회의 전반적인 부패 인식을 높이는 데에는 도움이 될지는 몰라도 실제 부패 방지 도구로 사용되기 어렵다. 둘째, 부패가 어디서 발생하는지에 대한 위치 정보가 핵심이다. 보고된 뇌물의 구체적인 위치를 포함시킬 경우 시민에 의해 지불된 뇌물이 유의미하게 감소했다. 이러한 결과는 정보가 공개되어 공무원을 포함한 모든 구성원이 플랫폼을 이용할 수 있을 때도 유지되었다. 셋째, 익명 게시판에 글쓰기 제한이 필요하다. 실험 결과, 시민은 거짓 정보를 거의 게시하지 않았지만 공무원들의 글쓰기가 허용된 시나리오에서는 거짓말이 횡행하였다. 공무원들은 자신이 부패하다는 것을 숨기기 위해서 일부러 정보를 혼란시킨 것이다(〈그림 6-5〉).

그림 6-5 역할 뇌물 게임에서 세 가지 시나리오별 허위 게시 글 비중[9)]

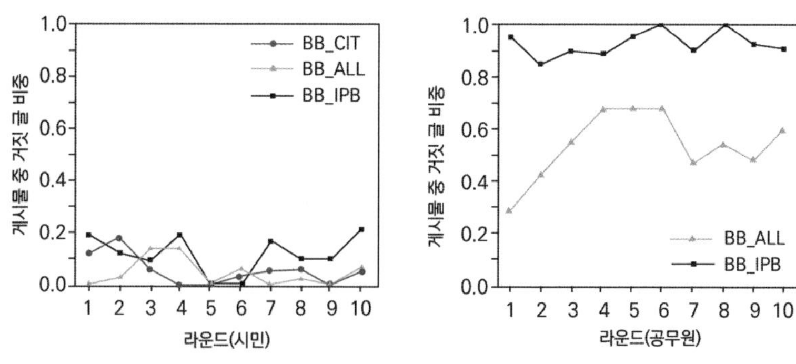

그림 설명: 시민과 공무원 모두 구체적인 사무실 정보 없이 뇌물 크기만을 익명으로 게시할 수 있는 시나리오(BB_IPB), 시민과 공무원 모두 구체적인 사무실과 뇌물의 크기를 익명으로 게시할 수 있는 시나리오(BB_ALL), 오직 시민만이 구체적인 사무실과 뇌물의 크기를 익명으로 게시할 수 있는 시나리오(BB_CIT)를 표시하고 있다. 모든 시나리오에서 시민들의 거짓 게시의 비중은 대략 20% 보다 낮았다. 그러나 공무원들은 BB_IPB과 BB_ALL 시나리오 모두에서 거짓 게시 글 비중이 높았다. 특히 구체적인 사무실 정보 없이 뇌물 크기만을 익명으로 게시할 수 있는 시나리오(BB_IPB)에서 허위 글이 많았다. 인도의 IPAB 실험이 실패한 이유를 짐작케 한다.

Ryvkin과 동료들의 연구를 보면 IPAB가 왜 실패했는지를 잘 알 수 있다. IPAB에는 구체적으로 어느 관공서에서, 또 누구에게 뇌물을 요구당했는지에 대한 정보가 없는 경우가 대부분이다. 또 완전히 익명이다 보니 공무원들이 허위로 글을 올리는 것을 걸러낼 수 없다. 악화가 양화를 구축하는 것처럼 점차 진실한 시민들의 폭로 글이 뜸해지고 대신 조작꾼들이 많아진다는 것을 의미한다. IPAB와 같은 실험은 한국과 중국에서도 실패하였다. 중국에서는 인도의 IPAB 모델을 차용한 반부패 크라우드소싱 플랫폼이 등장하여 짧은 기간 동안 큰 관심을 받았지만, 결국 빠르게 사라지게 되었다. 그 중 가장 잘 알려진 것이

9) Ryvkin, D., Serra, D., & Tremewan, J. (2017). I paid a bribe: An experiment on information sharing and extortionary corruption. *European Economic Review, 94*, 1－22.

我行贿了(woxinghuile.com)이다. 我가 중국어로 나(I)이고 行贿了가 뇌물을 줬다(Paid a Bribe)이니 사이트 URL도 인도를 그대로 따라한 셈이다. 시작하자마자 소문이 나서 운영 몇 일만에 일일 방문자 수가 5만 명에 달하기도 하였다. 그러나 중국 정부가 폐쇄와 허가를 반복하면서 결국 사이트를 닫게 되었다. Ang 교수는 중국의 我行贿了 실패를 다음과 같이 분석하였다.[10] 첫째, 정부의 통제 때문이다. 중국은 비판적인 온라인 활동에 대해 민감하게 반응한다. 유사 IPAB 사이트들이 등장하자 중국 정부는 이를 위협으로 간주하고, 거짓 게시물, 명예훼손 가능성, 기존 부패 조사 방해 등을 이유로 이들 웹사이트를 신속하게 단속하고 폐쇄했다. 중앙 정부 일각에서는 이것들이 소액 뇌물 문제에 대한 정보를 수집하는 유용한 도구가 될 수 있다고 보았지만, 지방 관리들은 자신들이 직접적으로 연루될 수 있다는 점에서 위협으로 여겼다. 둘째, 중국 시민단체의 조직 기반이 약하다. 중국에서는 비영리기구(NGO)의 운영과 자유로운 결사의 자유가 제한되어 있다. 따라서 온라인 활동가들이 독립성을 가지고 조직을 유지하기 어려운 환경이다. 이에 따라 중국의 유사 IPAB 운영자들은 자금 조달에 어려움을 겪었고, 일부는 사이트를 통해 수익을 창출하려 했다. 금전적 압박으로 인하여 게시물에 대해 요금을 부과하거나 무리하게 온라인 광고를 게재하여 신뢰를 잃었다. 셋째, 인도의 IPAB는 부패에 대한 인식 개선과 공공 교육, 그리고 정책 정보 제공에 중점을 두었지만, 중국의 IPAB 사이트들은 "나쁜" 공무원을 찾아 망신을 주는 것에만 초점을 맞추었다. 이것을 중국어로는 인육사냥, 또는 인육검색(人肉搜索)이라고 한다. 즉 개인적인 복수나 특정 공무원에 대한 공격으로 변질된 것이다. 한국에서도 개인이 만든 비슷한 스마트폰 앱이 등장하였지

---

10) Ang, Y. Y. (2014). Authoritarian restraints on online activism revisited: Why "I-paid-a-bribe" worked in India but failed in China. *Comparative Politics, 47*(1), 21-40.

만 소리 소문 없이 사라졌다. 앱으로 운영하기 위해서는 최소한의 관리 비용이 필요한데 이를 개인이 감당하기 어렵기 때문일 것이다.

인도의 IPAB와 중국에서의 실패를 교훈 삼아 한국형 부패 고발 플랫폼을 만든다면 어떻게 할 것인가? 위에서 서술하였지만 다시 강조하자면 ❶ 익명성, ❷ 특정성, ❸ 공무원 참여 배제, ❹ 독립적 운영, ❺ 대중의 관심의 문제를 해결해야 한다. 특히 특정성과 공무원 참여 배제 원칙에 유념할 필요가 있다. Ryvkin과 동료들의 연구에서 알 수 있듯, 단순히 폭로만으로는 문제가 개선되지 않는다. 구체적으로 어떤 장소에서, 어느 부서에서, 그리고 누구에게 뇌물을 요구 받았는지를 특정하게 해야 한다. 그러나 이것은 두 가지 문제를 야기한다. 먼저 이렇게 자세한 정보를 요구하면 시민들이 고발하는 데 부담을 느낄 수 있다. 또 특정 인물을 공개적으로 거론하게 되면 명예훼손과 같이 법적인 문제가 발생될 소지도 있다. 이 문제에 대해서 참고할 만한 두 개의 플랫폼이 있다. 하나는 '김박사넷(phdkim.net)'이라는 사이트이며 다른 것은 포털 '네이버(naver.com)'이다. 김박사넷이라는 플랫폼은 대학교에서 이공계 연구실을 운영하는 교수에 대한 평가 공개를 주요한 비즈니스 모델로 하고 있다. 특히 대학원생들이 연구실을 선택할 때에 정보 비대칭 문제에 시달리는데 이를 보완해주는 기능을 하고 있다. 해당 연구실의 학생들이 지도 교수에 대한 평가를 익명으로 할 수 있다. 여기에는 연구실 분위기, 강의 전달력, 논문 지도력, 실질 인건비, 인품 등에 대한 평가를 포함하는데 실제로 연구실에서 생활해보지 않고는 알 수 없는 정보들이다. 김박사넷이 다른 익명 게시판과 다른 것은 대학원생들이 부당한 대우를 받은 것들을 단순히 하소연 하는 것이 아니라 교수별로 생성된 페이지에 한 줄평과 계량화된 점수를 표기하게 하여 '특정성'을 갖추고 있다는 것이다. 때문에 종종 명예훼손 문제로 비화되기도 한다. 특정 교수가 항의할 경우 해당 게시물

그림 6-6 네이버 플레이스에서 리뷰 당사자의 신원을 확인하는 절차11)

그림 설명: 리뷰를 남기기 위해서는 영수증, 네이버 페이 결제 내역 등을 인식하게 하고 있다. 이로서 허위 리뷰를 줄일 수 있겠지만 근본적으로 조작을 걸러내기에는 역부족이다. 실제로 포털에서 리뷰를 조작해주는 업체들이 많다.

을 가려주는 서비스를 운영하고 있는데, 많은 게시물이 가려질 경우 학생들에게 좋은 인상을 주기는 어렵다. 다음으로 참고할 수 있는 것은 네이버가 서비스하는 '플레이스'이다. '특정성'을 위해 네이버 포털에 등록된 소매 소상공인 사업체에 대한 개별적인 웹페이지가 존재하며 고객들이 리뷰를 남길 수 있다. 여기에 주관적인 평가와 정량적으로 계산된 평균 만족도 점수가 기재된다. 폭로와 평가에 특정성이 있으면 확실히 경고의 효과가 배가된다. 또 특정성 때문에 키워드 검색도 용이해진다.

다음으로 공무원 참여 배제는 어떻게 담보할 수 있을까? 익명 게시판이기

11) 네이버 플레이스

때문에 누가 고발자이며 누가 피고발자인지 구분하기 어렵다. Ryvkin과 동료들의 실험에서는 처음부터 누가 시민을 맡을지 누가 공무원인지에 대한 역할 정보를 완벽하게 통제할 수 있었지만 그렇지 않은 거의 모든 부패 폭로 또는 리뷰 사이트에서 이러한 구분이 불가능하다. IPAB에서도 부패 공무원들이 스스로를 칭찬하거나 거짓으로 남을 고발하는 글을 쓰는 것을 원천적으로 막기 어려웠다. 해결 방법이 있을까? 네이버 플레이스의 경우에는 실제로 해당 업장에서 돈을 쓴 고객인지를 증명하기 위하여 영수증이나 네이버 페이 결제 내역을 스캔하도록 한다(〈그림 6-6〉). 김박사넷에서 특정 교수의 연구실에 평가를 남기기 위해서는 그 교수의 소속 이메일로 인증 번호를 받아서 같은 학교 학생임을 증명해야 한다. 그러나 이러한 방법에도 편법이 존재한다. 플레이스에서 영수증을 인증하도록 하지만 업장 주인이나 지인이 결제한 후 영수증을 발급받아 좋은 평가를 쓰는 것은 어렵지 않다. 마찬가지 방식으로 경쟁 업체에 좋지 않은 후기를 쓰는 것도 가능하다. 김박사넷에서도 특정 교수와 같은 학교 이메일만 보유하고 있으면 얼마든지 평가 조작이 가능하다.

대안의 방법은 디시인사이드(Dcinside)에서 사용한 것처럼 익명이지만 IP를(전부나 일부) 노출시키거나 고발하는 자의 신원을 수작업으로 확인하고 글의 게시를 승인할 수 있는 중립적이고 객관적인 기관을 이용하는 것이다. 예를 들어 부패 고발자의 신원 확인 작업에 국제적으로 공신력이 있는 비영리기관을 참여케 할 수 있다. 또 부패 고발자가 특정 이름을 폭로하더라도 게시물에는 이름이 자동으로 가려지는 대신에 사안의 중대성을 감지하여 관련 기관 감독자나 수사기관에 피고발인의 실명이 바로 전달되도록 하는 기술을 도입할 수 도 있다. 이미 온라인 지도의 '로드뷰'에는 AI를 활용하여 프라버시에 해당하는 정보 등을 자동으로 지우는 기술을 사용하고 있다. 딥러닝 기술을 활용하여 로드뷰에서

그림 6-7 카카오맵에서 블러닝(blurring) 기술[12)]

그림 설명: 프라이버시 보호와 법적 다툼을 피하기 위해서 온라인 지도의 거리 뷰에서는 얼굴과 차량 번호판을 AI가 인식하여 자동으로 흐릿하게 처리하고 있다. 이러한 딥러닝 기반의 인공지능을 활용하면 익명의 부패 폭로 플랫폼의 부작용을 줄이는 데도 사용할 수 있을 것이다.

보이는 사람 얼굴이나 자동차 번호 만을 인식하여 흐리게 처리(blurring)하고 있는 식이다(〈그림 6–7〉). 최근 인공 신경망을 활용한 AI의 기능이 갈수록 강력해지고 있다. 현재의 AI 기술로도 고발자들이 법적으로 민감한 사안을 공개 게시물로 올리는 경우, 그리고 스팸성 글을 올리는 경우에도 비공개 처리할 수 있다. 또 사안 별로 심각한 문제와 아닌 것을 구분하게 할 수 있는 맥락 이해도 가능하다. 이러한 기술은 단순히 작업의 효율성을 늘리기 위한 목적뿐만이 아니라 부패 고발의 내용을 사람이 검열하지 못하게 하여 객관성을 담보한다는 이점도 크다. 결론적으로 인도와 중국의 사례를 참조하여 한국형 부패 고발 플랫폼을 디자인할 수 있을 것이며 특정성과 공무원 참여 배제를 위해서 최신의 AI 기술을 적극 활용해야 할 것이다.

12) 카카오맵

03 반부패 제도를 어떻게 만들까?

그렇다면 한국의 환경에 적합한 반부패 정책은 어떻게 만들어 나가는 것이 좋을까? 한국은 경제적으로 대단히 성공한 나라이다. 원조를 받는 나라 중에서 공식적으로 원조를 제공하는 나라로 변모한 유일한 사례이다. 경제 성장이 부패를 줄이냐, 아니면 부패가 경제 성장을 촉진하냐는 인과 관계 논쟁과 별개로 한국의 놀라운 경제 성장과 함께 부패 역시 유의미하게 감소한 것은 분명하다. 그러나 겉으로 보이는 부패는 많이 개선되었지만 이면의 부패는 더욱 교묘해지고 권력화되고 있다. 한국 사람들은 부패에 대해서 말하기를 꺼려하지만 여전히 대관 전략이 기업의 사운을 결정하는 요소인 것은 부인하기 어렵다. 2016년 우리는 김영란법이라는 획기적인 반부패 제도를 도입하였으나 현실적으로 유명무실해지고 있다. 우리는 이 책에서 여러 사례와 논문을 인용하여 부패의 늪에서 벗어나기 위한 여러 조건들을 살펴보았다. 그러나 외국의 사례가 현재 한국의 상황에 꼭 들어맞는다고 보기에 어렵다. 이 책에서 여러 번 강조했듯이 우리 사회의 부패 기조를 억제하기 위해서는 한국이라는 고유의 특수성을 고려해야 할 것이다. 그런 점에서 다음에 나열하는 것들이 최선의 방법은 아닐지라도 적어도 참고할 만한 의미가 있을 것이라고 생각한다. 나아가 본서를 통하여 독자들이 자신의 경험과 지식을 통해 한국 상황에 적합한 반부패 제도를 스스로 생각해보는 계기로 삼기를 바란다.

첫째, 기술적으로 빠르게 진보하고 있는 플랫폼을 적극적으로 정부 행정 및 민간 거래에 도입해야 한다. 한국은 어느 나라보다 정보화 기술을 적극적으로 받아들였다. 기술 발전에 대한 국민들의 수용성 역시 세계적으로 높은 편이다. 2절에서 다룬 과학과 부패의 관계에서 ICT(Information and Communication Technology)가 부패를 억제할 수 있는 요인이 될 수 있다고 배웠다. 인간의 주관이 개입되면 정실에 의해서 중요한 사안이 결정되는 경우가 많아진다. 부패 이론에 따르면 재량권(discretion)이 남용되면 부패가 발생될 가능성이 커진다. 기술은 인간들의 재량권으로 발생하는 거래 비용과 부정행위를 줄이는 역할을 할 수 있다. 최근 생성형 AI 등 인공지능의 발전은 단순 행정 사무뿐만 아니라 복잡한 판단이 필요한 사안에서도 자동화를 가능케 하고 있다. 앞으로는 법원의 판결에서도 인공지능이 역할을 할 수도 있을 것이다. 물론 민주 공동체에 의해서 통제받지 않는 AI에 대해서는 충분히 경계를 해야 할 것이다. 특히 국가와 일부 거대 기업이 인공지능을 독점하는 것에 대해서 주의를 할 필요가 있다. 선거 개표 등 수작업이 더 공정한 부분에서는 ICT 도입을 신중히 해야 할 것이다.

둘째, 통계적인 기법을 부패 탐지에 광범위하게 도입해야 한다. 한국의 대표적인 반부패 기관인 국민권익위원회(Anti-corruption & Civil Rights Commission)의 위원장(장관급)은 전통적으로 정치인이나 변호사가 맡아왔다. 부위원장 3명과 경찰공무원 3명을 제외한 500여 명의 일반직 공무원들이 인적 구성의 대부분을 차지한다. 구체적인 전공은 확인할 수 없으나 권익위에서 개방형 공채로 모집한 신문 광고를 검색해본 결과 통계 처리 및 분석에서 전문가라고 할 수 있는 인재들의 수는 구성원 중 극소수로 추정된다. 2장에서 살펴본 것처럼 통계를 활용한 부패 탐지는 객관적이며 저렴하며 광범위한 대상을 지속적으로 감시할 수 있다는 장점이 있다. 이를 활용하여 상시 모니터링 시스템을 구축하며 부패 행위의 의심이 드는 경우에는 수사 기관에 자동으로 의뢰할 수 있게 해야 한다. 조달청에서는 2014년부터 입찰 담합 업체 적발을 위한 '담합 통계분석 시스템'을 가동하고 있다. 이 시스템은 나라장터의 입찰 및 계약정보를 자동으로 분석해 담합 의심 업체를 추출한 후, 정성평가를 더해 공정위에 조사의뢰 여부를 결정한다. 앞으로 기업의 회계 보고서, R&D 신청 및 결과 보고서, 지방 정부의 예산 손익 계산서 등 계정의 성격에 맞춘 반부패 감시 시스템이 도입되어야 할 것이다. 그러기 위해서는 반부패 기관에 경제학, 경영학, 통계학 전문가들이 대거 채용되어야 한다. 그리고 ICT와 AI 역량과 시너지를 내면서 한국 시스템에 최적화된 과학적인 반부패 탐지 인프라로 성장시켜야 할 것이다.

셋째, 국회의원에 대한 권한과 책임을 조정해야 할 필요가 있다. 한국은 대통령 중심 국가이지만 준(準) 내각제를 한다고 말할 정도로 국회의원의 권한이 막강하다. 문제는 이러한 권한에 비하여 그들의 힘이 잘 견제되지 않는다는 것에 있다. 이에 대해서는 장기표 특권폐지국민운동본부 상임대표의 지적을 경청할 만하다.[13] 권력형 부패의 핵심에는 국회의원들이 누리는 180여 가지의 엄청난 특권이 있다. 국회의원의 연봉은 평균 가구 소득의 2배가 넘고, 중위 소득의 3배에 가깝다. 절대 연봉은 미국, 일본, 독일 다음으로 높은 수준이며 국민소득 대비로는 세계 1위이다. 실제로 한국 국회의원들이 정부로부터 지원받는 혜택은 전 세계에서 유래를 찾기 힘들 정도이다. 해외여행 경비, 자동차 유지비를 지원받으며, 헬스장, 목욕시설, 이발소 등 국회 내 각종 시설은 국회의원 본인뿐만 아니라 가족까지도 무료이다. 여기서 끝나지 않는다. 의원실 지원비 연

13) https://www.chosun.com/opinion/column/2023/12/04/QHUVTUJQYZBHFPZYBRZ5T4K47E/

1억 200만원, 입법 활동비 연 2,540만원, 정책자료 발간비 연 1,200만원, 정책자료 발송료 연 430만원, 문자메시지 발송료 연 700만원, 야근 식대 연 770만원, 휴가비 400만원, 택시비 100만원까지 참으로 꼼꼼하게 정부의 돈을 챙겨 받을 수 있는 구조이다. 국유 철도와 항공기의 무료 이용, 가족 수당과 자녀학비 보조 수당 지급, 변호사의 겸직금지 조항의 예외, 공항 귀빈 대기실 이용 등 끝을 찾기 어렵다. 더 큰 문제는 이러한 비용이 투명하게 사용되는지 확인하기도 어렵다는 것에 있다. 심지어 의원이 재판 중이거나 교도소에 있어도 월급은 문제 없이 나온다. 특권 중에 특권은 후원금이다. 1년에 1억 5,000만원을 후원금으로 받을 수 있고 선거가 있는 해에는 3억까지 받을 수 있는데 선거에서 15% 이상 득표하면 전액 국고에서 환급 받는다. 총선뿐 아니라 엉뚱하게도 지방 선거가 있는 해에도 3억까지 후원금을 받을 수 있다. 국회의원 1명당 보좌관이 무려 9명에 달해 이들에게 지급되는 연봉만 8억이 넘는다. 반면에 독일, 프랑스, 영국, 일본은 의원 1명당 보좌진이 2~3명에 불과하다. 스웨덴은 의원 2명이 보좌진 1명을 공유한다. 지방 자치 기초 의원들의 공천권을 사실상 해당 지역 국회의원이 좌지우지한다. 따라서 기초자치단체 및 지방의회 선거에서의 정당공천은 해당 지역 국회의원과 당협위원장에게 줄서기를 통해 밀실에서 이루어지는 경우가 많다. 따라서 지방 의회 의원들은 국회의원에게 예속되기 쉬우며 각종 부패 활동에 함께 연루되는 경우가 많다. 김영란법의 처벌 대상에는 민간 분야의 기자, 유치원 선생님 등까지 광범위하게 포함했지만 정작 한국 정치 권력의 핵심이자 정치 귀족인 국회의원에게는 상당한 예외 조항을 허락하였다. 국회의원의 경우에는 "공익목적"이라면 제3자의 고충민원을 전달하거나 법령 기준의 제정·개정·폐지 등에 관하여 제안·건의하는 행위는 부정청탁의 예외 사유에 해당한다고 규정하였다. 문제는 무엇이 공익 목적이냐 하는 것이다.

국회 출입하는 기자들은 종종 망원렌즈를 활용하여 의원들이 주고 받는 문자나 카카오톡 내용을 찍는데 그 중 상당 부분이 인사 청탁에 관련된 것들이었다. 그럼에도 김영란법으로 처벌된 국회의원이 단 한 명도 없는 것으로 알려져 있다. 권력형 부패에서 핵심적인 역할을 하는 국회의원에 대한 대책으로 다양한 아이디어가 제시되고 있다. 먼저 해당 지역 유권자들이 부패한 국회의원을 임기 내에 끌어 내릴 수 있는 국민소환제도를 도입해야 한다. 한국에서 국회의원이 임기 내에 직을 잃는 경우는 굉장히 드물다. 국회 제명은 드문 사례이며 선거법에 대해서도 죄질이 극히 불량한 경우를 제외하고는 법원은 웬만해서는 당선 무효형을 내리지 않는다. 따라서 현행 제도에서는 부패한 국회의원을 퇴출시키는 방법은 매우 제한되어 있다. 반면에 지방자치단체의 장과 지방의회의원 그리고 교육감은 주민들이 소환할 수 있다. 우리 헌법에서는 아무런 단서조항 없이 국회의원의 임기는 4년이라는 조항만이 있기 때문에 사실상 절대적인 임기를 보장 받는다. 세계적으로 보면 의원에 대한 주민 소환 제도가 점차 도입되고 있다. 예를 들어 미국의 캘리포니아주에서 부패한 의원들을 견제하기 위해서 소환제가 입법 되었으며 영국에서도 2015년 이후 주민 10%가 청원하면 보궐 선거가 열리게끔 법안이 만들어졌다. 국회의원의 부패 방지를 위해서 검토할 수 있는 또 다른 것은 재산에 대한 백지신탁제도이다. 현재 의원 임기 중에 3,000만원 이상 주식은 백지 신탁하기로 되어 있지만 여전히 암호 화폐 재산이나 부동산은 백지 신탁의 대상에서 제외되어 있다. 이러한 부동산 백지 신탁은 국토부 등 유관 고위 공무원으로도 확대할 필요가 있다. 국회의원이 받는 불필요한 특혜도 대거 줄어야 하는데 문제는 국회의원에 대한 연봉 인상과 권한을 정하는 것을 국회 스스로가 한다는 점에 있다. 많은 자영업자들이 생계를 걱정할 정도로 어려운 경제 환경에서도, 또 교육부에서 대학의 등록금을 사실상 강제로 동결시켜 교직원들 연봉이 10년 이상 제자리걸음인 상황에서도 국회의원들의 특혜는 조금도 줄어들지 않고 계속 늘어만 갔다. 막대한 혜택을 받다 보니 이 자리를 차지하기 위한 과도한 경쟁이 벌어지고 결과적으로 선거 부정과 부패가 발생한다. 이들에게 너무 과도하게 적은 연봉을 지급하면 기본적인 생활을 영위할 수 없으니 부패가 발생할 수 있다는 관점도 있다. 중국 국가주석의 연봉은 3,000만원 정도에 불과하다. 미국 대통령의 18분의 1 수준이다. 누구도 이러한 금액으로 정상적인 국가주석의 생활이 가능하다고 보지 않는다. 그러나 국제적인 관점에서도 보더라도 현재 국회의원에 대한 정부 지원은 대단히 과도하다는 것을 부인할 수 없을 것이다. 179명이 정수인 덴마크 국회의원의 약 1/3 정도는 자전거로 출퇴근하며 차량은 급한 경우에만 사용한다고 한다. 사무실 가구는 자비로 구입하며 의정 활동을 모두 인터넷에 공개한다. 공식 회의에 참여하지 못할 경우 휴가 기간을 알려야 하며 대신 참여할 사람을 지정하게 되어 있다. 영국의 하원 의원의 경우에도 거의 대중교통 수단을 이용하여 출근한다. 기차나 항공기도 일반석 요금만 청구할 수 있다. 심지어 하원의원 중에서 단독 사무실이 없는 경우가 더 많아 대부분의 의원들은 공동 사무실을 이용한다고 한다. 하원 의원들은 지역구의 지방자치단체 의원 후보 선출 과정에 개입할 수 없다. 권력의 핵심이자 정점인 국회의원의 권한에 대한 조정이 시급하다. 국회의원의 위상을 바로 잡아야 권력형 부패가 줄어들 수 있다.

넷째, 부패 범죄에 대한 처벌의 강도를 늘려야 한다. 한국의 화이트칼라 사기 범죄 형량은 세계적으로 낮은 축에 들어간다. 오죽하면 해외에 도피 중인 암호 화폐 사기꾼들도 미국이 아닌 한국에서 재판을 받고 싶어서 안달할까? 한국은 경제 사범에 대한 최고 형량이 40년 정도에 불과하다. 게다가 저지른 개별 범죄 가운데 가장 큰 형량의 절반을 가중하는 가중주의를 택하고 있다. 그러다 보니 1,000명에게 10억씩 총 1조의 사기를 치더라도 그 중에 50억 이상 피해를 본 사람이 없으면 1명에게 50억 사기를 친 사람보다 형이 적게 나오는 아이러니에 빠진다. 반면 미국은 개별 범죄마다 형을 매겨 합산하는 병과주의를 채택해 100년 이상의 징역형이 가능하다. 나스닥 증권거래소 위원장을 지난 버나드 메이도프의 사기 행각에 대해서 미국 법원은 그가 70세의 고령임에도 불구하고 무려 150년 형을 선고한 바 있다. 한국에서 21대 국회의원을 전수 조사한 결과 약 30%가 전과자인 것으로 드러났다. 민주화 운동을 제외한 것으로 한정해도 전과자의 비율은 약 17%에 이르렀다. 경실련이 22대 총선 후보자 952명을 조사하였는데 이 중 305명이 전과자로 전체 후보 중 32%에 달했다. 국민의힘과 국민의미래 후보자 중 전과 비율은 20.4%었으며, 더불어민주당과 더불어민주연합의 후보자 중에는 36.2%가 전과 기록을 가지고 있었다. 물론 한 두 번 범법 행위를 했다고 정계에서 아예 퇴출하는 것은 논란의 여지가 있지만 적어도 사기, 폭력, 음주운전, 부정부패와 같은 범죄에 대해서는 원스라이크 아웃 제도를 만들어서 정당 공천에서 원천 배제해야 할 것이다. 기업의 부정 행위에 대한 처벌의 강도 역시 크게 늘려야 한다. 한국에서 재벌들은 재판에서 지는 경우가 매우 드물다. 중소 기업의 이익을 침해해도 과징금이 크지 않아 차라리 약간의 돈을 내고 부정행위를 계속하는 것이 유리하다고 판단하는 경우도 있다. 대형 건설사들 일부가 공공택지를 벌떼 입찰로 낙찰 받아 과징금을 받은 적이 있다. 벌떼 입찰이란 당첨 가능성을 높이기 위해서 여러 개의 계열사나 페이퍼 컴퍼니를 동원하여 입찰에 대거 참여하는 불공정 행위이다. 이런 과정으로 천문학적인 이익을 올렸으나 과징금은 600억대에 불과하였다. 건설사 입장에서는 처벌을 받는다고 해도 이익이 남는 불법 행위라고 할 수 있다. 미국의 경우 고의성 있는 불법 행위가 연방 정부에 의해서 밝혀질 경우 회사가 무너질 정도의 과징금을 부여하거나 대규모 리콜을 강제하는 경우가 흔하다. 민간의 소송이 활성화되어 있어서 법률 시장이 기업들의 부패 활동을 감시하는 역할을 하고 있다. 미국 민사소송에선 기업에게 천문학적 손해배상액이 선고되는 일이 가능하다. 처벌 강도를 획기적으로 높이는 것은 부패에 대한 잠재적 비용을 증가시키는 손쉬운 방법이 될 수 있다.

다섯째, 전관예우를 원천 봉쇄해야 한다. 한국 사법 제도의 가장 큰 문제는 전관 제도가 공정함을 해치고 있다는 사실이다. 금융감독원 출신이 금융업에 종사하는 경우, 국토교통부 공무원이 은퇴하고 자동차와 건설 업계에서 일하는 경우, 교육부 출신이 사립대학에서 일하는 경우가 대표적인 사례이다. 전관은 사실상 로비스트의 역할을 하면서 비리의 온상으로 꼽힌다. 2011년 정부는 공직자윤리법 개정을 통해 고위 공무원이 퇴직 후 2년 동안, 퇴직 전 5년 동안 근무한 부서와 연관된 기업에 취직하는 것을 제한하는 법을 만들었다. 그러나 사실상 빠져나갈 구멍이 많고 전관인지를 심사하는 공직자윤리위원회가 공무원들에게 관대하게 평가하는 경우가 많아 실질적으로는 전관의 부패를 막고 있지 못하다. 전관예우는 특히 법조계에서 심하다. "관운(官運)이 끝나고 재운(財運)이 시작된다."라는 말이 있을 정도로 판사들은 퇴직 5년 이내에 막대한 사건 수임 수익을 거둔다고 알려져 있다. 전관 변호사의 개업과 수임을 제한하고 처벌과 신고 의무를 강화하자는 제안이 지속적으로 나왔지만 현실적인 근절 대책은 아니라는 평이다. 왜 그럴까? 한국 권력의 정점에는 국회의원이 있는데 이들 상당수는 법률가이기 때문이다. 따라서 전관예우에 대한 원천봉쇄 법안이 국회에서 통과가 안 되고 있다. 전관 법률가들이 대형 로펌에 소속되어 그들만의 기득권 카르텔을 공고하게 하고 있는 것도 한국형 부패를 악화시키는 이유이기도 하다. 대형 로펌에는 판검사 전관은 물론, 정치인, 전직 고위관료, 전직 언론인 등을 자문역으로 보유하고 있다. 하지만 이들의 역할은 사실상 대관 업무를 담당하는 브로커일 뿐이다.

부패를 완전히 척결하는 것은 불가능한 일에 가깝다. 그러나 적어도 부패를 줄이고 부패의 연결 고리를 약화시켜 장기적으로는 공정한 경쟁제도를 만드는 것은 가능하다. 역사적으로 그런 소수의 나라들이 있었다. 다양한 실증 연구가 증명하듯, 부패를 줄이기 위해서는 현지 제도 환경에 대한 깊은 이해가 필요하다. 그 사회에서 오랫동안 관행처럼 자리 잡은 제도 환경을 이해하고 거기에 걸맞은 반부패 정책을 세워야 한다. 사회적인 체면 문화가 중요한 나라에서는 부정행위에 대한 낙인과 공표가 커다란 역할을 할 수 있다. 민간 부문의 법률 시장이 발전된 나라에서는 소송을 통해서 기업 부패를 효과적으로 견제할 수 있을 것이다. 인구 구성이 다양하고 제도 환경이 혼란스러운 상황에서는 그리스의 철인을 닮은 강력한 리더가 청렴 사회의 기준을 제시하는 것도 극약처방이 될 수 있다. 싱가포르가 가장 성공한 사례일 것이다. 그러나 대부분의 경우에는 최고 지도자가 겉으로 도덕적 우위를 내세우면서 실제로는 장기 독재로 빠지기 쉽다. 결론적으로 부패에 대응하는 만병통치약은 없는 셈이다. 다만 이 책에서는 부패 현상을 연구했던 다양한 관점을 제시하여 지금까지 지지부진 했던 반부패 정책에 새로운 아이디어를 제시하고자 하였다. 부패를 지하에서 끌고 올라와 공론화된 장소에서 이야기해보자는 것이 이 책의 취지이다. 본서의 결론을 몇 줄로 요약해보면 아래와 같다.

❶ 기업 부패를 윤리가 아닌 과학으로 보자는 것

❷ 부패를 탐지하는 데에 경제학 및 통계 기법 등을 적극 활용하자는 것

❸ 부패라는 것이 문화와 역사에 뿌리내린 제도라는 점에서 해당 지역에 대한 깊은 이해가 필요하다는 것

❹ 권력의 핵심에 대해서 상시적인 부패 감시가 필요하며 그 과정에서 민간 부문의 역할이 중요하다는 것

INDEX

찾아보기

ㅊ

ㅌ

ㅍ

ㅎ

기타

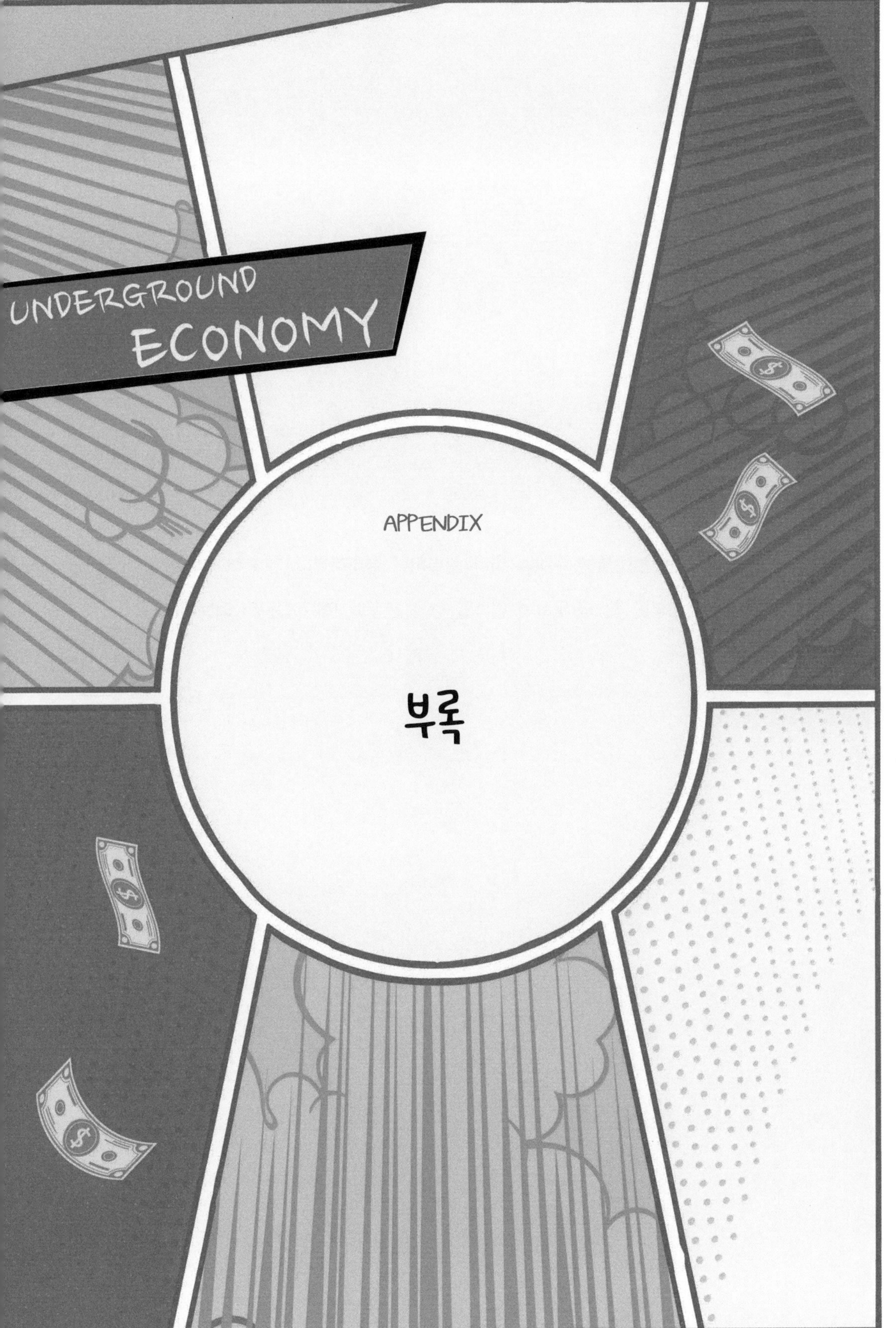
UNDERGROUND
ECONOMY
APPENDIX
부록

본문에 인용된 논문들을 주제에 따라 분류하여 정리하였다.

DOI 링크 정보를 웹브라우저에 입력할 경우 논문에 대한 접근이 가능하다.

개인 특징과 부패와의 관계에 대한 연구

주요 발견	저자	저널	DOI
군 복무 경험이 있는 CEO가 부패에 덜 연루된다.	Koch - Bayram, Wernicke	Strategic Management Journal	doi.org/10.1002/smj.2946
상남자 얼굴형을 가진 최고 경영진이 부패에 더 많이 연루된다.	Kim, Park, Shin	Emerging Markets Review	doi.org/10.1016/j.ememar.2022.100917
여성이 정치에 많이 참여하면 국가 부패가 줄어든다.	Dollar, Fisman, Gatti	Journal of Economic Behavior & Organization	doi.org/10.1016/S0167-2681(01)00169-X
독재 국가에서는 여성의 정치 참여가 부패를 줄이는 데 도움이 안 된다.	Esarey, Chirillo	Politics & Gender	doi.org/10.1017/S1743923X13000378
좌파 성향의 경영자들은 ESG 활동을 더 많이 한다.	Koch - Bayram, Wernicke	Administrative Science Quarterly	doi.org/10.1177/000183921348698

제도와 부패와의 관계에 대한 연구

주요 발견	저자	저널	DOI
정치 양극화는 기업의 로비를 촉진한다.	Lee, Jiménez, Choi, Choi	Journal of Business Research	doi.org/10.1016/j.jbusres.2021.11.047
정부가 분권화 되어 있을수록 기업이 더 자주 뇌물을 공여한다.	Fan, Lin, Treisman	Journal of Public Economics	doi.org/10.1016/j.jpubeco.2008.09.001
부패한 제도 환경에서는 기업들이 ESG 공시를 잘 하지 않으려고 한다.	Hoang	Managerial and Decision Economics	doi.org/10.1002/mde.3562
정권이 갑자기 교체되면 기업들의 정치 자원이 약점으로 변할 수 있다.	Siegel	Administrative Science Quarterly	doi.org/10.2189/asqu.52.4.
정치적 의사결정이 분권화되면 로비의 영향력이 감소된다.	Choi, Jia, Lu	Organization Science	doi.org/10.1287/orsc.2014.0936
제도적으로 후진적인 곳에 위치하여, 상대적으로 열악한 순위의 기업들이 부패한 정부의 손쉬운 착취 대상이 된다.	Lu, Choi, Jiménez, Bayraktar	Asia Pacific Journal of Management	doi.org/10.1007/s10490-021-09782-w
정부와 기업의 상대적인 교섭 역량에 의하여 뇌물 공여의 메커니즘이 결정된다.	Olken, Barron	Journal of Political Economy	doi.org/10.1086/599707
근소한 차이로 정치인이 당선되었을 때에 건설 부패가 더 늘어난다.	Lehne, Shapiro, Eynde	Journal of Development Economics	doi.org/10.1016/j.jdeveco.2017.10.009

부패 탐지에 관련된 연구

주요 발견	저자	저널	DOI
승급을 결정하는 스모 경기에서 이상 승률을 근거로 경기 조작을 탐지하였다.	Duggan, Levitt	American Economic Review	doi.org/10.1257/000282802762024665
SNS에서 친구 숫자를 벤포트 법칙으로 분석하여 가짜 계정을 탐지하였다.	Golbeck	PloS One	doi.org/10.1371/journal.pone.0135169
세금 신고와 보조금 신청을 위한 기업의 성과 보고 차이를 근거로 회계 조작을 탐지하였다.	Stuart, Wang	Strategic Management Journal	doi.org/10.1002/smj.2466
책정된 예산 대비 실제 지방 정부가 건설에 사용한 추정 비용 차이로 부패 정도를 탐지하였다.	Olken	Journal of Political Economy	doi.org/10.1086/517935
공제에 의한 추정 방법에 의하여 학교 지원금 예산에서 부패의 정도를 측정하였다.	Reinikka, Svensson	The Quarterly Journal of Economics	doi.org/10.1162/0033553041382120
인도네시아 독재자였던 수하르토의 와병 뉴스에 주가가 급락하는 기업을 조사하여 부패 기업을 탐지하였다.	Fisman	American Economic Review	doi.org/10.1257/aer.91.4.1095
최고 경영진이 공산당원인 여부를 가지고 정부와 연결된 기업들을 간접적으로 탐지하였다.	Li, Meng, Wang, Zhou	Journal of Development Economics	doi.org/10.1016/j.jdeveco.2007.03.001

부패와 기업 성과에 대한 연구

주요 발견	저자	저널	DOI
부패 활동은 기업 지배 구조를 비효율적으로 만든다.	Fan, Wong, Zhang	Journal of Financial Economics	doi.org/10.1016/j.jfineco.2006.03.008
뇌물을 통해 특혜를 받는 기업들은 수출을 덜 하게 된다.	Lee, Weng	Strategic Management Journal	doi.org/10.1002/smj.2075
부패를 통해 정부와 연결된 기업들은 국영 은행으로부터 더 많은 돈을 빌릴 수 있다.	Khwaja, Mian	The Quarterly Journal of Economics	doi.org/10.1162/003355305775097524
현(縣)급 이하의 지방 정부와 꽌시를 맺은 기업들의 성과가 상대적으로 더 높다.	최성진	전략경영연구	doi.org/10.17786/jsm.2011.14.3.003
정치적으로 연결된 기업은 정부의 규제 장벽을 회피할 수 있다.	Agrawal, Knoeber	The Journal of Law and Economics	doi.org/10.1086/320271
IPO 이전에 수행된 기업의 정치 활동이 투자자에게 신호를 보내어 시장이 기업 가치에 대해 갖는 불확실성을 줄인다.	Rudy, Cavich	Business & Society	doi.org/10.1177/0007650317717172
로비를 하는 기업의 매출이 증가하며 이 효과는 정권 안정성이 높은 국가에서 커진다.	Yim, Lu, Choi	Multinational Business Review	doi.org/10.1108/MBR-07-2017-0050
법적 제도 환경이 열악할 때만 뇌물 전략을 사용 하는 기업의 성과가 늘어난다.	Zhou, Wang, Xu, Xie	Journal of Business Research	doi.org/10.1016/j.jbusres.2022.04.038
정치적으로 연결된 기업은 상장 13일 이후부터 실적이 저조 해지기 시작한다.	Fan, Wong, Zhang	Journal of Financial Economics	doi.org/10.1016/j.jfineco.2006.03.008
마피아가 경영에서 손을 때면 기업의 성과 지표가 개선된다.	Calamunci, Drago	Italian Economic Journal	doi.org/10.1007/s40797-020-00128-x

부패 통제 방법에 대한 연구

주요 발견	저자	저널	DOI
전자정부의 발달 정도는 부패를 줄이는 것으로 나타났으며 선진국보다는 후진국에서 이 효과가 크다.	Mistry, Jalal	International Journal of Digital Accounting Research	doi.org/10.4192/1577-8517-v12_6
ICT 발달은 기업이 느끼는 부패 압력을 줄이며, 이 효과는 정치적으로 견제가 잘되는 나라에서 더 커진다.	Fan, Kuper, Choi, Choi	Journal of Business Research	doi.org/10.1016/j.jbusres.2021.06.062
지역의 교육 수준이 높을수록 부패에 대해서 엄격한 태도를 보이게 된다.	Truex	World Development	doi.org/10.1016/j.worlddev.2010.11.003
부패의 임의성이 낮아야 만연된 부패에도 불구하고 경제 성장을 할 수 있다.	Lee, Oh	Asia Pacific Journal of Management	doi.org/10.1007/s10490-006-9027-y
조직범죄의 번성과 경제 성장은 역의 관계에 있다.	Van Dijk	Trends in Organized Crime	doi.org/10.1007/s12117-007-9013-x
광범위한 반부패 정책 캠페인 이후 기업의 접대비가 일부 감소하였다.	Choi, Jung, Yim	Computation and Economic Cybernetics Studies and Research	doi.org/10.24818/18423264/55.2.21.09
외교관에 대한 면책 특권을 제한한 개혁 이후 교통 법규 위반이 획기적으로 줄어들었다.	Fisman, Migue	Journal of Political Economy	doi.org/10.1086/527495

정치적 연결과 CEO 해임에 관한 연구

주요 발견	저자	저널	DOI
정치적으로 연결된 CEO는 해임될 가능성이 낮다.	Cao, Pan, Qian, Tian	Journal of Corporate Finance	doi.org/10.1016/j.jcorpfin.2016.11.003
정치적으로 연결된 CEO는 더 자주 해임되며 그 후임은 보통 다른 정치적 배경을 가진 CEO이다.	Choi, Lee, Lee	한중사회과학연구	I410-ECN-0102-2012-300-003059250 (UCI)
시급 당서기의 해임에 가장 큰 영향을 미치는 것은 정치적 후견인의 낙마 여부이다.	Ang	China's Gilded Age (Book)	doi.org/10.1007/s11366-020-09720-5
이사회가 보수적 성향을 가질 때에 비리에 연루된 CEO를 보다 쉽게 해고한다.	Park, Boeker, Gomulya	Strategic Management Journal	doi.org/10.1002/smj.3088

감사의 글

나의 아버지는 특별한 직업이 없는 분이었다. 여러 사업을 하셨지만 잘 풀리지 않았다. 집에서 쉬시다가 한 정치인과 인연이 닿아 무급 정당 생활을 하게 되었다. 내가 어린 시절을 보낸 고향은 한때 서울의 가장 외곽 지역이었다. 그곳을 기반으로 아버지는 지역구 일을 도우면서 소일을 하셨다. 꼬마였던 나에게 아버지께서는 선거에서 이기는 방법에 대해서 가끔씩 말씀해 주셨는데 지금도 기억에 남는 것들이 있다. 첫 번째는 아무도 관심을 가지지 않는 비주류 사람들에게 먼저 손을 내밀어야 한다는 것이었고, 두 번째는 선거는 감이 아니라 숫자로 해야 한다는 것이었다. 아버지께서는 동네 잔치에서도 아무도 관심을 받지 못하고 소외된 분들 옆에 일부러 앉았다. 그리고 그분들에게 말을 걸고 술을 따라 주셨다. 그것이 인간미인지 아니면 철저한 계산에서 나온 것인지는 몰라도 선거에서 유권자는 잘났든 못났든 모두 같은 한 표라는 것이 중요했다. 그래서인지 아버지를 따르는 분들이 많았다. 아버지는 또 '구체적으로 한 표까지 세면서 공략하는 것이 선거이다'라고 주장을 하셨다. 그래서 중도나 애매한 사람들 위주로 집중적으로 관리하셨다. 지금은 흔한 "통계에 의한" 선거를 그 당시에 하신 셈이다. 그 때문이었을까? 아버지와 함께한 그 정치인은 다선 의원이 되었고, 전국 최다 득표 신기록도 세웠다고 한다. 나는 아버지의 정치적 감각에 대해서 말하고자 하는 것이 아니다. 객관적인 기준으로 보면 평범한 아버지였지만 당시 듣고 보고 배운 것은 지금도 나의 마음속에 각인되었다.

❶ 정치든 기업 부패든 모두 계량적으로 분석할 수 있다는 것

❷ 사회 현상은 대부분 선악으로 가를 수 없으며 불편한 회색지대에 있는 것들이 많다는 것

❸ 남들이 관심을 덜 가지는 곳에 집중해야 한다는 것

나중에 대학을 다니고 졸업 후 직업을 정할 때에도 나의 잠재의식 속에는 그런 생각들이 어렴풋하게 깃들어 있었는지도 모르겠다. 중고등학교에서 국가주의 교과서를 읽을 때나 대학에서 선배들이 공산주의 금서를 권할 때에도 나는 언제나 절대 선을 가정하는 교조적인 것들을 싫어했다. 대학에 진학해서 경제학을 공부할 때에도 이상적인 가정에 근거해 인간의 행동을 모델링하는 주류 학문에 흥미가 생기지 않았다. 결과적으로 나는 언제나 어딘가 어설픈 비주류의 시각에 관심이 갔다. 경영학으로 전공을 바꾸어 박사 과정을 공부하게 되었을 때에도 마찬가지였다. 기업의 어두운 면과 정치 현상에 대해서 공부하게 된 것도 아버지의 영향인 것 같다. 이 책은 나의 아버지에게 헌정하고 싶다.

언더그라운드 이코노미

초판발행 2024년 6월 15일

지은이 최성진
펴낸이 안종만 · 안상준

편 집 전채린
기획/마케팅 최동인
표지디자인 권아린
제 작 고철민 · 조영환

펴낸곳 (주) 박영사
서울특별시 금천구 가산디지털2로 53, 210호(가산동, 한라시그마밸리)
등록 1959. 3. 11. 제300-1959-1호(倫)
전 화 02)733-6771
f a x 02)736-4818
e-mail pys@pybook.co.kr
homepage www.pybook.co.kr
ISBN 979-11-303-2023-6 93320

정 가 17,000원